21世纪中国的马克思主义

赵剑英　著

中国社会科学出版社

图书在版编目(CIP)数据

21世纪中国的马克思主义/赵剑英著.—北京:中国社会科学出版社,
2018.4(2023.2重印)

ISBN 978-7-5203-2200-3

Ⅰ.①2… Ⅱ.①赵… Ⅲ.①马克思主义—发展—研究—中国
Ⅳ.①D61

中国版本图书馆CIP数据核字(2018)第049725号

出 版 人 赵剑英
责任编辑 朱华彬
责任校对 王 龙
责任印制 李寡寡

出　　版　中国社会科学出版社
社　　址　北京鼓楼西大街甲158号
邮　　编　100720
网　　址　http://www.csspw.cn
发 行 部　010-84083685
门 市 部　010-84029450
经　　销　新华书店及其他书店

印刷装订　北京君升印刷有限公司
版　　次　2018年4月第1版
印　　次　2023年2月第4次印刷

开　　本　710×1000　1/16
印　　张　23.75
插　　页　2
字　　数　320千字
定　　价　98.00元

前　言

　　"发展21世纪中国的马克思主义"是习近平总书记在2015年1月23日中共中央政治局第二十次集体学习时首次明确提出的,他指出:"要根据时代变化和实践发展,不断深化认识,不断总结经验,不断实现理论创新和实践创新良性互动,在这种统一和互动中发展21世纪中国的马克思主义。"① 2016年5月17日,习近平总书记在哲学社会科学工作座谈会上强调:"马克思主义中国化取得了重大成果,但还远未结束。我国哲学社会科学的一项重要任务就是继续推进马克思主义中国化、时代化、大众化,继续发展21世纪马克思主义、当代中国马克思主义。"② 发展21世纪中国的马克思主义是以习近平同志为核心的党中央在新时代提出的重大政治命

---

　　① 《坚持运用辩证唯物主义世界观方法论　提高解决我国改革发展基本问题本领》,《人民日报》2015年1月25日第1版。
　　② 习近平:《在哲学社会科学工作座谈会上的讲话》,人民出版社2016年版,第9—10页。

题和理论命题，是中国特色社会主义进入新时代赋予中国共产党的新使命，体现了习近平总书记高度的理论自觉和强烈的历史担当，也给哲学社会科学工作者提出新的任务和要求。

《中共中央关于党的百年奋斗重大成就和历史经验的决议》（以下简称《决议》）指出，党的十八大以来，以习近平同志为主要代表的中国共产党人，坚持把马克思主义基本原理同中国具体实际相结合、同中华优秀传统文化相结合，坚持毛泽东思想、邓小平理论、"三个代表"重要思想、科学发展观，就新时代坚持和发展什么样的中国特色社会主义、怎样坚持和发展中国特色社会主义，建设什么样的社会主义现代化强国、怎样建设社会主义现代化强国，建设什么样的长期执政的马克思主义政党、怎样建设长期执政的马克思主义政党等重大时代课题，提出一系列原创性的治国理政新理念新思想新战略，创立了习近平新时代中国特色社会主义思想。[1]《决议》还指出："习近平新时代中国特色社会主义思想是当代中国马克思主义、二十一世纪马克思主义，是中华文化和中国精神的时代精华，实现了马克思主义中国化新的飞跃。"[2] 在党的二十大报告中，习近平总书记再次强调开辟马克思主义中国化时代化新境界，他指出："我们创立了新时代中国特色社会

---

[1] 参见《中共中央关于党的百年奋斗重大成就和历史经验的决议》，人民出版社 2021 年版，第 23—26 页。

[2] 《中共中央关于党的百年奋斗重大成就和历史经验的决议》，人民出版社 2021 年版，第 26 页。

主义思想，明确坚持和发展中国特色社会主义的基本方略，提出一系列治国理政新理念新思想新战略，实现了马克思主义中国化时代化新的飞跃，坚持不懈用这一创新理论武装头脑、指导实践、推动工作，为新时代党和国家事业发展提供了根本遵循。"① 习近平新时代中国特色社会主义思想开辟了当代中国马克思主义、21 世纪马克思主义发展新境界，这一重要思想是建设坚强有力的马克思主义执政党、确保党长期执政和国家长治久安的思想旗帜，是新的历史起点上坚持和发展中国特色社会主义的根本指针，是实现中华民族伟大复兴的行动指南。

习近平新时代中国特色社会主义思想内涵丰富，意蕴深刻，影响深远，我们要深入学习，深刻领会，加强系统性、学理化、有深度的研究、阐释和宣传。作为一名长期从事马克思主义哲学和中国特色社会主义理论学习研究的理论工作者，我主要是从马克思主义哲学的角度学习、研读和体悟习近平新时代中国特色社会主义思想，思考和研究其为什么是 21 世纪中国的马克思主义、当代中国的马克思主义，为什么实现了马克思主义中国化时代化新的飞跃等重大理论判断。

习近平总书记高度重视运用马克思主义立场、观点、方法，研究和解决新时代治国理政面临的新课题，回答中国之问、世界之问、人民之问、时代之问。

---

①　习近平：《高举中国特色社会主义伟大旗帜　为全面建设社会主义现代化国家而团结奋斗——在中国共产党第二十次全国代表大会上的报告》，人民出版社 2022 年版，第 6 页。

一方面，习近平总书记高度重视学习马克思主义哲学基本原理。他先后五次带领中共中央政治局全体同志集体学习马克思主义理论，分别学习了历史唯物主义基本原理和方法论、辩证唯物主义基本原理和方法论、马克思主义政治经济学基本原理和方法论、当代世界马克思主义思潮及其影响、《共产党宣言》及其时代意义。此外，他还在哲学社会科学工作座谈会、纪念马克思诞辰 200 周年大会等场合对马克思主义作出精辟阐释。2013 年 12 月 3 日，习近平总书记在中共中央政治局第十一次集体学习时的讲话中指出：“马克思主义哲学深刻揭示了客观世界特别是人类社会发展一般规律，在当今时代依然有着强大生命力，依然是指导我们共产党人前进的强大思想武器。我们党自成立起就高度重视在思想上建党，其中十分重要的一条就是坚持用马克思主义哲学教育和武装全党。学哲学、用哲学，是我们党的一个好传统。”① 他还要求：“党的各级领导干部特别是高级干部，要原原本本学习和研读经典著作，努力把马克思主义哲学作为自己的看家本领。”② 2015 年 1 月 23 日，习近平总书记在中共中央政治局第二十次集体学习时的讲话中指出：“辩证唯物主义是中国共产党人的世界观和方法论，我们党要团结带领人民协调推进全面建成小

---

① 《推动全党学习和掌握历史唯物主义　更好认识规律更加能动地推进工作》，《人民日报》2013 年 12 月 5 日第 1 版。

② 《推动全党学习和掌握历史唯物主义　更好认识规律更加能动地推进工作》，《人民日报》2013 年 12 月 5 日第 1 版。

康社会、全面深化改革、全面依法治国、全面从严治党，实现'两个一百年'奋斗目标、实现中华民族伟大复兴的中国梦，必须不断接受马克思主义哲学智慧的滋养，更加自觉地坚持和运用辩证唯物主义世界观和方法论，增强辩证思维、战略思维能力，努力提高解决我国改革发展基本问题的本领。"① 2015 年 11 月 23 日，习近平总书记在十八届中央政治局第二十八次集体学习时指出："有些人认为，马克思主义政治经济学过时了，《资本论》过时了。这个论断是武断的，也是错误的……我们党历来重视对马克思主义政治经济学的学习、研究、运用……党的十一届三中全会以来，我们党把马克思主义政治经济学基本原理同改革开放新的实践结合起来，不断丰富和发展马克思主义政治经济学……我们要立足我国国情和我们的发展实践，深入研究世界经济和我国经济面临的新情况新问题，揭示新特点新规律，提炼和总结我国经济发展实践的规律性成果，把实践经验上升为系统化的经济学说，不断开拓当代中国马克思主义政治经济学新境界，为马克思主义政治经济学创新发展贡献中国智慧。"② 2016 年 5 月17 日，习近平总书记在哲学社会科学工作座谈会上的讲话中，阐述了马克思主义的基本内涵、鲜明特征和对待马克思主义的正确态度，强调了坚持马克思主义为指导的极端

---

① 《坚持运用辩证唯物主义世界观方法论　提高解决我国改革发展基本问题本领》，《人民日报》2015 年 1 月 25 日第 1 版。

② 习近平：《不断开拓当代中国马克思主义政治经济学新境界》，《求是》2020 年第 16 期。

重要性。他指出："实践也证明，无论时代如何变迁、科学如何进步，马克思主义依然显示出科学思想的伟力，依然占据着真理和道义的制高点。"① 2017 年 9 月 29 日下午，他在中共中央政治局第四十三次集体学习时的讲话中强调："马克思主义对人类认识世界、改造世界、推动社会进步仍然具有不可替代的作用。"② 2018 年 4 月 23 日，习近平总书记在十九届中央政治局第五次集体学习时指出："加强对马克思主义经典著作的学习研究。广大党员、干部特别是高级干部要学好用好《共产党宣言》等马克思主义经典著作，坚持学以致用、用以促学，原原本本学，熟读精思、学深悟透，熟练掌握马克思主义立场、观点、方法，不断提高马克思主义理论素养。"③ 2018 年 5 月 4 日，习近平总书记在纪念马克思诞辰 200 周年大会上的讲话指出："共产党人要把读马克思主义经典、悟马克思主义原理当做一种生活习惯、当做一种精神追求，用经典涵养正气、淬炼思想、升华境界、指导实践……理论的生命力在于不断创新，推动马克思主义不断发展是中国共产党人的神圣职责。我们要坚持用马克思主义观察时代、解读时代、引领时代，用鲜活丰富的当代中国实践来推动马克

---

① 习近平：《在哲学社会科学工作座谈会上的讲话》，人民出版社 2016 年版，第 10 页。

② 《深刻认识马克思主义时代意义和现实意义 继续推进马克思主义中国化时代化大众化》，《人民日报》2017 年 9 月 30 日第 1 版。

③ 习近平：《学习马克思主义基本理论是共产党人的必修课》，《求是》2019 年第 11 期。

思主义发展，用宽广视野吸收人类创造的一切优秀文明成果，坚持在改革中守正出新、不断超越自己，在开放中博采众长、不断完善自己，不断深化对共产党执政规律、社会主义建设规律、人类社会发展规律的认识。"①

另一方面，习近平总书记高度重视马克思主义哲学对党和国家事业的指导作用，并在新时代中国特色社会主义实践中推动马克思主义世界观和方法论的创新，形成习近平新时代中国特色社会主义世界观和方法论。他在党的二十大报告中指出："继续推进实践基础上的理论创新，首先要把握好新时代中国特色社会主义思想的世界观和方法论，坚持好、运用好贯穿其中的立场观点方法。"② 他具体阐述了这一世界观和方法论的基本内涵即"六个坚持"：必须坚持人民至上；必须坚持自信自立；必须坚持守正创新；必须坚持问题导向；必须坚持系统观念；必须坚持胸怀天下。党的十八大以来，习近平总书记坚持、运用、发展、创新马克思主义世界观和方法论，坚持运用马克思主义哲学基本原理观察分析时代发展大势，把握党和国家事业发展中的根本矛盾，制定科学有效的制度、政策和措施，在党和国家事业发展的关键时期，他以非凡的政治勇气、勇于担当的革命胆魄和治党治国治军、内政外交的雄才大略，采取一系列战略性举措，推进一系列变革性实

---

① 习近平：《在纪念马克思诞辰 200 周年大会上的讲话》，《人民日报》2018 年 5 月 5 日第 2 版。

② 习近平：《高举中国特色社会主义伟大旗帜　为全面建设社会主义现代化国家而团结奋斗——在中国共产党第二十次全国代表大会上的报告》，人民出版社 2022 年版，第 18—19 页。

践，实现一系列突破性进展，取得一系列标志性成果，经受住了来自政治、经济、意识形态、自然界等方面的风险挑战考验。党和国家事业取得历史性成就、发生历史性变革，党找到了自我革命这一跳出治乱兴衰历史周期率的第二个答案，自我净化、自我完善、自我革新、自我提高能力显著增强，管党治党宽松软状况得到根本扭转，中国的发展面貌为之一新，各项事业焕发出新的生机与活力，推动我国迈上全面建设社会主义现代化国家新征程。

从马克思主义理论的历史逻辑、中国特色社会主义的实践逻辑，以及中华文化的传承发展逻辑看，习近平新时代中国特色社会主义思想是马克思主义在 21 世纪发展的新境界、新阶段，是反映时代新变化、新特征和中国发展新实践、新经验的创新了的马克思主义，是植根中国优秀传统文化、传承革命文化、反映社会主义先进文化，把三者有机融合起来的中国化的马克思主义，是中华文明和中国精神的时代精华，也可以说，是中华文化在 21 世纪发展的新阶段、新形态。

学习习近平新时代中国特色社会主义思想，不仅要学懂、弄通，还要在做实上下功夫。作为一名哲学社会科学出版工作者，我努力将理论研究与学术出版工作实现有机结合，基于对习近平新时代中国特色社会主义思想的学习、思考和研究，积极组织策划一系列主题图书，为推动 21 世纪中国马克思主义的理论成果的宣传和传播贡献力量。如策划《习近平新时代中国特色社会主义思想学习丛书》（共 12 卷），从哲学、经济、法治、文化、历史、生态、国际关系等 12 个方面系统阐释习近平新时代中国特色社会主义思想，该丛书外文版合作签约 119 种，覆盖 17 个语种，包括英文、法文、俄文、韩文、印地文、罗马尼亚文、泰文、希伯来文等，获得国家级"走出去"资助项目 32 项，已出版 17 卷。这一丛书为广大读者更加深入地学习习近平新时代中国特色社会主义思想提供有益参考，对于帮助国际社会更加准确、深刻地理解习近平新时代中国特色社会主义思想具有重要意义。党的十八大以来，我还策划了《理解中国》丛书（中文版已出版 20 多种），该丛书在海外英文版已出版 18 种，多语种版本已出版 54 种（含繁体字版），已签约语种 22 种（含繁体字版），已出版语种 14 种（含繁体字版），取得重大国际反响，对增进国外读者对中国的了解和理解发挥了重要作用。同时，该丛书也有助于国内读者更加准确地认识当今中国的发展，更加理性地看待中国发展面临的难题。我还策划出版了《中国制度》丛书，力图系统阐释中国特色社会主义制度体系，以彰显中国何以有坚定的制度自信。我还组织出版了一系列优秀的马克思主义理论成果，如《马克思主义学术文丛》等，其中多部著作获"吴玉章人文社会科学奖"、中国社会科学院优秀科研成果奖等奖项。

本书由我自党的十八大以来学习习近平新时代中国特色社会主义思想撰写的理论文章结集而成，所收录的文章大多已在学术期刊或报纸上发表。收录时，基本保持了文章原貌，按照唯物史观的原则，此次修订重印仅对文章做了文字上的必要处理。受时间局限，有些提法或说法还是之前的，并不是最新表述，还请读者见谅。本书于 2018

年 4 月初版，重印时补充了党的十九大以来学习习近平新时代中国特色社会主义思想撰写的文章。因本人水平有限，浅陋之处不少，敬请方家批评指正。

最后，衷心感谢为本书的编辑出版付出辛劳的同事们。

赵剑英

于 2023 年 2 月修改

目　录

附　录

一种崭新的社会形态

——论中国特色社会主义的独特 价值和伟大意义

经过 30 多年的改革开放，我国社会主义市场经济深入发展，各方面取得了伟大成就，中国的国际地位不断提升，同时我们所面临的国际环境也发生了重大变化。全球化、信息化、网络化、市场化、工业化、城镇化等多重变革，都在同一个时空中交集叠加，形成了一个复杂的发展环境。国内社会发展面临利益分化、阶层分化、认识分化，西方反华势力加紧对我国意识形态渗透，党内外、国内外对中国特色社会主义的认识因此出现了不同的声音和期待，对一些重大理论和现实问题看法不一。面对这些不同声音，党的十八大报告指出，坚持中国特色社会主义的道路自信、理论自信和制度自信。在新进中央委员会的委员、候补委员学习贯彻党的十八大精神研讨班开班式上的讲话中，习近平总书记明确指出："中国特色社会主义，是科学社会主义理论逻辑和中国社会发展历史逻辑的辩证统一，是植根于中国大地、反映中国人民意愿、适应中国和时代发展进步要求的科学社会主义……"① 道路对于一个政党、一个国家至关重要。党的十八大报告指出："道路关乎党的命脉，关乎国家前途、民族命运、人民幸福。"② 习近平总书记强调："道路问题是关系党的事业兴衰成败第一位的问题，道路就是党的生命。"③ 从马克思主义社会形态理论视角，从与其他社会形态相比较的视野，深入学习党的十八大报告和习近平总书记系列重要讲话，我们可以深刻地认识到中国特色社会主义的非凡与独创及其伟大意义。

一　中国特色社会主义形态：道路、理论、制度的统一

按照历史唯物主义观点，社会形态是奠基于一定生产力之上的一定的经济基础和上层建筑的统一。在生产力和生产关系的矛盾、经济基础和上层建筑的矛盾推动下，社会形态才得以不断发展、依次更替，社会形态的

---

① 习近平：《毫不动摇坚持和发展中国特色社会主义　在实践中不断有所发现有所创造有所前进——在新进中央委员会的委员、候补委员学习贯彻党的十八大精神研讨班开班式上的讲话》，《人民日报》2013 年 1 月 6 日第 1 版。

② 胡锦涛：《坚定不移沿着中国特色社会主义道路前进　为全面建成小康社会而奋斗——在中国共产党第十八次全国代表大会上的报告》，人民出版社 2012 年版，第 10 页。

③ 习近平：《毫不动摇坚持和发展中国特色社会主义　在实践中不断有所发现有所创造有所前进——在新进中央委员会的委员、候补委员学习贯彻党的十八大精神研讨班开班式上的讲话》，《人民日报》2013 年 1 月 6 日第 1 版。

发展的统一性和普遍性在于：经济基础和上层建筑的矛盾运动推动人类社会从低级形态到高级形态发展演进，其基本路径是原始社会—奴隶社会—封建社会—资本主义社会—共产主义社会（社会主义社会是它的初级阶段）。马克思主义又认为，社会形态的发展的普遍性、统一性（典型性）并不排斥其多样性和特殊性。人类社会形态实际的发展过程和实际存在的社会形态是复杂的、多样的。两种社会形态之间往往有一个过渡的形态。同一社会形态既有共同的本质，有不同的国家和民族，在经济基础和上层建筑方面又具有不同的特点。历史唯物主义还认为，社会形态的演进发展也是依次更替的顺序性和不同步性的统一。由此形成同一时代多种社会形态并存的复杂局面，不过，同一时代多种社会形态在空间中并存的多样性，不过是社会形态的更替在时间上不同步性的另一种表现。这些在时间上不同步、空间上并存的不同社会形态，相互影响，相互制约，在多样的差别中显示了历史发展的方向和主流。

根据历史唯物主义的基本观点，我们认为，中国特色社会主义，从中国历史的纵向维度看，经过新民主主义革命，从半殖民地半封建社会发展为新民主主义社会，经历社会主义革命，进入到社会主义社会。但它是初级阶段的社会主义。中国特色社会主义不同于传统、僵化的社会主义模式。从横向上看，中国特色社会主义也不同于其他国家的社会主义形态，如苏联模式、古巴模式。当然更与资本主义的多种社会形态有本质的区别，如民主社会主义、自由资本主义、国家垄断资本主义等。习近平总书记指出，要让世界知道有这么一帮中国人就是在干这样的事情，而且干得还不错。

我们认为，中国特色社会主义是中国近代以来谋求民族独立解放、建设发展过程中产生的一种社会主义形态，是既体现科学社会主义理论逻辑又反映中国国情的一种新型社会主义，是在目前全球化背景下与其他多种资本主义社会形态相并存，既有本质不同，相互斗争又相互合作，并正不断显示出明显优势的一种新型的制度文明形态。

我们只有立足马克思主义的社会形态理论的高度去认识中国特色社会主义道路、理论和制度，才能更加深刻地认识到中国特色社会主义的非凡与独特，才能深刻理解其历经沧桑而深具丰富的民族性内涵及世界历史意义！中国特色社会主义是中国共产党的独创，是中国人民近代以来的历史必然选择。中国特色社会主义道路、理论、制度的三者统一正是中国特色社会主义社会形态。

二 中国特色社会主义是社会主义，而不是其他什么主义

习近平总书记明确指出："中国特色社会主义是社会主义而不是其他什么主义，科学社会主义基本原则不能丢，丢了就不是社会主义。"① 这是关于中国特色社会主

---

① 习近平：《毫不动摇坚持和发展中国特色社会主义 在实践中不断有所发现有所创造有所前进——在新进中央委员会的委员、候补委员学习贯彻党的十八大精神研讨班开班式上的讲话》，《人民日报》2013 年 1 月 6 日第 1 版。

义本质规定性的说明，是对中国特色社会主义性质和方向的回答。中国特色社会主义是社会主义，因为它坚持了科学社会主义的价值理念和基本原则即生产力的高度发达、实现共同富裕和人的全面而自由的发展，这三点集中概括了科学社会主义的规范性概念的精髓要义。

马克思、恩格斯创立科学社会主义，是以正确认识和揭示社会发展规律为前提和基础的。他们在《〈政治经济学批判〉序言》中对唯物史观作了经典描述："人们在自己生活的社会生产中发生一定的、必然的、不以他们的意志为转移的关系，即同他们的物质生产力的一定发展阶段相适合的生产关系。这些生产关系的总和构成社会的经济结构，即有法律的和政治的上层建筑竖立其上并有一定的社会意识形式与之相适应的现实基础。物质生活的生产方式制约着整个社会生活、政治生活和精神生活过程。不是人们的意识决定人们的存在，相反，是人们的社会存在决定人们的意识。"① 生产力与生产关系、经济基础与上层建筑构成社会发展的基本矛盾和根本动力。其中，生产力是最终决定因素，是一切社会进步的尺度。生产关系要适应生产力的发展，与生产力一定发展阶段相适应的生产关系，构成一定社会形态的经济结构和现实基础，规定着社会形态的主要特征。

马克思、恩格斯还从历史观和价值观相统一的高度，在对资本主义社会进行批判的基础上，描绘和说明了共

---

① 《马克思恩格斯选集》第 2 卷，人民出版社 1995 年版，第 32 页。

产主义社会的基本原则和实现条件。在 1877 年给《祖国纪事》杂志编辑部的信中，马克思概括道，人类社会最后达到的是"在保证社会劳动生产力极高度发展的同时又保证每个生产者个人最全面的发展的这样一种经济形态"①。同时，马克思还明确指出这是一个"生产将以所有的人的富裕为目的"②的社会。在他看来，由于这个社会的存在，"不仅可能保证一切社会成员有富足的和一天比一天充裕的物质生活，而且还可能保证他们的体力和智力获得充分的自由的发展和运用"③。

马克思、恩格斯以唯物史观为依据，将生产力原则与共同富裕原则、人的全面而自由的发展原则相结合，阐释了科学社会主义的精髓。其中，生产力原则是基础，正如马克思在《资本论》中明确指出，只有生产力的高度发展"这样的条件，才能为一个更高级的、以每一个个人的全面而自由的发展为基本原则的社会形式建立现实基础"④。同时，生产力发展将以所有的人的富裕和全面自由发展为目的。科学社会主义既不是社会生产力水平十分低下条件下的"均富"，也绝不是生产力发达条件下的"贫富分化"。

---

① 《马克思恩格斯选集》第 3 卷，人民出版社 1995 年版，第 342 页。

② 《马克思恩格斯全集》第 46 卷（下册），人民出版社 1980 年版，第 222 页。

③ 《马克思恩格斯全集》第 20 卷，人民出版社 1971 年版，第 307 页。

④ 《资本论》第 1 卷，人民出版社 2004 年版，第 683 页。

中国共产党在开创和发展中国特色社会主义的实践进程中，科学认识和把握了科学社会主义的本质内涵，即始终将解放和发展生产力，实现共同富裕，以及实现人的全面发展，作为核心的理念和原则指导现代化建设。

党的十一届三中全会之后，邓小平提出必须搞清楚什么是社会主义、怎样建设社会主义这个重大理论和实际问题。在总结国内外社会主义建设实践的经验和教训后，他给出明确的答案："社会主义的本质，是解放生产力，发展生产力，消灭剥削，消除两极分化，最终达到共同富裕。"[①] 此后，江泽民、胡锦涛在坚持邓小平社会主义本质论的基础上，强调了人的全面发展。江泽民在2001年"七一"讲话中说："我们建设有中国特色社会主义的各项事业，我们进行的一切工作，既要着眼于人民现实的物质文化生活需要，同时又要着眼于促进人民素质的提高，也就是要努力促进人的全面发展。这是马克思主义关于建设社会主义新社会的本质要求。"[②] 胡锦涛在2003年党的十六届三中全会提出了科学发展观，并将以人为本，促进人的全面发展作为科学发展观的核心。习近平总书记从道路、理论和制度三者相统一的角度，依据社会主义近500年的发展历史，针对对中国特色社会主义的多种曲解、误解和质疑，从正反两个方面深刻阐释了中国特色社会主义的基本内涵，进一步导引和规

---

① 《邓小平文选》第3卷，人民出版社1993年版，第373页。
② 江泽民：《在庆祝中国共产党成立八十周年大会上的讲话》（2001年7月1日），《江泽民文选》第3卷，人民出版社2006年版，第294页。

范了中国特色社会主义的理论和实践。

三 中国特色社会主义是改革开放的社会主义，而不是封闭僵化的传统社会主义

中国特色社会主义是邓小平在改革开放的背景下开创的，它是不断改革和开放的社会主义，不是封闭僵化的传统社会主义。党的十八大报告明确指出，绝不走封闭僵化的老路。

马克思、恩格斯只是从价值形态维度描述了科学社会主义的基本原则，并未为社会主义建设提供现成答案。中华人民共和国成立后的前 30 年，面临在实践中认识和把握社会主义这一崭新课题，我们党作了很多尝试，试图走出苏联模式。但也因为一些主客观原因，对社会主义本质的认识出现了偏差，表现为离开生产力抽象谈论社会主义，离开生产力的发展要求，过于强调生产资料公有和共同富裕，盲目追求更大、更公、更纯的生产关系。由于党在指导思想上的"左"的错误，政治体制和社会管理陷入僵化。在思想文化领域，拒斥资本主义的技术、管理经验和我国优秀传统文化。"宁要社会主义的草，不要资本主义的苗。"实践证明，封闭僵化的社会主义道路是走不通的。

邓小平深刻认识到封闭僵化的传统的社会主义的弊端，并在此基础上重新思考在经济文化比较落后的中国如何建设社会主义，在"解放思想，实事求是"的思想路线指导下，成功破题，开创了中国特色社会主义。与传统的社会主义相比，中国特色社会主义的特征就是，

它是改革和开放的社会主义。改革就是改变不适应生产力发展的各种生产关系、管理体制机制；开放就是顺应全球化的时代潮流，积极参与国际分工，加强与世界其他国家的交流和合作，充分利用世界优秀文明成果。因此，习近平总书记说："如果没有1978年我们党果断决定实行改革开放，并坚定不移推进改革开放，坚定不移把握改革开放的正确方向，社会主义中国就不可能有今天这样的大好局面，就可能面临严重危机，就可能遇到像苏联、东欧国家那样的亡党亡国危机。"①

中国特色社会主义科学地认识到中国的社会主义是在特定的时代背景和历史时空中发展的，它不可能脱离现有的客观条件。习近平总书记说："一个国家实行什么样的主义，关键要看这个主义能否解决这个国家面临的历史性课题。"② 因此，只有不断改革和开放，才能更好地解决时代发展提出的新问题。如果停滞不前，只会给人留下刻舟求剑的笑柄。

四 中国特色社会主义是人民利益至上的社会主义，而不是仅满足少数人的利益的新官僚资本主义

中国特色社会主义以马克思主义群众史观为指导，

---

① 中共中央宣传部：《习近平总书记系列重要讲话读本（2016年版）》，学习出版社、人民出版社2016年版，第31页。

② 人民日报社理论部编：《深入学习习近平同志系列讲话精神》，人民出版社2013年版，第180页。

坚持人民群众是历史的主体，将维护最广大人民群众的根本利益，实现人民群众的全面发展，作为其根本目的。

人民利益至上是中国共产党一贯坚持的原则和宗旨。毛泽东在张思德的追悼会上提出"全心全意为人民服务"的思想，党的"七大"将其作为中国共产党的宗旨写入党章，并形成"一切为了群众，一切依靠群众，从群众中来，到群众中去"的群众路线。邓小平曾说："我是中国人民的儿子，我深情地爱着我的祖国和人民。"[1] 江泽民把我们党要"始终代表中国最广大人民的根本利益"作为其"三个代表"重要思想的内容之一；胡锦涛把"以人为本"作为科学发展观的核心。

党的十八大报告也明确提出"必须坚持人民主体地位"。具体体现在：政治上，坚持人民民主，完善人民代表大会制度、政治协商制度和基层民主制度，发展社会主义民主政治，保障人民群众当家作主的权利；经济上，努力提高人民群众的生活水平，坚持社会主义基本经济制度和分配制度，调整国民收入分配格局，加大再分配调节力度，着力解决收入分配差距较大问题，使发展成果更多更公平惠及全体人民，朝着共同富裕方向稳步前进；文化上，丰富人民精神文化生活，保障人民基本文化权益。社会建设上，加强管理，维护社会公平正义。为更好地实现党的十八大确定的奋斗目标，习近平总书

---

[1] 中共中央文献研究室编：《回忆邓小平》（下），中央文献出版社 1998 年版，第 531 页。

记全面部署开展党的群众路线教育实践活动，进一步改进党的工作作风。党和人民群众是鱼和水、血与肉、舟与水、种子与土地的关系，党来自人民、植根人民、服务人民，人民是党的生命，是党永远立于不败之地的根本。脱离人民群众，损害人民利益，与民争利，党就会丧失生命。只有关注民生，解决人民群众反映强烈的突出问题，维护大多数人民群众的利益，密切党和人民群众的关系，才能保持党的先进性和纯洁性，巩固党的执政基础和执政地位。

中国特色社会主义的发展，使人民群众的物质文化生活得到极大提高，政治参与、教育权、健康权和发展权等各种权益得到更好的维护。但是近些年来，我国经济发展也出现一些不好的现象，某些地方政府官员权力寻租、贪污腐败，进而导致权力资本化倾向，资本与权力相互交织，利用权力配置社会资源，限制市场准入、压制竞争，为特定人群牟取私利。有些学者将这种现象称为权贵资本主义或新官僚资本主义。这种现象值得警惕，可以说，权贵阶层或既得利益集团越来越成为腐蚀社会健康发展的毒瘤，成为改革的强大阻力，成为维护社会公平正义，实现共同富裕的障碍。但这不是中国特色社会主义的应有之义，而是由于社会主义初级阶段公有制企业运营机制和政治民主制度的内在缺陷所导致的腐败而产生的，是一种权力异化现象，它必将随着中国特色社会主义制度的不断完善而被铲除。

五 中国特色社会主义是社会主义市场经济，而不是国家资本主义

中国特色社会主义实行社会主义市场经济。社会主义市场经济是把社会主义的理想价值与市场调节手段相结合的经济形态，坚持市场基础性调节作用的同时，国家在关键的市场领域和市场环节保持足够的控制力和调节能力。这是党总结世界经济发展的经验教训，在长期社会主义建设实践探索中总结出来的，也是基于中国基本国情的"中国独创"。它克服了单纯计划指导和完全自由化、市场化调节的弊端，更好地处理了公平与效率的关系，既能保证经济的快速发展，又能保证不偏离公平正义、共同富裕的社会主义方向。

国际金融危机爆发之后，中国经济表现得一枝独秀。一些西方人士在总结中国成功的经验时，给中国贴上"国家资本主义"标签，指责中国等新兴经济体通过政府支持获得不公平的竞争优势。称我国的宏观调控扼杀了市场效率和活力，国有企业效率低下，垄断了主要的资源和大部分市场份额，破坏了公平竞争的市场经济秩序。他们鼓吹"市场万能论"，以全球化名义极力推销新自由主义。主张绝对自由化、彻底私有化和完全市场化，反对国家对经济的任何干预和调控。

这种"国家资本主义"的指责是完全站不住脚的。首先，我国经济的性质是社会主义。公有制为主体、多种所有制经济共同发展的基本经济制度，保证国家对国民经济

命脉的控制，以此实现人民群众的根本利益，体现社会主义共同富裕的价值目标。而国家垄断资本主义，是西方垄断资本控制国民经济和整个国家，国家予以总体协助和支持，以满足大资本家剥削、掠夺财富的目的。因此，两者具有根本性质的区别。其次，第二次世界大战以后，世界各国都或多或少地加强了国家干预和政府管制，政府主导或宏观调控是每一个国家都有的，声称自由化、私有化、市场化的国家也不可能没有政府的监管和调控。因此，不能因我国政府控制国民经济命脉就否认我国的市场经济地位。再次，那些宣称新自由主义的西方国家发展得并不好，放松对金融债务的监管，导致严重的金融危机，这场危机至今还未结束。某些西方学者拿在自己国家都已失灵并引发危机的招数，推销给别的比自己发展得更好的国家，其中的用意又是什么呢？他们的深刻用意在于，用国家资本主义的大棒，削弱主权国家对经济的调控作用，企图维持一直以来在全球游戏规则中所占据的有利位势。最后，在国际贸易和经济竞争中，我国积极参与经济全球化，坚持独立自主原则，遵循国际经济规则和国际惯例来实行内外开放和国内外市场公平竞争。对外不利用不正当手段获得更多的竞争优势，国内市场也绝不歧视外国企业。

六　中国特色社会主义是以社会主义核心价值体系为意识形态特征的社会主义，而不是"接受了普世价值"的社会主义

中国特色社会主义在意识形态上坚持马克思列宁主

义、毛泽东思想和中国特色社会主义理论为指导，坚定社会主义和共产主义的理想信念，积极构建社会主义核心价值体系。党的十八大报告指出：社会主义核心价值体系是兴国之魂，决定着中国特色社会主义发展方向。要深入开展社会主义核心价值体系学习教育，用社会主义核心价值体系引领社会思潮、凝聚社会共识。所谓"魂"即精神特质，如果社会主义核心价值体系这个"魂"丢了，中国特色社会主义就丧失了社会主义性质。

近几年，有些人宣扬"普世价值"，所谓的普世价值实质上是西方的自由、民主、人权等价值观念。他们声称"西方价值观是人类文明的主流"，"中国只有接受西方的普世价值才有前途"，"改革开放就是逐步接受普世价值的过程"。这些言论显然是故意反对、抹黑和仇视马克思列宁主义、毛泽东思想和中国特色社会主义理论，搞乱我们党和国家的意识形态和人们的信仰。习近平总书记曾说，苏联为什么解体？苏共为什么垮台？一个重要原因就是意识形态领域的斗争十分激烈，全面否定苏联历史、苏共历史，否定列宁，否定斯大林，搞历史虚无主义，思想搞乱了……

普世价值不是纯粹学术的争论。从学理上讲，人类对美好事物的向往应该是相通的。我们积极倡导富强、民主、文明、和谐，倡导自由、平等、公正、法治，倡导爱国、敬业、诚信、友善。很显然，这些与西方提倡的价值观有相通的地方。但是，一个社会的主流价值观的形成都有其特定的历史背景，与其制度形态和主流意识形态是一体的。以美国为首的西方国家宣扬的普世价值，并非是 18 世纪启蒙思想家们主张的自由、民主、人权概念，而是它们在冷战结束后企图"重塑世界"而抛出的新言论。这一点，美国自己的著名学者塞缪尔·亨廷顿倒是揭示得非常清楚。他在《文明的冲突与世界秩序的重建》中写道，普世文明的概念是西方文明的独特产物……20 世纪末，普世文明的概念有助于为西方对其他社会的文化统治和那些社会模仿西方的实践和体制的需要作辩护。普世主义是西方对付非西方社会的意识形态。

很显然，社会主义核心价值体系与普世价值具有本质区别，前者是中国特色社会主义的意识形态特征，是服务于实现国家富强、人民幸福、民族复兴的中国特色社会主义道路的；而普世价值本质上是为以美国为首的西方国家推行霸权主义辩护的。如果以普世价值为魂，社会主义就名存实亡了，就变了颜色。因此，宣扬普世价值实质上是引导中国偏离社会主义道路，走向资本主义道路。

七　中国特色社会主义是和平发展的社会主义，而不是侵略掠夺别国的霸权主义

中国特色社会主义坚持走和平发展之路，正如邓小平所说，中国人民集中精力搞生产，"实现四化，永不称霸"①。我国主张和平共处五项原则，在社会主义现代化

① 《邓小平文选》第 2 卷，人民出版社 1994 年版，第 111 页。

建设中一直强调独立自主，合作共赢。主张尊重各国选择自己道路的权利，绝不屈服于一切形式的霸权主义。"各国的事情，一定要尊重各国的党、各国的人民，由他们自己去寻找道路，去探索，去解决问题，不能由别的党充当老子党，去发号施令。我们反对人家对我们发号施令，我们也决不能对人家发号施令。这应该成为一条重要的原则。"①

历史上西方资本主义强国的崛起都是走侵略别国、掠夺资源的武力崛起、称霸世界，以殖民的方式掠夺资源，实现大国崛起。因此，由于中国在经过30多年的发展和积累后综合实力迅速提升，一些西方势力就鼓吹"中国威胁论"，这是敌对势力封堵中国、阻碍中国崛起和强大的借口，是子虚乌有的。党的十八大报告中指出，我们要走和平、发展的道路，在国际关系中弘扬平等互信、包容互鉴、合作共赢的精神，共同维护国际公平正义。习近平主席在访美期间与奥巴马的会晤中强调："中国将坚定不移走和平发展道路，坚定不移深化改革、扩大开放，努力实现中华民族伟大复兴的中国梦，努力促进人类和平与发展的崇高事业。"② 这些都表明，西方资本主义国家所谓的大国崛起之路这样的老路，是中国特色社会主义所摒弃的。

---

① 《邓小平文选》第 2 卷，人民出版社 1994 年版，第 319 页。

② 习近平：《习近平谈治国理政》，外文出版社 2014 年版，第 279 页。

八 中国特色社会主义是基本定型仍未完全定型，正在发展完善中的社会主义

中国特色社会主义作为一种社会形态，它是一个逐渐形成并不断发展完善的过程。中国特色社会主义在改革开放的伟大探索中前行。面对国际国内复杂多变的形势，不断解决发展中遇到的经济、政治、文化、社会、生态等各种难题，形成了一系列治国理政、内政外交等的理论、制度和政策，中国特色社会主义道路越来越明晰，中国特色社会主义形态也就基本形成。邓小平在1992年"南方谈话"中早就指出："恐怕再有三十年的时间，我们才会在各方面形成一整套更加成熟、更加定型的制度。在这个制度下的方针、政策，也将更加定型化。"① 我们认为，经过三十多年的改革开放和社会主义现代化建设，我们形成了中国特色社会主义道路、理论体系和制度，并取得了举世瞩目的辉煌成就，综合国力和国际地位大幅提升，由此我们有足够的理由这样说：中国特色社会主义道路、理论体系和制度三者的统一构成的中国特色社会主义社会形态，已基本定型。中国特色社会主义道路是实现途径，中国特色社会主义理论体系是行动指南，中国特色社会主义制度是根本保障，三者统一于中国特色社会主义伟大实践。这一伟大实践也就构成了中国特色社会主义社会形态，它具有丰

---

① 《邓小平文选》第3卷，人民出版社1993年版，第372页。

富和特定的内涵。对此党的十八大报告作了初步概括：中国特色社会主义道路，就是在中国共产党领导下，立足基本国情，以经济建设为中心，坚持四项基本原则，坚持改革开放，解放和发展社会生产力，建设社会主义市场经济、社会主义民主政治、社会主义先进文化、社会主义和谐社会、社会主义生态文明，促进人的全面发展，逐步实现全体人民共同富裕，建设富强民主文明和谐的社会主义现代化国家。中国特色社会主义理论体系，就是包括邓小平理论、"三个代表"重要思想、科学发展观在内的科学理论体系，是对马克思列宁主义、毛泽东思想的坚持和发展。中国特色社会主义制度，就是人民代表大会制度的根本政治制度，中国共产党领导的多党合作和政治协商制度、民族区域自治制度以及基层群众自治制度等基本政治制度，中国特色社会主义法律体系，公有制为主体、多种所有制经济共同发展的基本经济制度，以及建立在这些制度基础上的经济体制、政治体制、文化体制、社会体制等各项具体制度。习近平总书记强调："这些都是在新的历史条件下体现科学社会主义基本原则的内容，如果丢掉了这些，那就不成其为社会主义了。"①

这样的概括表明，我们党对中国特色社会主义的认识和把握，已经达到了一个前所未有的新高度。习近平总书记说："中国特色社会主义是科学社会主义理论逻辑

---

① 中共中央宣传部：《习近平总书记系列重要讲话读本》，学习出版社、人民出版社 2014 年版，第 16 页。

和中国社会发展历史逻辑的辩证统一，是根植于中国大地、反映中国人民意愿、适应中国和时代发展进步要求的科学社会主义，是全面建成小康社会、加快推进社会主义现代化、实现中华民族伟大复兴的必由之路。"① 中国 30 多年的发展取得巨大成就也证明，中国特色社会主义表现出优越于同时期其他社会制度的活力和有效性，作为一种新的社会形态已基本确立。

但是，正如习近平总书记所说："马克思主义必定随着时代、实践和科学的发展而不断发展，不可能一成不变，社会主义从来都是在开拓中前进的。"② "我们对社会主义的认识，对中国特色社会主义规律的把握，已经达到了一个前所未有的新的高度，这一点不容置疑。同时也要看到，我国社会主义还处在初级阶段，我们还面临很多没有弄清楚的问题和待解的难题，对许多重大问题的认识和处理都还处在不断深化的过程之中，这一点也不容置疑。对事物的认识是需要一个过程的，而对社会主义这个我们只搞了几十年的东西，我们的认识和把握也还是非常有限的。"③ 当前，我们仍处于社会主义初级阶段，经济发展处于转型期，贫富分化、信仰缺失、道德滑坡、贪污腐败、生态破坏、资源浪费等问题日益严重，也因此出现了一些

---

① 《习近平总书记系列讲话精神学习读本》，中共中央党校出版社 2013 年版，第 19 页。

② 习近平：《习近平谈治国理政》，外文出版社 2014 年版，第 23 页。

③ 中共中央宣传部：《习近平总书记系列重要讲话读本》，学习出版社、人民出版社 2014 年版，第 21 页。

质疑中国特色社会主义的声音。这是中国特色社会主义发展到一个新的阶段必然要面临的问题，也是任何国家发展进程中都要面临的。我们要对中国特色社会主义道路、理论和制度充满自信，坚持科学社会主义的基本原则，坚持理论创新、实践创新和制度创新，在改革开放实践中不断深化对许多重大问题的认识，并解决这些问题，就能不断完善中国特色社会主义的道路、理论和制度。

正如习近平总书记指出："我们坚信，随着中国特色社会主义不断发展，我们的制度必将越来越成熟，我国社会主义制度的优越性必将进一步显现，我们的道路必将越走越宽广，我国发展道路对世界的影响必将越来越大。"[1] 我们一定能"在中国共产党成立一百年时全面建成小康社会"，"在新中国成立一百年时建成富强民主文明和谐的社会主义现代化国家"。也就是说，中国特色社会主义作为一种既有别于僵化的传统社会主义，也有别于各种资本主义的新型制度文明就真正确立起来了，作为一种新的社会形态的中国特色社会主义的制度科学性、有效性、合理性就完全显示出来了。到那时，那些反对和质疑中国特色社会主义的人也许不得不低下高傲的头颅，只剩下失望的感叹。到那个时候中华民族孜孜以求的伟大梦想——中华民族伟大复兴就真正实现了。

（原载《马克思主义研究》2013 年第 9 期）

---

[1]　中共中央文献研究室编：《十八大以来重要文献选编（上）》，中央文献出版社 2014 年版，第 111 页。

21 世纪中国的马克思主义：标志中国特色社会主义发展到新阶段

　　"21 世纪中国的马克思主义"这一概念是习近平总书记在党的十八届四中全会的重要讲话中首次提出的，他强调要多宣传、多讲 21 世纪中国的马克思主义，或者说新时代的马克思主义。在 2015 年 1 月 23 日中共中央政治局第二十次集体学习时，习近平总书记又明确指出："要根据时代变化和实践发展，不断深化认识，不断总结经验，不断实现理论创新和实践创新良性互动，在这种统一和互动中发展 21 世纪中国的马克思主义。"[①] 因此，从发展 21 世纪中国的马克思主义的视角对党的十八大以来习近平总书记的系列重要讲话进行梳理和研究，是赋予我们理论工作者的一项重大理论任务。

　　21 世纪中国的马克思主义或者新时代的马克思主义首先蕴含着一个时空的概念——21 世纪；另一个是中国

[①] 《坚持运用辩证唯物主义世界观方法论　提高解决我国改革发展基本问题本领》，《人民日报》2015 年 1 月 25 日第 1 版。

的马克思主义。这里还有个比较的视野，21 世纪和 20 世纪两个时代有什么区别？中国的马克思主义和西方的马克思主义，或者和别的社会主义国家的"马克思主义"有什么不一样的地方？20 世纪的马克思主义是以无产阶级革命为主题，发展到了冷战结束以后特别是中国改革开放以后是以社会主义建设和发展为主题的。21 世纪中国的马克思主义实际反映了一种"差异"和"独特"。我觉得从 21 世纪时代的变化和特征来看有四个不太一样的地方。

第一个最鲜明的特点就是全球化趋势的加剧。与 20 世纪相比较，人类在 21 世纪真正进入了全球化的时代，民族、国家之间各个方面利益紧密地联系在一起，全球化的广度与深度与 20 世纪已不可同日而语。21 世纪是一个互联网时代或者说互联网经济的时代，人类的生产、生活、政治生态都发生了重大的变化。

第二个是国际金融危机。2008 年国际金融危机引发了资本主义全面危机，世界经济发展放缓，西方自由资本主义发展遇到了许多深层次问题。应该说这样的危机还没有过去。世界秩序正处于大变革大调整时代。这是 21 世纪面临的新问题。

第三个是从我们国内来看，中国的经济发展经过 30 多年高增长以后，由于受到生态、资源、环境、人的全面发展等因素的制约，还有国际竞争这样的态势和要求，中国必须调整自己的生产方式，中国经济发展进入了适应新常态、把握新常态、引领新常态的阶段。新常态的一个很重要的含义就是发展速度从高速转向中高速，发展方式从规模速度型转向质量效益型。人与自然的关系、人与生态的关系发生了一些新的变化，生产方式发生了一些新的变化。我们必须发挥好市场的决定性作用和政府的宏观调控职能，大力加强市场调节的作用和政府公共职能的作用，这是中国发展的阶段性。

第四个是中国共产党即将迎来建党 95 周年，中国共产党领导中国人民经过 30 多年的改革开放，取得了辉煌的成就。我们党虽然是一个老党大党，历久弥新，但党内也存在不少严重问题，如党的领导弱化、党的建设缺失、全面从严治党不力、党的观念淡薄、一些党组织涣散、纪律松弛等。我们党还面临长期执政考验、改革开放考验、市场经济考验、外部环境考验"四大考验"，还面临精神懈怠危险、能力不足危险、脱离群众危险、消极腐败危险"四大危险"。

所以概括地讲，时代的两个变化和我们国内面临这些新的问题，我们党要从理论上进行回应和创新，这是摆在我们面前的任务。构建 21 世纪中国的马克思主义，我们要从所面临的这四大问题入手，这是 21 世纪中国的马克思主义进行理论创新的时代背景和出发点。

21 世纪中国的马克思主义新在何处呢？尤其是党的十八大以来习近平总书记发表的系列重要讲话回应了刚才我讲的四大问题，习近平总书记系列重要讲话构成了 21 世纪中国的马克思主义的主要内容。从构建和发展 21 世纪中国的马克思主义的视角，我认为习近平总书记系列重要讲话有诸多创新之处。

第一个创新之处在于，习近平总书记深刻系统地阐释了中国特色社会主义道路的历史必然性，这是之前没有阐释过的。他在历次讲话中指出中国特色社会主义道路的"四个走出来"，这"四个走出来"的重要论断值得我们重视和做深入的研究。第一个"走出来"是讲中国特色社会主义这条道路，就是我们现代化的道路，是从改革开放 30 多年的伟大实践当中走出来的。第二个"走出来"是从中华人民共和国成立 60 多年的持续探索中走出来的。第三个"走出来"是讲从近代以来 170 多年发展历史的深刻总结中走出来的。第四个"走出来"是讲从中华民族 5000 多年优秀文明的传承中走出来的。习近平总书记还强调，中国特色社会主义道路有悠久的历史渊源和广泛的现实基础，中国特色社会主义道路是科学社会主义逻辑和中国社会发展历史逻辑的辩证统一。中国特色社会主义道路不是凭空来的，有它的历史基础、文化渊源和必然性，这个必然性就是科学的理论逻辑和中国社会发展历史逻辑的辩证统一。所以，我认为，这一论断打开了理解中国特色社会主义道路的新视野。中国特色社会主义道路是植根于中国优秀传统文化特别是近代以来中国历史发展实践的，中国特色社会主义道路的历史基础不光是在中华人民共和国成立以后或者改革开放以后开始的，习近平总书记把历史视野放得更远，推到建党以来、中国近代史和 5000 多年文明史几个角度去看，所以这一点开阔了我们对中国特色社会主义道路的理论视野和认识视野。

第二个创新之处在于，习近平总书记系列重要讲话深刻阐述了中国特色社会主义的理论创新。首先，总的来讲，习近平总书记把深化改革这样一个大的战略作为实现全面建设小康社会与中华民族伟大复兴的一个关键前提，即重启改革，是有深刻的实践依据的。重启改革，也就是我们最近说改革再出发，主要是讲中国经济改革的大逻辑，我们1978年开始进行改革，到今天的全面深化改革，它的意义、内容已经升级到更高的层次。其次，我觉得政治改革也有新的提法，主要体现为全面推进依法治国，这是一个重大的战略，习近平总书记讲，这是为党和国家长治久安、为我们的子孙万代谋幸福考虑的。

这次改革可以集中到一点，首先是党的执政方式、党的领导方式的改革，习近平总书记把党的领导和依法治国统一起来，明确提出中国共产党领导是中国特色社会主义最本质的特征，这是党的十八届四中全会讲到的核心命题，这点是前提，不可动摇。但在这样的前提之下，中国共产党如何在一党领导、多党合作的基础之上，如何在宪法和法律框架之内，将党的领导权力的运行合法合规和相互监督，我觉得值得探讨。比如说同级纪委和党委的关系问题，党的十八大以后在理论上和实践上已经有新的变化，党的领导、监督方式的改变，然后立法、司法方面的改革，如法院、检察院实行中央垂直管理，地方政府不许干预，不论编制和财政，都是由中央支持。这些改革加强了对行政权、司法权的制约和监督，改变了我们过去一些弊端，真正开启了我们党的领导的改革，目标就是要确立一种既坚持党的领导，同时又有相互监督制约的领导体制，这种制度比西方的所谓三权分立要强得多，更适合中国、更适合发展、更有效率，这套民主政治理论正在破题或者正在推进。

从我们党的领导来看，政党与人民群众的关系也不是老生常谈，提出了许多新的观点。党的十八大以来我们党清醒地认识到，我们党是马克思主义的政党，来源于人民，更深刻认识到我们党执政的基础在人民，所以政党与人民群众的关系问题、党的作风问题、党的形象问题要摆到一个特别突出的位置。群众路线教育实践活动是处理这些问题的重要途径。2014 年 12 月，习近平总书记在江苏调研时强调，要"协调推进全面建成小康社会，全面深化改革，全面推进依法治国，全面从严治党，推动改革开放和社会主义现代化迈上新台阶"。这是习近平总书记第一次将"全面从严治党"作为"四个全面"战略布局的重要组成部分，提升到一个全新的战略高度。此次讲话不是一个普通的工作总结，而是一个党的建设纲领性文件。因此，政党与人民群众的关系问题，党的作风、党的形象的问题也凸显了马克思主义群众史观与人民主体论。因此这方面习近平总书记系列重要讲话是有诸多创新的。

第三个创新之处在于，关于文化与意识形态的问题。其一，是强调意识形态的重要性，习近平总书记有几次讲话都讲到这个问题，经济建设搞不好不行，意识形态出问题也不行，这是讲到意识形态与文化安全问题。其二，更重要的是，一直以来，我们最强调的是中国特色社会主义与中华优秀传统文化的关系，而且提出要对传统文化进行创造性转化和创新性发展，最根本的就是要贯通、融合中华优秀传统文化与马克思主义、社会主义核心价值观，我们要打通这个联系。这个问题非常具有创新性。

近代以来，特别是"五四"以来引进的马克思列宁主义改变了中国，我们叫马克思主义中国化。辛亥革命推翻了封建王朝体制，儒学失去了科举制度的载体，传统文化的制度依托没有了，"五四"时期更是批判传统文化。但到了延安时期，毛泽东同志新民主主义文化论中却提出了要重视民族的、科学的、大众的文化，强调民族和大众，实际上那时候也有新启蒙，这个启蒙就是反对对传统文化不重视，是对民族文化价值的一次补救。但是中华人民共和国成立以后，我们有过一段时间排斥中华传统文化。20 世纪 80 年代我们曾大量引进西方的东西，西方理论思潮盛行。市场经济发展起来以后，学术界一些人重新提出重视新儒家思想，主张儒学复兴。到了 20 世纪全球化推进以后，传统文化持续升温。所以我觉得市场化和全球化促进对传统文化、民族文化的重视，具有现实的根据。

现在习近平总书记讲社会主义核心价值观，最近他去清华大学，视察了两个代表中华优秀传统文化的地方，一个是国学院，还有一个是李学勤教授领衔的清华大学出土文献研究与保护中心。我从习近平总书记的重要讲话中看出，对待传统文化，更多的还是要与当今中国特色社会主义主流文化、意识形态的贯通和融合，21 世纪中国的马克思主义应该是包容传统文化或者吸纳传统文化，相互融合，这恐怕是对马克思主义一个重要的要求和创新。马克思主义与传统文化的关系，在 21 世纪中国的马克思主义理论创新当中应该有新的内涵，它不是简单的指导、批判的关系，而是要走向融合发展。或者说马克思主义要走向大众，要走向民间，必然要和传统文化结合起来，这是一个很重要的思想。

第四个创新之处在于习近平总书记在系列重要讲话中集中阐释了中国道路、中国制度，尤其是中国制度的独特性、差异性和对中国来讲它的合理性、有效性。我觉得合理性、有效性就是科学性，中国制度当然还是在成长发展当中，我们的目标是建立一套科学、完备、规范、成熟的国家治理制度体系，这套制度体系的成熟过程实际上也就是中国特色社会主义的发展和完善过程，两者是一致的。习近平总书记系列重要讲话既强调中国制度的独特性，还强调与西方制度的差异性，强调对中国发展来讲它是有效的、合理的、科学的，这套制度与西方资本主义文明体系、政治制度是不一样的。所以说这实质上是两种制度文明之间的竞争。

这些思想对我很有启发，中国的这些制度正在发展和完备当中，它们对于中国发展非常有价值，同时中国制度对人类现代化道路、对呈现人类文明多样性形态、多样性价值具有重大意义。

总之，以上四大方面是我对 21 世纪中国的马克思主义的内容的一些分析与思考，很不成熟，希望大家批评指正。

（本文为笔者在 2015 年 5 月 11 日中国社会科学出版社主办的"21 世纪中国的马克思主义——学习习近平总书记系列重要讲话精神专家座谈会"上的发言）

中国道路的哲学观念

一 从哲学上深刻理解中国道路的 历史必然性和合理性

1978 年中国改革开放以来，中国共产党领导中国人民走出了一条独特的现代化发展道路即中国特色社会主义道路。今天看来，中国道路的成功不仅已被时间和实践所证明，而且更从当今中西方经济社会发展现状的对比中得到证明。从时间检验上看，中国经济社会的高速发展持续了近 40 年，而且相对世界经济而言，中高速的增长还在继续，中国发展的长期性和稳定性在世界现代经济史上不能不说是一个奇迹。40 年这样的时间长度足以说明一个事物存在发展的稳定性、规律性和合理性。

从发展的结果来看，中国 40 年来发生了翻天覆地的变化，政治经济社会文化发展取得了巨大成就，人民群众的物质生活水平、综合国力和国家的国际地位大幅提升。

从当今中西方发展对比来看，特别是 2008 年国际金融危机以来，西方发达资本主义国家的发展危机四起，所谓新自由主义"普世价值观"在实践中四处碰壁。当今世界正处于前所未有的大变革大动荡时代。世界经济发展陷入长期低迷和失衡，各种"黑天鹅"事件不断，各种不确定上升，这些都证明资本主义固有的基本矛盾经过一个时期的缓和后又进入一个被激化的阶段。美国与发达资本主义国家之间的矛盾和利益争夺，以及发达国家与不发达国家之间掠夺和反掠夺的矛盾日益激烈。世界财富集中到少数国际巨商和金融寡头的程度前所未有，巨大的贫富差距和极不平等的现实世界，必然会造成被压迫、被剥削者的不满、反抗和斗争，欧美发达国家大资本家的贪婪不仅受到本国人民的反抗，而且受到发展中国家（新兴市场经济国家）人民的极力对抗，资本主义政治制度和社会治理受到空前质疑。

回眸中国，虽然我们也面临很多发展难题，但是中国发展道路和制度的活力远远胜于西方资本主义国家。这是不容否认的事实，原因何在？大家都在分析、寻找。在我看来，根本原因在于作为执政党的中国共产党执政理念的人民性，即中国的国家权力不是掌握在少数利益集团手里，不是为少数权贵服务的，这使得中国的治理体系有可能更加合理。长期以来，西方国家重点攻击我们的国家治理主要有两点：一是指责我们是非民主国家；二是我们非个人自由主义（权利）本位。但事实证明，对于我们这样一个世界上人口最多的多民族国家来说，为应对自身经历的深刻变革和与之相互掺杂在一起的很多全球性复杂问题，强有力的国家治理能力是维护中国稳定发展的保障，没有稳定的社会秩序和较快速度的增长，人民的社会经济权利保障是根本无从谈起的。当前，"五大建设"的总体布局、"四个全面"的战略布局和新发展理念，都将进一步完善中国的制度体系，更加关注人民群众的利益诉求，改善民生，促进人的自由而全面发展。

中国发展的成功使我们有理由有底气对我们自己选择的中国特色社会主义道路自信，对我们不断创新的中国特色社会理论和不断完善的中国特色社会主义制度自信。中国特色社会主义作为一种新制度文明形态正显示出蓬勃的生命力，我们为人类的发展和世界文明多样性贡献了中国方案和中国智慧，这自然也对西方资本主义制度和意识形态构成挑战。一个国家或民族的自信根本来源于文化自信，文化自信是民族自信的源头。中国道路的选择、中国理论的提出和制度的设计是中华文化在当代的创造性转化和创新性发展，创新的奥秘我认为就在于把马克思主义与中国国情、中国实际和时代特征相结合，在于把马克思主义与中国优秀传统文化相结合，实现了马克思主义的中国化、时代化、大众化。这种双重的结合是中华文化的创新与发展，其理论形态就是以毛泽东思想与中国特色社会主义理论体系为内容的当代中国的马克思主义。这一新型文化的精髓则是一系列的哲学观念。这些哲学观念是破解中国道路成功之谜的精神密码，它们主要有：实事求是、人民主体、人的自由全面发展、批判的革命的辩证法、依存共生等。梳理和分析这些哲学观念，我们可以更好地理解当今中华民族的发展智慧，更深层次地理解中国特色社会主义成功的根源，坚定我们的道路自信、理论自信、制度自信和文化自信。

二　实事求是

实事求是是马克思主义哲学中国化的集中体现，也是对中国革命建设和改革开放发展影响最深远的当代中国哲学观念，它集中表达了马克思主义科学的认识论和方法论。

实事求是出自中国古代的典籍（东汉史学家班固撰写的《汉书·河间献王传》），原本是指一种严谨的治学态度和方法，毛泽东用这一成语概括了马克思主义的哲学观。他在《改造我们的学习》中指出："'实事'就是客观存在着的一切事物，'是'就是客观事物的内部联系，即规律性，'求'就是我们去研究。我们要从国内外、省内外、县内外、区内外的实际情况出发，从其中引出其固有的而不是臆造的规律性，即找出周围事变的内部联系，作为我们行动的向导。"① 经过不断的完善，实事求是思想路线的完整表述为：一切从实际出发，理论联系实际，实事求是，在实践中检验和发展真理。其精髓是：解放思想、实事求是、与时俱进、求真务实。实事求是是中国化马克思主义哲学的理论核心，一方面集中表达了辩证唯物主义和历史唯物主义的自然观、历

---

① 《改造我们的学习》，中共中央文献编辑委员会编《毛泽东著作选读》（下册），人民出版社 1986 年版，第 478 页。

史观以及科学的认识论和方法论；另一方面，它言简意赅，微言大义，体现了鲜明的中国传统文化特色。

实事求是思想路线是以毛泽东同志为核心的党的第一代中央领导集体在十分残酷的革命斗争实践中总结出来的，并在复杂的革命和建设进程中不断深化。毛泽东深刻反思右倾机会主义和"左"倾教条主义给中国革命造成的巨大损失，总结其惨痛的教训，指出，两者虽然表现形式不同，但实质相同，即都不从中国的实际出发，不注重调查研究，两者都险些倾覆中国共产党领导的革命之船。右倾机会主义错误使中国共产党放松了政治上的警惕性，致使中国共产党在国民党发动的反革命政变中损失惨重。由于"左"倾教条主义的错误指挥，本来实力弱小的中国红军积极冒进，造成第五次反"围剿"的失败，被迫长征，在长征开始后不到两个月，红军就由出发时的 8.6 万人锐减到 3 万多人。通过对这些教训的反思，毛泽东提出，必须将马克思主义与中国实际相结合，寻找一条符合中国实际的革命道路，进而形成实事求是的思想路线。在这一正确的思想路线的指导下，中国共产党领导中国人民取得革命的胜利，成立了中华人民共和国。

中国共产党在每一个历史发展阶段、每到重大历史关头，都会带着新的问题对实事求是进行再强调和再阐释，对实事求是每一次阐释都有新的意义，都是一次新的思想启蒙、思想解放，充分体现了正确的哲学观念在认识世界和改造世界的智慧和力量。

在社会主义建设早期，"左"倾错误再度兴起，社会主义建设脱离实际、急于求成、急躁冒进。具体表现为

"大跃进"、人民公社化运动以致后来发生"文化大革命"等错误实践,"以阶级斗争为纲"的政治运动给社会主义建设带来严重灾难。1978 年,关于实践是检验真理的唯一标准问题的大讨论开启了思想解放的大幕,为重新恢复和确立党的实事求是的思想路线奠定了哲学基础。在党的十一届三中全会上,邓小平同志作了《解放思想,实事求是,团结一致向前看》的重要讲话[①],重新确立实事求是的思想路线。实事求是的思想路线使我们清醒认识我国所处的发展阶段,即中国还处于并将长期处于社会主义初级阶段。从这一基本国情和基本特点出发,我们开辟了自己独特的发展道路即中国特色社会主义道路,确立了"一个中心、两个基本点"(以经济建设为中心,坚持改革开放,坚持四项基本原则)的基本路线,确立了建立社会主义市场经济体制的改革目标,迎来了快速发展的黄金 40 年,创造了人类发展史上的奇迹。

经过 40 年的快速发展,中国不仅解决了温饱问题(7亿多贫困人口摆脱贫困),一部分人还先富了起来,国家也逐渐强大起来,但也积累了大量的问题与矛盾:改革进入深水区,增长速度进入换挡期、结构调整面临阵痛期、前期刺激政策消化期;信仰缺失、道德滑坡、贫富分化、环境污染等问题凸显;党内部分官员腐败严重,形式主义、官僚主义、享乐主义和奢靡之风突出,面临脱离实际、脱离群众的危险。针对中国的发展进入新的发展阶

---

① 参见《邓小平文选》第 2 卷,人民出版社 1994 年版,第140 页。

段，面临新的形势和问题，习近平同志作了《坚持实事求是的思想路线》的重要讲话，他指出："我国已进入全面建设小康社会的关键时期和深化改革开放、加快转变经济发展方式的攻坚时期，我们面临的国内外形势更加复杂多变，新情况新问题新矛盾层出不穷。这些都对我们坚持和更好地贯彻实事求是的思想路线提出了新的要求。"① 这一重温实事求是的讲话是一次新的思想解放的再动员。后来，他在党的十八届三中全会上的讲话中又指出"三个没有变"，即"我国仍处于并将长期处于社会主义初级阶段的基本国情没有变，人民日益增长的物质文化需要同落后的社会生产之间的矛盾这一社会主要矛盾没有变，我国是世界最大发展中国家的国际地位没有变"，再次郑重提醒全党全国人民，要认清和把握我国所处的历史方位和面临的新形势，避免重犯脱离实际的错误。党的十八届六中全会再次强调："坚持解放思想、实事求是、与时俱进、求真务实，坚持理论联系实际，一切从实际出发，在实践中检验真理和发展真理，既反对各种否定马克思主义的错误倾向，又破除对马克思主义的教条式理解。坚持从我国仍处于并将长期处于社会主义初级阶段这个基本国情出发，不断研究新情况、总结新问题、解决新问题，不断推进马克思主义中国化。"② 由此，"必须全面贯彻执行党的基本路线，把以经济建设

---

① 习近平：《坚持实事求是的思想路线》，《学习时报》2012 年 5 月 28 日第 1 版。

② 《〈关于新形势下党内政治生活的若干准则〉〈中国共产党党内监督条例〉辅导读本》，人民出版社 2016 年版，第 25 页。

为中心同坚持四项基本原则、坚持改革开放这两个基本点统一于中国特色社会主义伟大实践，任何时候都不能有丝毫偏离和动摇"。① 可见，政治路线的正确与清醒是以坚持实事求是这一科学的思想路线和哲学观念为前提的。

三 人民主体

中国共产党自成立之日起，就把全心全意为人民服务写在自己的旗帜上，始终坚持人民主体地位，始终代表人民的利益，具有鲜明的人民性。正如习近平总书记在党的十九大报告中指出的，"中国共产党的初心和使命，就是为中国人民谋幸福，为中华民族谋复兴"。毛泽东提出全心全意为人民服务的宗旨；邓小平把人民利益作为每一个党员的最高准绳；江泽民提出中国共产党要始终代表中国最广大人民的根本利益；胡锦涛提出以人为本的科学发展观；习近平总书记提出坚持以人民为中心的发展思想和工作导向。2016 年 9 月 29 日，习近平总书记在学习《胡锦涛文选》报告会上的讲话中指出："我们要坚持以人民为中心的发展思想，抓住人民最关心最直接最现实的利益问题，不断实现好、维护好、发展好最广大人民根本利益，努力使全体人民学有所教、劳有所得、病有所医、老有所养、住有所居。"② 以人民为中

---

① 《〈关于新形势下党内政治生活的若干准则〉〈中国共产党党内监督条例〉辅导读本》，人民出版社 2016 年版，第 5 页。

② 习近平：《在学习〈胡锦涛文选〉报告会上的讲话》，人民出版社 2016 年版，第 12 页。

心的发展思想是做好各项工作的重要导向，习近平总书记强调："把以人民为中心的发展思想体现在经济社会发展各个环节，做到老百姓关心什么、期盼什么，改革就要抓住什么、推进什么，通过改革给人民群众带来更多获得感。"① 2014 年 10 月 15 日，他在文艺工作座谈会上的讲话中，提出坚持以人民为中心的创作导向。2016 年 2 月 19 日，他在党的新闻舆论工作座谈会上的讲话中指出："坚持以人民为中心的工作导向，尊重新闻传播规律，创新方法手段，切实提高党的新闻舆论传播力、引导力、影响力、公信力。"② 2016 年 5 月 17 日，他在哲学社会科学工作座谈会上的讲话中指出："我国哲学社会科学要有所作为，就必须坚持以人民为中心的研究导向。脱离了人民，哲学社会科学就不会有吸引力、感染力、影响力、生命力"③，等等。从毛泽东到习近平，关于中国共产党立党执政的宗旨的思想都是一脉相承的，概括起来就是"人民主体"这一哲学观念。

"人民主体"既是中国共产党坚持的马克思主义历史观、权力观，又是马克思主义价值观。它具有丰富的内涵：一是坚持人民历史主体地位。作为一种历史观，它认为人民群众是历史的创造者，是推动历史进步的根本

① 习近平：《在中央全面深化改革领导小组第二十三次会议上的讲话》，《人民日报》2016 年 4 月 19 日第 1 版。

② 人民日报社评论部：《论学习贯彻习近平总书记新闻舆论工作座谈会重要讲话精神》，人民出版社 2016 年版，第 1 页。

③ 习近平：《在哲学社会科学工作座谈会上的讲话》，人民出版社 2016 年版，第 12—13 页。

动力。二是人民是权力的主体，是国家的主人。中国共产党来自人民、植根人民、依靠人民，人民群众是执政党的力量源泉。"得民心者得天下，失民心者失天下，人民拥护和支持是党执政最牢固的根基。"[①] 人心向背关系党的生死存亡。党只有始终与人民心连心、同呼吸、共命运，始终依靠人民推动历史前进，才能做到党长期执政，党和国家长治久安，安如泰山、坚如磐石。党的权力既来自于人民，必然要受人民监督。任何党的干部都没有超越党规和法律之外的权力，行使任何权力都要对人民负责，自觉接受人民群众的监督和批评。三是从价值观上看，坚持人民主体就是执政为民，努力实现人民群众对美好生活的向往。习近平总书记指出："全心全意为人民服务，是我们党一切行动的根本出发点和落脚点，是我们党区别于其他一切政党的根本标志。"[②] 实现好、维护好、发展好最广大人民根本利益，把人民拥护不拥护、赞成不赞成、高兴不高兴、答应不答应作为衡量一切工作得失的根本标准。四是坚持人民主体就是要尊重人民的首创精神，坚持从群众中来，到群众中去的工作方法，充分发挥广大人民群众的积极性、主动性、创造性。深入调查研究，将从群众中集中起来的意见建议，形成政策，服务于人民群众。不搞主观臆断和违背客观规律的"拍脑袋"决策，不追求脱离实际的盲目攀比，

---

① 习近平：《在党的群众路线教育实践活动总结大会上的讲话》，人民出版社 2014 年版，第 27 页

② 习近平：《在纪念毛泽东同志诞辰 120 周年座谈会上的讲话》，人民出版社 2013 年版，第 18—19 页。

不提哗众取宠的空洞口号。

　　坚持人民主体这一哲学观念在中国具有十分深厚的土壤，与中国传统民本思想是十分契合的。民本主义精神是中国传统文化的重要内容。"民惟邦本，本固邦宁"（《尚书·五子之歌》），孟子提出"民为贵，社稷次之，君为轻"的著名观点，影响了中国几千年。唐代李世民认为："君依于国，国依于民。""为君之道，必须先存百姓。"（《贞观政要·君道》）朱熹则认为"天下之务莫大于恤民"（《宋史·朱熹传》），民本思想强调民心向背的重要性。孟子说："桀纣之失天下也，失其民也；失其民者，失其心也。得天下有道：得其民，斯得天下矣。"（《孟子·离娄上》）荀子说："君者，舟也；庶人者，水也。水则载舟，水则覆舟。"（《荀子·哀公》）习近平总书记说："'政之所兴在顺民心，政之所废在逆民心。'全心全意为人民服务是我们党一切行动的根本出发点和落脚点，是我们党区别于其他一切政党的根本标志。"① 民本思想还体现在重现世、重生活、重人伦的基本生命态度，是一种具有浓重道德色彩的人本关怀，把人放在一定的伦理人际关系中来定位，注重人的修养，肯定个体的心性完善。中国共产党强调在密切联系群众的关系中发展自己，强调在密切这一关系中自觉加强党性修养，具有强烈的道德情怀，这是中国共产党不同于西方政党的表现。

---

　　① 习近平：《习近平谈治国理政》，外文出版社2014年版，第28页。

正是因为坚持了人民主体的历史观和价值观，我们党才始终有坚实的执政党基础，也才有力量能在极其复杂、充满风险的国际国内形势下引领中国发展不断取得新的胜利。

四　人的自由全面发展

实现人的全面而自由的发展，这是马克思、恩格斯构想的人类未来理想社会——共产主义社会最根本的特征，是马克思主义的最高哲学命题。马克思在《资本论》中把共产主义描述为"一个更高级的、以每个人的全面而自由发展为基本原则的社会形式"。实现人的自由而全面发展也是以马克思主义为指导的中国共产党的奋斗目标，在哲学社会科学工作座谈会上，习近平总书记明确指出了这一点。他说："马克思主义坚持实现人民解放、维护人民利益的立场，以实现人的自由而全面的发展和全人类解放为己任，反映了人类对理想社会的美好憧憬。"[①]

人的自由而全面的发展包含十分丰富的内容，中国共产党在探索中国的发展道路中始终践行这一哲学理念。

第一，中国共产党领导的中国革命把贫穷的劳苦大众从"三座大山"的压迫和奴役中解放出来，在政治权利上实现了人人平等，这是人民群众自由而全面发

[①]　习近平：《在哲学社会科学工作座谈会上的讲话》，人民出版社 2016 年版，第 8—9 页。

展的基础和前提。但是在以"阶级斗争为纲"的社会主义建设的一段特殊时期,人的尊严和自由全面发展受到严重损害,有的时期甚至连宪法法律也遭公然践踏。改革开放以来,我们不断加强法治建设,实施依法治国战略,不断完善各种法律制度,进一步保障个人权利。党的十八届四中全会首次专题讨论依法治国问题,通过《中共中央关于全面推进依法治国若干重大问题的决定》,对加强社会主义民主政治制度建设和推进法治中国建设作出战略部署,使个人的各种权利得以保障。

第二,大力解放和发展生产力,提高人民群众的物质生活水平。摆脱对"物的依赖"是实现人的自由而全面发展的物质前提。改革开放以来,邓小平从我国贫穷落后的国情出发,指出"贫穷不是社会主义",社会主义的本质是"解放生产力、发展生产力,消灭剥削,消除两极分化,最终达到共同富裕"。在实现人民群众共同富裕上,我们采取的策略是先让一部分人富起来,先富带动后富,最终实现共同富裕。今天,中国人的温饱问题基本解决了,但还有一部分人仍处于贫困状态,我们正在向全面建成小康社会的目标努力奋进。

第三,提出共享发展,让每一个人都得以自由而全面发展。目前,我国还只有一部分人富裕了,绝大多数中国人民还没有富裕,并且贫富分化比较严重。基于此,习近平总书记提出共享发展理念。他指出:"共享理念实质就是坚持以人民为中心的发展思想,体现的是逐步实现共同富裕的要求。共同富裕,是马克思主义的一个基本目标，也是自古以来我国人民的一个基本理想。"① 共享发展就是让每一个社会成员拥有平等参与、平等发展的权利，让人民群众真正分享国家经济发展的成果，分享发展红利，建成不分地域、不分群体、不分层级、不分民族的全面小康。

为此，我们采取了一系列政策措施以推动共享发展。一是实施协调发展。针对城乡二元结构和城市内部二元结构的矛盾突出，东中西部、东北区域间发展不平衡；社会文明程度和国民素质与经济社会发展的水平不匹配等问题，推动区域协同、城乡一体、物质文明和精神文明协调发展。二是实施脱贫攻坚工程。提出"精准扶贫"的思想，因人因地施策，满足贫困地区、贫穷人群的物质生活需求，共享我们改革开放的发展成果。三是增加公共服务供给，坚持普惠性、均等化、可持续原则，加强义务教育、就业服务、社会保障、基本医疗和公共卫生、公共文化、环境保护等基本公共服务。四是完善分配制度。更好地处理按劳分配为主体和实行多种分配方式的关系，完善劳动、资本、技术和管理等生产要素按贡献参与分配的机制。规范初次分配，加大再分配调节力度。减小收入差别，增加低收入劳动者收入，扩大中等收入者比重，构建和谐稳定的"橄榄型社会"。五是逐步建立以权利公平、机会公平、规则公平为主要内容的社会公平保障体系，从法律上、制度上、政策上努力营

---

① 习近平：《在省部级主要领导干部学习贯彻党的十八届五中全会精神专题研讨班上的讲话》，人民出版社 2016 年版，第 25 页。

造公平的社会环境，维护好个人权利。以上这些政策措施在推动人民群众共享发展上正在取得实效。

第四，重视文化发展，推动人在更高层次上实现自由全面发展。丰富的精神文化生活是人的自由全面发展的重要标志。党的十七届六中全会通过的《中共中央关于深化文化体制改革、推动社会主义文化大发展大繁荣若干重大问题的决定》中指出"物质贫乏不是社会主义，精神空虚也不是社会主义"①，这是对邓小平"贫穷不是社会主义"论述的深化。经过近40年的发展，人民群众在物质生活水平极大提高的同时，对精神文化生活的需求日益增强，但我们高质量的公共文化产品却相对缺乏，精神领域还出现了诸如信仰缺失、道德失范、价值观扭曲等与人的自由全面发展相背离的问题。党的十七届六中全会之后，党对中国特色社会主义文化的发展提到更加突出的位置，通过加强意识形态工作、构建社会主义核心价值观、创作优秀文艺作品、发展弘扬中华优秀传统文化、推动中华文化走出去、加快推进文化体制改革和文化产业建设等，以满足人民群众不断增长的精神文化生活需求，推动人的更加全面而自由的发展。

五　批判的革命的辩证法

马克思认为："辩证法在对现存事物的肯定的理解中

---

① 《中共中央关于深化文化体制改革、推动社会主义文化大发展大繁荣若干重大问题的决定》，人民出版社2011年版，第7页。

同时包含对现存事物的否定的理解，即对现存事物的必然灭亡的理解；辩证法对每一种既成的形式都是从不断的运动中，因而也是从它的暂时性方面去理解；辩证法不崇拜任何东西，按其本质来说，它是批判的和革命的。"① 马克思的批判性概念是基于历史事实和历史规律基础上的，马克思是基于揭示人类社会发展内在矛盾和资本主义社会特殊矛盾而进行的理论批判和实践批判。他认为整个人类历史是一个辩证否定的过程。对此，习近平总书记作了深刻的把握与阐发，他指出："哲学社会科学要有批判精神，这是马克思主义最可贵的精神品质。"② 他还强调："勇于自我革命，是我们党最鲜明的品格，也是我们党最大的优势……必须以勇于自我革命精神打造和锤炼自己。"③ 毋庸置疑，批判的革命的辩证法是指导中国共产党领导中国人民推进中国特色社会主义伟大实践的一个重要哲学观念。

第一，中国改革开放实践活动就是一个自我批判、自我革新的历史进程。改革开放政策的出场本身就是对原有计划经济体制下社会主义建设实践模式的反思和批判，改革开放过程本身就是不断的自我革新过程。正是

---

① 《马克思恩格斯选集》第 2 卷，人民出版社 1995 年版，第 112 页。

② 习近平：《在哲学社会科学工作座谈会上的讲话》，人民出版社 2016 年版，第 18 页。

③ 习近平：《以解决突出问题为突破口和主抓手 推动党的十八届六中全会精神落到实处》，《人民日报》2017 年 2 月 14 日第 1 版。

在这个意义上，邓小平把改革开放看作是"中国的第二次革命"。改革就是要打破那些束缚生产力发展的旧观念、旧体制，逐步建立社会主义市场经济体制。当前，历时近40年的中国改革进入深水区，好改的都已经改了，"剩下的都是硬骨头"，需要我们以更加彻底的批判精神披荆斩棘，完成自我革命的历史重任。因此，党的十八大以来，以习近平同志为核心的党中央提出全面深化改革，并在诸多领域推出了全面深化改革的举措。习近平指出："改革既要往有利于增添发展新动力方向前进，也要往有利于维护社会公平正义方向前进。"再如，在正确处理市场与政府之间的关系上，提出充分发挥市场在资源配置中起决定性作用，更好地发挥政府的宏观调控作用，把市场调节由基础性作用改为决定性作用。当然，无论怎么改，都必须坚持正确方向，沿着正确道路推进。"我们的方向就是不断推动社会主义制度自我完善和发展，而不是对社会主义制度改弦易张。"①

第二，中国共产党的自身建设也体现了自我批判和自我革命精神。党的十八大以来，中国共产党深刻反省自身存在的腐败和作风问题，坚定不移推进全面从严治党，加强自身监督，努力把权力关进制度的笼子里。一方面对腐败始终保持高压态势，坚持"老虎""苍蝇"一起打，惩治了一大批贪官污吏。另一方面加强制度建设，出台了《关于改进工作作风、密切联系群众的八项规定》《关于新形势下党内政

---

① 中共中央文献研究室：《习近平关于全面深化改革论述摘编》，中央文献出版社2014年版，第15页。

治生活的若干准则》和《中国共产党党内监督条例》等，并开展党的群众路线教育实践活动、"三严三实"（严以修身、严以用权、严以律己，又谋事要实、创业要实、做人要实）和"两学一做"活动。出台这些制度、开展这些活动的核心是要求党员干部对照党纪党规，不忘初心，查找、反思自身的问题，做到自我净化、自我完善、自我革新、自我提高。事实证明，这些措施有力整治了形式主义、官僚主义、享乐主义和奢靡之风，刹住了许多人认为不可能刹住的歪风邪气。党风、政风和社会风气为之一新，党的执政地位得以巩固，党的领导力量得到空前的增强。

第三，坚持问题导向。坚持问题导向实质就是坚持批判思维，要有质疑精神，敢于提出问题，直面问题，设法解决发展中的问题。只有这样，才能实现理论创新、实践创新、制度创新。习近平总书记指出："坚持问题导向是马克思主义的鲜明特点。问题是创新的起点，也是创新的动力源。只有聆听时代的声音，回应时代的呼唤，认真研究解决重大而紧迫的问题，才能真正把握住历史脉络、找到发展规律，推动理论创新。"[1] 另外，在对待国外的理论和经验上也要坚持批判思维，"对国外的理论、概念、话语、方法，要有分析、有鉴别，适用的就拿来用，不适用的就不要生搬硬套"[2]。

---

[1] 习近平：《在哲学社会科学工作座谈会上的讲话》，人民出版社 2016 年版，第 14 页。

[2] 习近平：《在哲学社会科学工作座谈会上的讲话》，人民出版社 2016 年版，第 18 页。

六 依存共生

当前，人类社会正处在一个前所未有的大变革大调整时期，经济全球化、世界多极化、社会信息化、文化多样化深入发展，世界各国联系越来越密切，如何处理各种复杂的全球性问题，加强全球治理，促进世界的和平和发展是摆在世界各国面前的一个重大课题。习近平总书记指出："我们正处在一个挑战频发的世界。世界经济增长需要新动力，发展需要更加普惠平衡，贫富差距鸿沟有待弥合。地区热点持续动荡，恐怖主义蔓延肆虐。和平赤字、发展赤字、治理赤字，是摆在全人类面前的严峻挑战。这是我一直思考的问题。"[1] 习近平总书记根据对当今世界发展新特点的把握，提出了"构建人类命运共同体"的主张和推进"一带一路"建设的倡议，充分体现了传统中国哲学和马克思主义哲学一直倡导的依存共生的哲学理念。

依存共生的哲学理念既体现了马克思主义哲学的辩证法思想，又反映了中国传统哲学的思想精华。马克思主义哲学认为，世界是一个普遍联系的有机整体，事物之间或事物内部各要素之间都存在普遍联系，这种联系就是相互作用、相互影响和相互制约。任何事物都处在

---

[1] 习近平：《携手推进"一带一路"建设——在"一带一路"国际合作高峰论坛开幕式上的演讲》，人民出版社 2017 年版，第 4 页。

既对立又统一的矛盾体中，事物之间以及事物的两个方面之间既相互依存、不可分割，又相互对立。世界万事万物都是在这种对立统一的关系中获得曲折性发展、波浪式前进的。中国先哲则主张"万物并育而不相害，道并行而不相悖"（《礼记·中庸》），"和实生物，同则不继"（《国语·郑语》）。"和"是指不同事物、不同要素的和合统一，"同"是指相同东西的简单相加或同一。这就是说，万事万物在和谐的环境下共生，维护事物的多样性，如一味地追求单一相同性，则万事万物就失去了发展的生机。中国崇尚正确的义利观，讲究道义为先，义利兼顾，互利共赢，这些价值观念都反映了事物间的依存共生思想。

基于依存共生的理念，中国为世界的和平发展提出自己的方案，这一方案就是习近平总书记所说的——"构建人类命运共同体，实现共赢共享"。党的十八大以来，习近平总书记高屋建瓴，着眼世界整体，多次阐释了"构建人类命运共同体"的思想。这一思想是中国所主张的实现和平发展、建设和谐世界的重要理念基础，它具有丰富的内涵。

第一，坚持共建共享，维护世界普遍安全。人类生活在同一个地球上，是一个密切联系、相互依存、对立统一的有机整体，利益交融、安危与共、一荣俱荣、一损俱损。世界各国共同面临全球气候变暖、生态失衡、资源枯竭、恐怖主义袭击、食品安全、疾病蔓延、毒品泛滥等问题，没有世界各国的合作，这些安全问题是不可能解决的。习近平总书记指出："世上没有绝对安全的世外桃源，一国的安全不能建立在别国的动荡之上，他国的威胁也可能成为本国的挑战。邻居出了问题，不能光想着扎好自家篱笆，而应该去帮一把。"[①] 他还指出："在各国彼此依存、全球性挑战此起彼伏的今天，仅凭单个国家的力量难以独善其身，也无法解决世界面临的问题。"[②] "我们要树立共同、综合、合作、可持续的安全观，营造共建共享的安全格局。"[③]

第二，坚持合作共赢，谋求世界共同繁荣。中国倡导美人之美、美美与共，坚持双赢、多赢、共赢的利益观，坚持共商、共建、共享原则。习近平总书记提出共同建设"一带一路"的重要思想，就是要走共赢共享之路，加强与其他国家的互联互通和发展对接，推动各国基础设施建设和体制机制创新，带动其他国家的发展。与美国损害多边贸易、逆全球化不同，中国以自己的方式维护和推动世界全球一体化。"在'一带一路'建设国际合作框架内，各方秉持共商、共建、共享原则，携手应对世界经济面临的挑战，开创发展新机遇，谋求发展新动力，拓展发展新空间，实现优势互补、互利共赢，

---

① 习近平：《共同构建人类命运共同体——在联合国日内瓦总部的演讲》，《人民日报》2017 年 1 月 20 日第 2 版。

② 习近平：《开辟合作新起点　谋求发展新动力——在"一带一路"国际合作高峰论坛圆桌峰会上的开幕辞》，《人民日报》2017 年 5 月 16 日第 3 版。

③ 习近平：《携手推进"一带一路"建设——在"一带一路"国际合作高峰论坛开幕式上的演讲》，人民出版社 2017 年版，第 8 页。

不断朝着人类命运共同体方向迈进。"①

第三，坚持交流互鉴，主张开放包容。在全球化和扩大开放的背景下，中国尊重各国各民族文明，维护文明多样性。同时加强各种文明之间的交流互鉴，理性处理与其他文明之间的差异，取长补短、择善从之，以交流交融化解对抗冲突。习近平总书记指出："'和羹之美，在于合异。'人类文明多样性是世界的基本特征，也是人类进步的源泉……每种文明都有其独特魅力和深厚底蕴，都是人类的精神瑰宝。不同文明要取长补短、共同进步，让文明交流互鉴成为推动人类社会进步的动力、维护世界和平的纽带。"② 他指出："我们推进'一带一路'建设不会重复地缘博弈的老套路，而将开创合作共赢的新模式；不会形成破坏稳定的小集团，而将建设和谐共存的大家庭。"③

第四，坚持绿色低碳，共同建设一个清洁美丽的世界。中国崇尚和遵循天人合一、道法自然的理念，坚持人与自然共生共存，寻求永续发展之路。中国主张"绿水青山就是金山银山"，绝不吃祖宗饭、断子孙路，用破

---

① 习近平：《开辟合作新起点　谋求发展新动力——在"一带一路"国际合作高峰论坛圆桌峰会上的开幕辞》，《人民日报》2017 年 5 月 6 日第 3 版。

② 习近平：《共同构建人类命运共同体——在联合国日内瓦总部的演讲》，《人民日报》2017 年 1 月 20 日第 2 版。

③ 习近平：《携手推进"一带一路"建设——在"一带一路"国际合作高峰论坛开幕式上的演讲》，人民出版社 2017 年版，第 12 页。

坏性方式搞发展。同时，中国积极推动世界各国遵守实施《巴黎协定》，呼吁共同应对全球气候变化，并愿意承担相应的责任和义务。^① 最近几年，环境保护和生态文明建设得到中国政府的高度重视，采取了许多重大措施践行绿色发展的新理念，倡导绿色、低碳、循环、可持续的生产生活方式，加强生态环保的国际合作，建设全球生态文明，体现了一个大国的责任担当。这既是中华民族哲学传统使然，也是遵循唯物辩证法的根本要求。

（原载《中国社会科学报》2017 年 7 月 13 日第 1 版）

---

① 参见习近平《共同构建人类命运共同体——在联合国日内瓦总部的演讲》，《人民日报》2017 年 1 月 20 日第 2 版。

中国何以有坚定的制度自信

　　中国能够保持近 40 年的经济快速增长，并在政治、文化、社会、生态文明建设上取得一系列重大成就绝非偶然，而是具有深刻的理论与现实根源。其中，确立一套适合中国国情、植根于中国文化传统、在改革开放实践中不断完善和发展的中国特色社会主义制度，是中国成功的关键因素。正如习近平同志所指出的："中国特色社会主义制度是当代中国发展进步的根本制度保障，是具有鲜明中国特色、明显制度优势、强大自我完善能力的先进制度。"①

　　当前，一些国家对中国经济社会发展的成就给予高度评价，却对成就背后的制度因素不理解或不认同，有的甚至指责、歪曲中国制度。这不仅因为他们对中国制度的认识存在不足，更因为他们固守所谓现代化的西方模式，戴着有色眼镜看待中国制度。对此，我们必须以坚定的制度自信予以回应。中国的制度自信从何而来？

---

　　① 习近平：《在庆祝中国共产党成立 95 周年大会上的讲话》，人民出版社 2016 年版，第 13 页。

这种自信绝非盲目的自我陶醉、自以为是，而有坚实的基础。

中国制度的优势已被实践和时间所证明。改革开放近40年来，中国发生举世瞩目的变化，人民群众的物质文化生活水平、国家的综合国力和国际地位大幅提升。放眼全球，中国发展的长期性和稳定性不能不说是一个奇迹，足以证明中国制度的合理性、稳定性与优越性。这样一套制度，能够集中力量办大事，有效促进社会生产力发展，促进现代化各项事业发展，促进人民生活水平不断提高，增进中国人民和中华民族的福祉。

中国制度植根于自己的文化传统。独特的基本国情、历史命运和文化传统塑造了中国制度。这种深厚的历史文化传统表现在许多方面。比如，中国文化传统中的天下胸襟，要求以海纳百川的气度不断包容、吸收、融合各种先进文化，从而使中华文化保持旺盛生机活力，也使中国制度具有强大生命力。又如，中国文化传统中的家国情怀，反映了中国人民历来抱有的对民族和国家前途命运的深厚责任感、使命感以及强烈的爱国主义和民族凝聚力。可以说，中国制度既遵循普遍规律又不墨守成规，既借鉴国际先进经验又反对照抄照搬，既吸收别人好的东西又保持自己好的东西，从而在文化独立性与开放性的结合中保持制度活力。

中国制度已经形成独具特色的体系。近40年来，在改革开放的进程中，我们逐步确立公有制为主体、多种所有制经济共同发展的基本经济制度；进一步完善人民代表大会制度这一根本政治制度，完善中国共产党领导的多党合作和政治协商制度、民族区域自治制度和基层群众自治制度等基本政治制度；逐步完善以这些基本制度为基础的经济体制、政治体制、文化体制、社会体制、生态文明体制等各项体制机制；还有我们党的民主集中制、领导干部任期制、党内监督制度等一系列党内制度。这些制度相互联系、相互协同，形成一整套科学系统的制度体系。

以中国制度为根本保障，中国发展取得巨大成就，但这并不是说中国制度已经完美无缺，不需要完善和发展了。坚定制度自信与不断完善和发展制度是有机统一的。党的十八大以来，以习近平同志为核心的党中央不断推进实践创新、理论创新和制度创新。党的十八届三中全会提出，完善和发展中国特色社会主义制度，推进国家治理体系和治理能力现代化。我们党在带领人民实现"两个一百年"奋斗目标过程中，既坚持中国特色社会主义各项制度，又坚持在实践中完善和发展这些制度，使中国制度具有更加丰富的内涵、更加有效的机制，能够更加顺畅地运行，从而为中国特色社会主义事业发展提供根本制度保障。

（原载《人民日报》2017 年 10 月 11 日 "大家手笔" 栏目）

中国制度：中华民族伟大复兴的根本制度保障

即将召开的党的十九大，是在全面建成小康社会决胜阶段、中国特色社会主义发展关键时期召开的一次十分重要的大会，是我们党和国家政治生活中的一件大事。党的十九大的胜利召开，必将对坚持和完善中国特色社会主义制度产生强大的动力，为实现中华民族伟大复兴提供强大的制度保障，开辟新的征程。

一 历史性变革和成就筑就更加坚定的制度自信

党的十八大以来的 5 年，党和国家事业发生历史性变革，我国发展站到了新的历史起点上，中国特色社会主义进入了新的发展阶段。我们坚定不移走中国特色社会主义道路，用事实和成就展现了社会主义在中国的发展活力，诠释了中国特色社会主义的科学性、创新性和合理性。归根到一点，5 年来我们所取得的重大成就和历史性变革，更加坚定了中国特色社会主义道路自信、理论自信、制度自信和文化自信。

新的历史起点上把中国特色社会主义事业推向新的高度，迈向社会主义现代化强国的新征程，一个重要的内容和标志就是中国特色社会主义制度体系的成熟和定型。"新的历史起点"意味着，我们要在现有发展成就的基础上再出发，推动中国特色社会主义事业继续向前发展，实现"两个一百年"的奋斗目标，实现中华民族伟大复兴的中国梦。这一过程也是中国国家治理走向更加成熟的过程，集中体现于中国特色社会主义制度体系的完善、成熟、定型。

当前，世界上很多国家对中国经济社会发展的成功给予很高的评价，但对成功背后的制度因素却没有深入分析，不理解或不认同，有的人则对中国道路、中国制度质疑、歪曲甚至攻击。这不仅仅是因为他们对中国制度的认识不足，更是因为他们固守现代性的"西方中心论"模式。我们自身对中国特色社会主义制度也缺乏主动的探索和研究，缺乏自觉的认识和自信的底气。其实，近 40 年持续快速的增长以及所取得的巨大成就，绝非偶然，而是有其内在的历史必然性。中国的成功自有其成功之道，这个成功之道就是"中国理论"和"中国制度"。可以说，中国改革发展成就的最根本体现就是在制度进步上。习近平总书记在庆祝中国共产党成立 95 周年大会上的讲话中指出："我们要坚信，中国特色社会主义制度是当代中国发展进步的根本制度保障，是具有鲜明中国特色、明显制度优势、强大自我完善能力的先进制度。"①

二 当代中国制度已形成比较完整的科学体系

在中国革命和社会主义现代化的实践中，在迈向中华民族伟大复兴的漫漫征途中，中国共产党领导中国人民经过艰难曲折的探索形成了中国特色社会主义道路、理论体系和制度。中国特色社会主义道路是现代化的实现途径，中国特色社会主义理论体系是行动指南，中国特色社会主义制度是根本保障，三者统一于中国特色社会主义伟大实践。中国特色社会主义理论体系最终要体现在实践层面，落实到制度建设上。中国特色社会主义实践成果和经验都需要制度规范来保障和巩固。改革开放和中国特色社会主义的可持续发展，必须要建立系统完备、科学规范的中国特色社会主义制度体系，这既是推进国家治理现代化、实现中华民族伟大复兴的必要前提，又是中华民族实现伟大复兴、巍然屹立于世界民族之林的重要标志。

当代中国制度体系是历史地形成的。制度自信源于其深厚的历史文化传统和实践基础，以及由此形成的自身特色。独特的基本国情、独特的历史命运和独特的文化传统形成了中国自己特有的制度。这种深厚的历史文

---

① 习近平：《在庆祝中国共产党成立 95 周年大会上的讲话》，人民出版社 2016 年版，第 13 页。

化传统突出地表现为两点：一是天下胸襟。以海纳百川的气度不断包容、吸收、融合不同民族的文化因素，使自身民族文化不断有新的活力注入。二是家国情怀。追求团结统一，反对分裂，有超强的爱国主义和民族凝聚力的传统基因。这些历史文化传统深刻地影响着当今中国制度体系。近代以来中国人民在追求民族独立、国家富强、人民幸福过程中艰辛探索，走出了一条具有中国特色的革命、建设和以改革开放为动力的发展道路，逐步形成了一整套经济、政治、文化、社会等制度体系。习近平总书记精辟地指出，中国特色社会主义这条道路"是在改革开放 30 多年的伟大实践中走出来的，是在中华人民共和国成立 60 多年的持续探索中走出来的，是在对近代以来 170 多年中华民族发展历程的深刻总结中走出来的，是在对中华民族 5000 多年悠久文明的传承中走出来的，具有深厚的历史渊源和广泛的现实基础"①。习近平总书记的这一论述十分清晰深刻地阐明了中国制度的历史渊源和实践基础。

当代中国制度体系是在实践中不断发展完善的。以毛泽东同志为核心的党的第一代中央领导集体带领全党全国各族人民完成了新民主主义革命，进行了社会主义改造，确立了社会主义基本制度，成功实现了中国历史上最深刻、最伟大的社会变革，为当代中国一切发展进步奠定了根本政治前提和制度基础。以邓小平同志为核

---

① 习近平：《习近平谈治国理政》，外文出版社 2014 年版，第 39—40 页。

心的党的第二代中央领导集体带领全党全国各族人民深刻总结我国社会主义建设正反两方面经验，从我国正处于并将长期处于社会主义初级阶段的国情出发，作出把党和国家工作中心转移到经济建设上来、实行改革开放的历史性决策，以新的实践推动中国制度的发展和完善。邓小平同志对中国特色社会主义制度体系建设高度关注，他在 1992 年就提出了构建制度体系的目标："恐怕再有三十年的时间，我们才会在各方面形成一整套更加成熟、更加定型的制度。在这个制度下的方针、政策，也将更加定型化。"①

近 40 年来，在"一个中心、两个基本点"的党的基本路线指引下，在改革开放的伟大实践中，我们逐步确立了公有制为主体、多种所有制经济共同发展的基本经济制度和分配制度；建立了符合社会主义市场经济要求的中国特色社会主义法律体系；进一步完善了人民代表大会制度的根本政治制度，中国共产党领导的多党合作和政治协商制度、民族区域自治制度以及基层群众自治制度等基本政治制度；逐步建立了在这些基本制度基础上的经济体制、政治体制、文化体制、社会体制等各项具体制度，还有中国共产党全国代表大会制度、民主集中制、领导干部任期制、选人用人制度、党内监督制度等党内法规制度。以上这些因素相互联系、相互协同，形成一整套系统的当代中国制度体系。

特别是党的十八大以来，以习近平同志为核心的党

---

① 《邓小平文选》第 3 卷，人民出版社 1993 年版，第 372 页。

中央不断推进实践创新、理论创新和制度创新。党的十八届三中全会特别提出要全面深化改革，完善和发展中国特色社会主义制度，推进国家治理体系和治理能力现代化。这表明我们把制度建设提高到国家治理能力和治理体系现代化的重要层面。比如，积极探索长期执政条件下自我监督的有效途径，深化国家监察体制改革，成立监察委员会，制定和完善国家监察法，构建党统一领导的反腐败工作体制，推出《中国共产党党内监督条例》，把全面从严治党与全面深化改革、全面依法治国有机结合起来，增强中国共产党自我净化、自我完善、自我革新、自我提高能力。在加强对权力监督的制度设计上取得了重大进步，依规治党和依法治国相结合成为中国治理体系的一个极为重要的特色。

三 当代中国制度体系的优势已被
时间和实践所证明

当代中国的制度自信不是虚妄的自以为是，而是建立在近40年改革开放的巨大成就基础上的，是被时间和实践检验证明了的。从时间检验上看，中国经济社会的高速发展持续了近40年，而且相对世界经济而言，中高速的增长还在继续，中国发展的长期性和稳定性在世界现代经济史上不能不说是一个奇迹。这样的时间长度足以说明一个事物存在发展的稳定性、规律性和合理性。从发展的结果来看，中国近40年来发生了翻天覆地的变化，政治经济社会文化发展取得了巨大成就，人民群众的物质生活水平、综合国力和国家的国际地位大幅提升。

同时，与西方发达资本主义国家的制度相比，中国制度正日益显示出独特的优势和强大的生命力。当今世界正处于前所未有的大变革大调整的时代。特别是2008年国际金融危机以来，西方发达资本主义国家面临着经济萎靡、恐怖主义、难民问题相互交织等难题，发展举步维艰、危机四起，新自由主义在实践中四处碰壁，资本主义政治制度和社会治理遇到空前危机，受到广泛质疑。而中国特色社会主义作为一种新的制度体系对西方资本主义制度构成挑战，愈来愈引起有识之士和世界人民的重视。中国特色社会主义制度优越性正蓬勃展现。对此，习近平总书记作了系统全面的概括："这样一套制度安排，能够有效保证人民享有更加广泛、更加充实的权利和自由，保证人民广泛参加国家治理和社会治理；能够有效调节国家政治关系，发展充满活力的政党关系、民族关系、宗教关系、阶层关系、海内外同胞关系，增强民族凝聚力，形成安定团结的政治局面；能够集中力量办大事，有效促进社会生产力解放和发展，促进现代化建设各项事业，促进人民生活质量和水平不断提高；能够有效维护国家独立自主，有力维护国家主权、安全、发展利益，维护中国人民和中华民族的福祉。"① 西方之乱和中国之治无疑印证了习近平总书记这一重要论述的

① 习近平：《在庆祝全国人民代表大会成立60周年大会上的讲话》，《人民日报》2014年9月6日第2版。

精辟和正确!

　　系统完备科学规范的中国制度体系的建立和运行是中国特色社会主义的最大成就,是我们自信的底气所在,也是中华民族伟大复兴的根本标志。制度建设及其完善非一日之功,我们既要以时不我待的精神去推动制度体系的现代化,同时,制度居于社会系统中的上层建筑层面,制度建设又必须遵循生产力与生产关系、经济基础与上层建筑之间决定与反作用的基本规律。当前,党和国家的宏观制度向中观制度和微观制度的延伸细化也才刚刚开始,各种制度和体制之间的相互协同配套还存在很多不足。完善和发展中国特色社会主义制度,必须对中国特色社会主义道路上一系列重大问题攻坚克难。为此,对中国特色社会主义制度的历史渊源、实践基础、基本内容、内在逻辑、特点和优势以及未来的发展目标、步骤等有关重大问题进行深入研究,是学术理论界的一项重大课题。

（原载《中国社会科学报》2017 年 10 月 17 日第 8 版）

中国之治的实践逻辑

新中国成立以来，我们党领导人民创造了世所罕见的经济快速发展奇迹和社会长期稳定奇迹，综合国力、国际影响力和人民生活水平大幅提升，用几十年时间走完了发达国家几百年走过的工业化历程，实现了中国之治。中国之治具有内在的理论逻辑、制度逻辑和历史逻辑，三者统一于中国之治的实践逻辑。

坚持中国共产党的集中统一领导。习近平总书记在党的十九大报告中明确指出，中国共产党领导是中国特色社会主义最本质的特征，是中国特色社会主义制度的最大优势。中国共产党的领导确保了中国特色社会主义发展的正确方向，保证我们在根本性问题上不出现颠覆性错误，这是中国之治得以实现的根本奥秘所在。党的领导制度是我国的根本领导制度，在国家制度体系中居于统领地位。《中共中央关于坚持和完善中国特色社会主义制度　推进国家治理体系和治理能力现代化若干重大问题的决定》（以下简称《决定》）阐述了加强党的领导制度建设的几个方面，最核心的是维护党中央权威和集中统一领导的各项制度和党的全面领导制度。当前维护党中央权威和集中统一领导最重要的就是坚决维护习近平总书记党中央的核心、全党的核心地位，自觉在思想上政治上行动上同以习近平同志为核心的党中央保持高度一致。还有健全党中央对重大工作的领导体制，完善推动党中央重大决策落实机制，严格执行向党中央请示报告制度，健全维护党的集中统一的组织制度等。其中，民主集中制是我们党的根本组织原则和领导制度，是马克思主义政党区别于其他政党的重要标志。《决定》指出："坚持民主集中制，完善发展党内民主和实行正确集中的相关制度，提高党把方向、谋大局、定政策、促改革的能力。"民主集中制是民主基础上的集中和集中指导下的民主相结合的制度，它把充分发扬党内民主和人民民主与正确实行集中有机结合起来，既可以充分激发全党和全民的创造活力，又可以集中全党思想和智慧，有效防止和克服议而不决、决而不行的分散主义，避免西方政党固有的相互掣肘、扯皮乃至政党间恶斗导致行政效率低下的痼疾。党的集中统一领导能发挥党的强大组织动员能力，保证全国上下一盘棋，充分有效调动各方面积极性，集中力量办大事，这是中国特色社会主义制度优越性的重要体现。坚持党的集中统一领导有赖于不断加强党的执政能力建设。我们党历来重视党员干部队伍的能力建设。在新时代，我们党要着力健全提高党的执政能力和领导水平，以战胜来自国内外的各种风险挑战，确保承载着中华民族伟大复兴梦想的航船顺利前进。

坚持把马克思主义作为立党立国的根本指导思想。中国共产党自成立之日起，就把马克思主义写在自己的旗帜上，马克思主义是在历史和人民的选择中成为我们立党立国的根本指导思想，成为指引我们不断夺取革命、建设、改革胜利的强大思想武器的。中国之治得以实现离不开马克思主义这一科学理论的指导。之所以坚持把马克思主义作为立党立国的根本指导思想，是因为马克思主义占据了人类真理和道义的制高点。一方面马克思主义深刻揭示了自然界、人类社会、人类思维发展的普遍规律，为我们提供了科学的世界观和方法论，是人们认识世界和改造世界的有力思想武器。如实事求是的思想路线、实践是检验真理的唯一标准的真理观、唯物辩证法、唯物史观等，是党科学决策、科学执政的理论基石；另一方面，它坚持实现人民解放、维护人民利益的立场，以实现人的自由而全面的发展和全人类解放为己任。一切为了人民、一切依靠人民，是中国共产党保持与人民群众的血肉联系、永远立于不败之地的强大根基。

坚持以党的自我革命推动社会革命。中国共产党在长期的革命、建设和改革发展实践中，形成了关于党的自我革命的优良传统和丰富思想。在新民主主义革命时期，我们党通过开展延安整风运动，反对主观主义以整顿学风，反对宗派主义以整顿党风，反对党八股以整顿文风，彻底解决了党的思想政治路线问题，为全党全军确立毛泽东思想的指导地位创造了思想政治前提，为新民主主义革命的胜利奠定了坚实基础。在新民主主义革命胜利前夕，毛泽东同志在党的七届二中全会上提出了"两个务必"，要求全党在胜利面前保持革命者的清醒头脑和精神状态。在改革开放之初，党的十二届二中全会做出了关于整党的决定，是我们党在改革开放条件下为加强自身建设而进行的一次重要探索和实践。在推进改革开放的过程中，我们党始终重视对党员的思想政治教育，坚持用马克思主义理论最新成果武装全党，同时坚持不懈开展反腐败斗争。党的十八大以来，以习近平同志为核心的党中央大力推进全面从严治党，一方面开展群众路线教育活动和主题教育活动，另一方面对腐败零容忍，使党内政治生态明显好转，党的创造力、凝聚力、战斗力显著增强，党的团结统一更加巩固，党群关系明显改善，党在革命性锻造中更加坚强，焕发出新的强大生机活力。可见，发现和纠正党自身的错误，进行自我革命伴随着我们党的整个历史。习近平总书记指出："中国共产党的伟大不在于不犯错误，而在于从不讳疾忌医，敢于直面问题，勇于自我革命，具有极强的自我修复能力。"① 党通过自我革命着力解决党自身存在的突出问题，不断提高自我净化、自我完善、自我革新、自我提高的能力，保持和发展党的先进性和纯洁性，引领党所领导的伟大社会革命，这是我们党最鲜明的品格，是区别于世界上其他政党最显著的标志，是中国之治得以实现的重要密码。

推动马克思主义的中国化时代化大众化，提出一系列理论创新成果。中国之治得以实现的一个重要原因，

① 习近平：《论坚持全面深化改革》，中央文献出版社 2018 年版，第 325 页。

就是中国共产党不断推动马克思主义的中国化时代化大众化，反对本本主义、教条僵化思维，面向鲜活的不断发展的时代和生活实践，不断进行理论创新，形成了一系列符合中国国情、体现时代特征的理论创新成果指导实践。例如，准确地把握我国的基本国情，做出我国仍处于并将长期处于社会主义初级阶段的科学论断；创造性地提出社会主义市场经济理论，确立了同我国社会主义初级阶段社会生产力发展水平相适应的社会主义市场经济体制，推动了社会主义经济体制的重大变革，成为党和人民探索中国特色社会主义道路的伟大创举；从时代和实践发展需求出发，先后做出我国社会主义社会和社会主义初级阶段的主要矛盾是人民日益增长的物质文化需要同落后的社会生产之间的矛盾，以及中国特色社会主义进入新时代，我国社会主要矛盾已经转化为人民日益增长的美好生活需要和不平衡不充分的发展之间的矛盾的重大判断。这些诸多理论创新成果紧密反映时代和实践变化发展的实际，是中国特色社会主义制度的理论基础，是中国之治得以实现的理论支撑。

善于把实践创新、理论创新成果转化为制度。新中国成立以来，我们在社会主义建设实践中不断推进实践创新和理论创新，并把创新的成果制度化，形成了人民代表大会制度的根本政治制度，中国共产党领导的多党合作和政治协商制度、民族区域自治制度以及基层群众自治制度等基本政治制度，中国特色社会主义法律体系，社会主义基本经济制度，以及建立在这些制度基础上的经济体制、政治体制、文化体制、社会体制等各项具体制度。以经济制度为例,1978 年改革开放以来,为解放被传统体制束缚的生产力,大力调整所有制结构,改变原来"一大二公"的所有制模式,在坚持公有制经济为主体的前提下肯定非公有制经济的地位,从界定非公有制经济是公有制经济或社会主义经济的"补充",到强调多种所有制经济共同发展。1997 年党的十五大报告提出:"公有制为主体、多种所有制经济共同发展,是我国社会主义初级阶段的一项基本经济制度。"1999 年 3 月,将这项社会主义初级阶段的基本经济制度正式写入宪法。《决定》指出:"公有制为主体、多种所有制经济共同发展,按劳分配为主体、多种分配方式并存,社会主义市场经济体制等社会主义基本经济制度,既体现了社会主义制度优越性,又同我国社会主义初级阶段社会生产力发展水平相适应,是党和人民的伟大创造。"这一新的概括,标志着我国社会主义基本经济制度更加成熟、更加完善。改革开放以来的历史表明,理论每创新一步,相应的体制机制改革和制度完善就前进一步,这是中国之治的鲜明特点。

坚定文化自信,增强人民群众的思想文化认同。文化是一个国家、一个民族的灵魂。中国特色社会主义文化所发挥的文化支撑和精神动力作用是中国之治实践逻辑的重要内容。中华民族 5000 多年文明历史孕育了博大精深的中华优秀传统文化;中国共产党成立后,领导中国人民进行的以救亡图存为使命的新民主主义革命孕育了具有强大生命力和感召力的革命文化;新中国成立以来尤其是改革开放以来,中国特色社会主义伟大实践孕育了富有时代精神的社会主义先进文化。中华优秀传统文化、革命文化、社会主义先进文化共同构成了当代中国人民共同的精神家园，凝聚为中国特色社会主义的核心价值观。共产主义远大理想和中国特色社会主义共同理想使全体人民在理想信念、价值理念、道德观念上紧紧团结在一起。我们高度重视培育和践行社会主义核心价值观，把社会主义核心价值观融入社会发展各方面，转化为人们的情感认同和行为习惯。正是共同的理想信念和共同的文化纽带，加强中国特色社会主义文化建设，使全国各族人民像石榴籽一样紧紧拥抱在一起，凝聚起实现中华民族伟大复兴的强大精神力量。从而避免了因经济社会发展和全球化开放条件下带来的利益主体多元化、思想观念多变多样可能产生的社会共识和文化认同的缺失。

坚持共同富裕，实现共享发展，实现社会有效整合。共同富裕是马克思主义的一个基本目标，也是自古以来中国人民的一个基本理想。它既反对平均主义，又防止贫富差距过大。改革开放后，东部地区率先发展起来，地区之间发展不平衡的问题逐渐凸显；同时社会成员之间的收入差距日益拉大。为此，党和国家通过实施西部大开发战略、扶贫等发展政策以及以税收、社会保障、转移支付等为主要手段的再分配调节机制合理调节城乡、区域、不同群体间的差距，努力实现社会的基本公平。中国特色社会主义进入新时代，习近平总书记提出以人民为中心和共享发展理念，赋予共同富裕以新的时代内涵："共享理念实质就是坚持以人民为中心的发展思想，体现的是逐步实现共同富裕的要求。"① 共享发展首要的就是消除贫困，2013 年 11 月，习近平总书记提出"精准扶贫"的思想。党的十八届五中全会从实现全面建成小康社会奋斗目标出发，把"扶贫攻坚"改成"脱贫攻坚"，明确了新时期脱贫攻坚的目标，2020 年实现"两个确保"：确保现行标准下农村贫困人口实现脱贫，确保贫困县全部脱贫摘帽。党的十九大报告强调，2020 年是全面建成小康社会决胜期，关键是要突出抓重点、补短板、强弱项，特别是要坚决打好精准脱贫的攻坚战，使全面建成小康社会得到人民认可、经得起历史检验。到 2035 年基本实现社会主义现代化时，"人民生活更为宽裕，中等收入群体比例明显提高，城乡区域发展差距和居民生活水平差距显著缩小，基本公共服务均等化基本实现，全体人民共同富裕迈出坚实步伐"②，到本世纪中叶全面建成社会主义现代化强国时，"全体人民共同富裕基本实现，我国人民将享有更加幸福安康的生活"。共同富裕是社会主义的根本目标和基本特征，是防止两极分化、社会撕裂、国家动荡，保持社会稳定、和谐发展的重要基础。

坚持党对人民军队的绝对领导。坚持党指挥枪，确

---

① 《习近平在省部级主要领导干部学习贯彻党的十八届五中全会精神专题研讨班上的讲话》，《人民日报》2016 年 5 月 10 日第 2 版。

② 习近平：《决胜全面建成小康社会 夺取新时代中国特色社会主义伟大胜利——在中国共产党第十九次全国代表大会上的报告》，人民出版社 2017 年版，第 28 页。

保人民军队绝对忠诚于党和人民，有力保障国家主权、安全、发展利益是中国国家治理的一个显著优势。党对军队的绝对领导的根本原则和制度，发端于南昌起义，奠基于三湾改编，定型于古田会议，是人民军队完全区别于一切旧军队的政治特质和根本优势。党的领导，是人民军队始终保持强大的凝聚力、向心力、创造力、战斗力的根本保证。在革命、建设和改革的前进道路上，党对军队的绝对领导的原则始终不动摇，人民军队把这一条当作永远不能变的军魂、永远不能丢的命根子，任何时候任何情况下都以党的旗帜为旗帜、以党的方向为方向、以党的意志为意志。党的十九大把坚持党对人民军队的绝对领导上升为新时代坚持和发展中国特色社会主义的基本方略。社会主义建设和改革时期，我们党不断加强制度建设，把党对人民军队的绝对领导贯彻到军队建设各领域全过程，如坚持中央军委实行主席负责制，坚持党委制、政治委员制、政治机关制，坚持党委统一的集体领导下的首长分工负责制，坚持支部建在连上，完善党领导军队的组织体系。坚持党对军队的绝对领导制度是实现中华民族伟大复兴、确保党和国家兴旺发达、长治久安的重要保障。

依靠中国人民的勤劳和智慧。人民群众是历史的创造者，是中国特色社会主义制度和国家治理的主体，中国人民的勤劳与智慧是中国之治得以实现的不竭源泉。中华民族是世界上最勤劳的民族之一，勤劳已经成为中华民族千百年来世代相传的内在基因和行为习惯。习近平总书记多次强调："幸福都是奋斗出来的。""伟大梦想不是等得来、喊得来的，而是拼出来、干出来的。"他在庆祝中国改革开放 40 周年大会上指出：40 年来中国取得的成就不是天上掉下来的，更不是别人恩赐施舍的，而是全党全国各族人民用勤劳、智慧、勇气干出来的！可以说，改革开放最成功之处就是激发了人民群众干事创业的积极性、主动性和创造性。中国人不仅勤劳，更富有智慧。中国人的智慧在当代首先体现在中国特色社会主义道路的开创、中国特色社会主义理论的创新和中国特色社会主义制度的不断完善上，中国为发展中国家走向现代化提供了全新选择。中国人的勤劳与智慧体现在为解决人类问题贡献了诸多中国方案，如面对日益复杂和严峻的全球性问题，习近平总书记提出了人类命运共同体思想。中国人的智慧体现在独特的科技创新和科技进步上，如青蒿素、杂交水稻等为世界人民健康和幸福做出巨大贡献，天宫、蛟龙、天眼、悟空、墨子、大飞机、高铁等重大科技成果相继问世。中国人的智慧体现在中国几千年来优秀传统文化基因中，如"民惟邦本""天人合一""和而不同""大道之行也，天下为公""德不孤，必有邻""仁者爱人""己所不欲，勿施于人"，等等。这些思想在当今对治国理政和全球治理具有十分重要的价值。

（原载《中国纪检监察报》2020 年 1 月 9 日第 5 版）

中国特色社会主义文化理论的
形成和基本内涵

  在以改革开放为特征和基本方式的建设中国特色社会主义伟大实践中，中国走出了一条独特的现代化道路，即中国特色社会主义道路，形成了中国特色社会主义理论体系和制度体系。其中对如何看待文化在整个中国特色社会主义事业中的地位与作用，如何认识文化建设与经济、政治、社会、生态文明等建设的关系，如何建设、发展中国特色社会主义文化，如何走出一条中国特色的文化强国之路等基本问题的研究和回答，构成了中国特色社会主义文化理论的基本内涵。中国特色社会主义文化不是横空出世的"异质文化"，而是源于中华民族源远流长的优秀传统文化，植根于近代中国以来社会发展的历史逻辑与当代中国人民的伟大创造，具有鲜明的民族性、实践性和时代性，具有独特构成和内涵，对中国人民的生活和中国发展乃至世界发展具有重要影响的一种文化类型或形态。

一　中国特色社会主义文化理论
形成的历史背景

中国特色社会主义文化是伴随中国近代以来政治社会变革和社会思潮更迭历史而形成的，是以拯救民族文化认同、构建中华民族共同精神家园和意义世界及实现文化复兴为己任的。

鸦片战争打开了中国封闭的大门，中国文化被资本主义的坚船利炮、商品、生产方式以及意识形态强制性拖入世界历史境遇中，在被定义为"先进"的西方文化的强烈撞击下，以儒释道为代表的中国传统文化逐步衰落。面对国家和民族危亡的历史命运，人们在对传统文化的质疑中逐渐产生民族文化认同危机。结束一盘散沙的现实需要为中华民族提出打破传统封建文化藩篱、重构中国文化的历史命题和任务，不同立场、不同派别的有识之士在探索不同的救亡图存的道路时，也对如何对待中国传统文化，建设什么样的文化进行深入思考。

近代有识之士在"中学为体、西学为用"思想原则指导下，学习西方的物质技术和制度文化谋求中兴，但都归于失败。这些尝试的失败使更加激进的革命派选择了非此即彼的立场，这一倾向在新文化运动中彻底爆发。然而完全依靠民主、科学等西方价值观念，完全抛弃以儒家为代表的民族文化，显然也不能解决文化认同的问题。虽然多次努力都以失败而告终，却印证了这样一条道理：在中西文化碰撞的新的历史背景下，新的文化形态的建构必将寻求西方新的文化因子作参照，将西方的先进文化因子与中国文化相结合。问题的关键是寻找什么样的西方文化因子作参照，以及如何与中国文化相结合。康有为、梁启超的改良主张因不触动中国的封建制度而只是封建文化内部的一次"小手术"，根本无法得到资产阶级甚至更广大民众的认同。孙中山领导的辛亥革命推翻了清王朝的统治，但"三民主义"也因为不能得到广大农民的思想认同而难以从根本上撼动顽固的封建制度。

与此同时，中国共产党将马克思主义与中国现实相结合，提出以马克思主义中国化指导中国革命，建设中华民族新文化即民族的、科学的、大众的新民主主义文化。中国共产党在领导革命的进程中，这一进步文化动员起广大民众为实现民族独立解放和自己的利益而奋斗，使广大人民群众的精神面貌焕然一新，实际地改变了近代以来中国受资本主义列强侵略的命运，实现了民族的独立解放，重新树立了民族文化的自信心和自尊心。中华人民共和国成立后，通过思想文化批判与改制运动，完全确立了以马克思主义为指导的主流意识形态，马克思主义思想观点、立场和方法在学术界、思想界、理论界迅速占据主导地位，知识分子也不同程度进行了思想改造，人民群众也树立了马克思主义、共产主义的信仰。然而，挽救民族危亡的历史重任也使得这一时期的文化建设具有非常明显的不足，主要表现为：对中国传统文化和西方文化批判、否定有余而传承与吸收不足，使得本应丰富多彩、充满生机活力的社会主义文化变得单一等。

改革开放使社会主义建设回归发展生产力的正确轨道，文化发展也迎来新的发展机遇。邓小平在描绘中国特色社会主义宏伟蓝图时，明确提出精神文明建设，高度重视科学技术的发展和社会主义"四有"新人的培养。30 多年来，我国科学技术、教育取得巨大进步，为社会主义现代化建设飞速发展提供了强大的智力支持。但是这一时期较为重视科学文化，而对人文文化建设的重视不够。在经济社会快速发展和人民群众生活水平显著提高的同时，我国思想文化领域出现了严重问题，集中表现为信仰危机、信任危机和道德危机。

随着改革的不断深入，社会主义市场经济向纵深发展，利益群体不断多样化，利益差距也在不断拉大。利益的多元化带来阶层分化和思想分化，市场经济的交换原则渗透至许多领域，出现了严重的拜金主义、享乐主义、极端个人主义、历史虚无主义和封建迷信现象，进而使社会主义共同理想信念和道德体系这一主流思想文化的认同出现危机。而西方资本主义发达国家对我们进行以价值观念为核心的意识形态渗透，给社会共识的形成带来更大困难。党内外、国内外有人从自身利益和立场出发，对中国未来走什么路、举什么旗提出各种主张，有人主张走西方的自由主义、民主社会主义道路，有人主张回到苏联高度集中的社会主义老路，西方一些政客指责中国走国家资本主义或权贵资本主义。更严重的是历史虚无主义抬头，对中国共产党的理论、政策、领导人和近代以来的革命历史以及新中国历史进行歪曲与恶意攻击。此外，市场化、全球化、工业化、信息化和城市化大大改变了人们的生产方式、生活方式和思维方式，对中国传统文化造成很大冲击。一些中国传统文化的有价值的东西逐渐丧失。如今，孝道、仁爱、信义等中国传统文化的精髓越来越被人遗忘。在一些人那里，金钱作为价值衡量的尺度在其心中极度膨胀，信仰和道德被挤压在一个很小的角落，甚至已荡然无存。制假售假、坑蒙拐骗等现象层出不穷，在利益面前，人与人之间变得更加冷漠，亲情、友情、真情越来越淡。可以说，马克思主义信仰动摇和中国传统文化渐行渐远，出现了严重的文化信仰危机和道德危机。新的价值体系尚未建立，中国特色社会主义显然已处于社会转型时期的道德失范期。

当然，我们也应看到，中国经济的发展极大地增强了民族自尊和自信，以中国特色社会主义理论、制度为基本内容的中国特色社会主义文化体系的魅力和认同力也正在展现。这是中华文化遇到新的冲击和挑战的时期，也是面临新的发展的大好机遇期。概括地讲，一方面中华文化在新的形势、历史和空间下正在创造性重构，焕发出新的生机与活力，形成了强大的民族自信心，同时也遭受多种思潮和价值观念的冲击。在国际竞争和文化交锋日益激烈的今天，在中国社会历史上亘古未有的大变革大调整时期，如果没有经过创造性转换、创新性发展并得到民族认同的中华文化的坚强支撑，中国特色社会主义的建设和中华民族伟大复兴就不可能取得成功。显然，中国共产党也充分认识到了这一问题的严重性和重要性，在梳理和继承已有的文化发展思路和框架的基础上提出了一系列新的观点，形成了系统化的中国特色社会主义文化理论。

二　中国特色社会主义文化理论形成脉络

中国特色社会主义文化是中国社会主义现代化建设的重要组成部分，中国特色社会主义理论实质上是回答如何实现中国现代化的问题。根据中国现代化建设的历史境遇，可以将中国特色社会主义文化理论的形成过程划分为酝酿、提出、形成三个发展阶段。酝酿阶段，在开启民智、重建民族文化认同的探索中，逐渐形成了以马克思主义和中国本土文化思想相结合为建构原则，"民族的科学大众的新民主主义文化"，基本确立了中国特色社会主义文化的基础和未来走向。提出阶段，以中国特色社会主义为改革总纲，在改革由经济领域向其他领域扩展的探索过程中，在建设"社会主义精神文明"的概念框架基础上，正式提出具体的"中国特色社会主义文化"的概念。形成阶段，随着中国特色社会主义事业的发展，文化建设的重要性、紧迫性更加突出，面对时代发展的新特点和国际国内的新形势，针对文化领域中的问题，不断提出具体的文化观点和理论，中国特色社会主义文化的内容不断丰富和完善，并形成系统化的中国特色社会主义文化理论。

（一）酝酿：新民主主义文化理论

毛泽东以马克思主义理论为逻辑参照，对新的历史境遇下思想文化重新建构，提出建立民族的、科学的、大众的新民主主义文化，第一次将中国共产党的文化主张理论化、系统化。

首先，他指出新文化建设的重要性。他说："我们共产党人，多年以来，不但为中国的政治革命和经济革命而奋斗，而且为中国的文化革命而奋斗；一切这些的目的，在于建设一个中华民族的新社会和新国家。在这个新社会和新国家中，不但有新政治、新经济，而且有新文化。"① 这一论述肯定了文化在革命和新国家建设中具有与政治、经济同等重要的地位，即中华民族复兴不仅要实现政治上的自主和经济上的富裕，而且还要消解旧的封建文化，建构新的文化并最终实现文化复兴。

其次，他根据唯物史观科学、清晰地阐释了马克思主义文化观，提出了构建新文化的基本原则。他说："一定的文化（当作观念形态的文化）是一定社会的政治和经济的反映，又给予伟大影响和作用于一定社会的政治和经济；而经济是基础，政治则是经济的集中的表现。这是我们对于文化和政治、经济的关系及政治和经济的关系的基本观点。"② 正确理解和解读马克思主义的文化观，是建构新的中国文化的前提。另外，毛泽东同志还指明了建设新文化的路径即将马克思主义与中国的历史传统与现实需要相结合而形成"民族形式"。"必须将马

---

① 《毛泽东选集》第 2 卷，人民出版社 1991 年版，第 663 页。

② 《毛泽东选集》第 2 卷，人民出版社 1991 年版，第 663—664 页。

克思主义的普遍真理和中国革命的具体实践完全地恰当地统一起来，就是说，和民族的特点相结合，经过一定的民族形式，才有用处，决不能主观地公式地应用它。"①也就是说，中国新文化的建构要以中国的文化、历史和现实为基础。"中国现时的新政治新经济是从古代的旧政治旧经济发展而来的，中国现时的新文化也是从古代的旧文化发展而来……"② 而中国新文化的建构又是在与世界其他民族的文化的碰撞和交流中构建的，"中国应该大量吸收外国的进步文化，作为自己文化食粮的原料，这种工作过去还做得很不够"③。

最后，根据以上两点，毛泽东同志提出了新民主主义文化理论：

> 这种新民主主义的文化是民族的。它是反对帝国主义压迫，主张中华民族的尊严和独立的。它是我们这个民族的，带有我们民族的特性。它同一切别的民族的社会主义文化和新民主主义文化相联合，建立互相吸收和互相发展的关系，共同形成世界的新文化；但是决不能和任何别的民族的帝国主义反动文化相联合，因为我们的文化是革命的民族文化……
>
> 这种新民主主义的文化是科学的。它是反对一切封建思想和迷信思想，主张实事求是，主张客观

---

① 《毛泽东选集》第 2 卷，人民出版社 1991 年版，第 707 页。
② 《毛泽东选集》第 2 卷，人民出版社 1991 年版，第 708 页。
③ 《毛泽东选集》第 2 卷，人民出版社 1991 年版，第 706 页。

真理，主张理论和实践一致的……

这种新民主主义的文化是大众的，因而即是民主的。它应为全民族中百分之九十以上的工农劳苦民众服务，并逐渐成为他们的文化。①

实践证明，以马克思主义为指导的民族的、科学的、大众的新民主主义文化，是解决中国近代文化转型的唯一正确的道路，更是解决中华民族独立解放命运问题的指引。它激发了中华民族的民族精神，鼓舞了全国人民的革命斗志，对中国革命的胜利起到非常重要的作用。新民主主义文化理论为发展中国特色社会主义文化提供了基本的立场、原则和框架，成为中国特色社会主义文化道路的主要根基，为中国特色社会主义文化理论的形成奠定基础。

（二）提出：从"精神文明"到"中国特色社会主义文化"

在中国社会主义建设前30年，由于对什么是社会主义、怎样进行社会主义建设这个根本问题没有完全搞清楚，在社会主义现代化建设指导思想上犯了错误，现代化进程遭受重大挫折。总的来讲，文化发展在政治斗争中偏离正确的方向，毛泽东同志提出的新民主主义文化纲领没有得到很好执行。马克思主义的意识形态虽然得

---

① 《毛泽东选集》第2卷，人民出版社1991年版，第706—708页。

以确立，但中国优秀的传统文化没有合理地继承，外国文明中的优秀因素也被一概否定和排斥。改革开放之后，邓小平同志在重新界定中国国情和社会主义本质的基础上创建了中国特色社会主义理论。在确立以经济建设为中心的同时，作为中国特色社会主义理论有机整体一部分的精神文明建设、文化建设蓝图也被描绘出来。

邓小平领导的改革开放拨正了中国社会主义的航向，也使文化建设开始转型，在以经济建设为中心的同时抓精神文明建设。"我们要建设的社会主义国家，不但要有高度的物质文明，而且要有高度的精神文明。所谓精神文明，不但是指教育、科学、文化（这是完全必要的），而且是指共产主义的思想、理想、信念、道德、纪律。"①邓小平同志特别强调物质文明、精神文明两手抓，并指出，单单把经济建设搞好，精神文明建设上不去，人民的思想道德状况没有提升，也不是中国特色社会主义。

由于文化转型是以解放和发展生产力为基础的，因此，这一时期的文化建设重点是科学文化。在邓小平同志"科学技术是第一生产力"的思想指导下，科学技术的发展得到空前重视。1982 年，邓小平同志明确提出培养"有理想、有道德、有文化、有纪律"的"四有"新人。知识分子越来越被尊重和重用，培养社会主义新人成为文化建设的重要内容。伴随"知识经济"的到来，这一文化建设进程又发展为"文化创新"战略。1992年，江泽民同志在党的十四大报告中首次提到"创新"

---

① 《邓小平文选》第 2 卷，人民出版社 1994 年版，第 367 页。

问题。1995 年，他在全国科学技术大会上的讲话中指出：
"创新是一个民族进步的灵魂，是一个国家兴旺发达的不竭动力。如果自主创新能力上不去，一味靠技术引进，就永远难以摆脱技术落后的局面。一个没有创新能力的民族，难以屹立于世界先进民族之林。"①

随着中国特色社会主义理论的提出和不断成熟，党的十五大报告明确提出建设有中国特色社会主义的文化："建设有中国特色社会主义的文化，就是以马克思主义为指导，以培育有理想、有道德、有文化、有纪律的公民为目标，发展面向现代化、面向世界、面向未来的，民族的科学的大众的社会主义文化。"② 2000 年 2 月 25 日，江泽民同志在广东省考察工作时，提出社会主义先进文化概念，并明确指出中国共产党要始终代表中国先进文化的前进方向，表明中国共产党在文化发展上更加自觉的责任担当。这是中国文化建设中一个重大的理论命题，对未来文化发展产生重要的指引。

中国特色社会主义文化是对毛泽东新民主主义文化理论的继承和发展，并与邓小平精神文明建设理论是一致的。党的十五大报告指出："有中国特色社会主义的文化，就其主要内容来说，同改革开放以来我们一贯倡导的社会主义精神文明是一致的。"③ 文化相对于经济、政治而言，精神文明相对于物质文明而言。广义上的文化

---

① 《江泽民文选》第 1 卷，人民出版社 2006 年版，第 432 页。
② 《江泽民文选》第 2 卷，人民出版社 2006 年版，第 537 页。
③ 中共中央文献研究室编：《十五大以来重要文献选编》上，人民出版社 2000 年版，第 30 页。

是指人类在社会历史实践中所创造的物质文明和精神文明的总和，广义的文化与广义的文明的概念相同。狭义上的文化是指与经济、政治并列的，即有关人类社会生活的思想理论、道德风尚、文学艺术、教育和科学等精神方面的内容。

"中国特色社会主义文化"概念的提出，表明中国特色社会主义文化理论的主题思想和基本脉络已基本清晰，文化作为中国特色社会主义的一个发展领域被正式提出。表明了文化建设与中国现代化经济建设、政治建设等的深刻的内在关联。但是，中国特色社会主义文化发展的内容、发展路径、发展目标等一系列观点和理论还没有丰富。

（三）形成：中国特色社会主义文化内容的不断丰富和系统整合

党的十五大特别是十六大以后，随着中国经济和社会的快速发展，同时，文化领域存在的问题越来越突出，文化发展的滞后和不足越来越凸显，这也催生了一系列文化改革和发展新观点，最后整合为系统的中国特色社会文化发展理论。

首先，高度重视哲学社会科学事业，把发展繁荣哲学社会科学作为文化建设的一项极为重要的内容。为巩固以马克思主义为指导的意识形态体系，推动哲学社会科学学术研究，2004 年 1 月，中共中央发出《关于进一步繁荣发展哲学社会科学的意见》；2004 年 5 月 28 日中共中央政治局进行第十三次集体学习，胡锦涛同志强调，一定要从党和国家事业发展全局的战略高度，把繁荣发展哲学社会科学作为一项重大而紧迫的战略任务切实抓紧抓好，推动我国哲学社会科学有一个新的更大发展，为中国特色社会主义事业提供强有力的思想保证、精神动力和智力支持。2017 年 5 月 17 日，习近平总书记主持召开全国哲学社会科学工作座谈会并发表重要讲话，提出按照立足中国、借鉴国外，挖掘历史、把握当代，关怀人类、面向未来的思路，着力构建中国特色哲学社会科学，在指导思想、学科体系、学术体系、话语体系等方面充分体现中国特色、中国风格、中国气派。

基于对社会主义市场经济条件下文化性质的认识的细化，党的十六大报告提出"文化产业"，第一次区分了文化事业和文化产业。党的十六届四中全会提出，坚持马克思主义在意识形态领域的指导地位，不断提高建设社会主义先进文化的能力；深化文化体制改革，"解放和发展文化生产力"。基于当前中国公共文化服务整体水平比较低，城乡和地区之间的差距还比较大的情况，党的十六届五中全会强调要构建公共文化服务体系，积极发展文化事业，大力发展文化产业，创造更多适应人民群众需要的优秀文化产品，并提出完善文化产业政策，形成以公有制为主体、多种所有制共同发展的文化产业格局和民族文化为主体、吸收外来有益文化的文化市场格局。随着改革不断深入和社会主义市场经济的纵深发展，出现利益的多元化和思想的多元化，在思想道德领域，开始出现道德失范和诚信缺失的现象。党的十六届六中全会明确提出要建设社会主义核心价值体系。与经济大国的地位相比，我国文化在国际的影响力还未得到彰显。党的十七大第一次在党的文件中提出"国家文化软实力"概念。随着文化建设掀起新的高潮，胡锦涛在 2011 年"七一讲话"中提出了要有"高度的文化自觉与文化自信"等。

更为重要的是党的十七届六中全会，专门讨论了文化大发展大繁荣问题，并通过了《中共中央关于深化文化体制改革，推动社会主义文化大发展大繁荣若干重大问题的决定》（以下简称《决定》）。召开一次全会专门讨论文化问题，在党的历史上是第一次。《决定》总结和梳理了我党在中国革命、建设和改革发展时期的文化发展实践和理论探索，并提出了一些新的思想和观点，形成了新的、完整的、系统的文化理论。第一次提出了"建设社会主义文化强国"战略，制定了 2020 年文化改革发展的具体奋斗目标，为当前和今后一个时期文化发展作了系统部署，这次全会以及作出的文化发展的决定体现了执政党和全社会的文化建设自觉，标志着中国特色社会主义文化理论的基本形成。

此后，随着我国文化建设实践的发展，中国特色社会主义文化理论也在不断完善。党的十八大报告对社会主义核心价值观作进一步提炼。党的十八大以来，习近平总书记高度重视文化建设，发表一系列关于建设社会主义强国的重要讲话，提出一系列新时代中国特色社会主义文化发展的新思想新观点新理论。如在 2013 年全国宣传思想工作会议上，习近平总书记强调了在新的国际国内复杂多变的形势下做好意识形态工作以及维护文化安全的极端重要性；2013 年 12 月 30 日，他在中共中央政治局第十二次集体学习时强调建设社会主义文化强国，着力提高国家文化软实力。2014 年 2 月 24 日，他在主持第十八届中央政治局第十三次集体学习时，强调把培育和弘扬社会主义核心价值观作为凝魂聚气、强基固本的基础工程，并提出弘扬中华优秀传统文化的"两创"观点，"要处理好继承和创造性发展的关系，重点做好创造性转化和创新性发展"[①]。

最为重要的是，习近平总书记在党的十九大报告中对新时代"什么是中国特色社会主义文化和怎样发展中国特色社会主义文化"作了新的回答，推动中国特色社会主义文化理论发展到一个新境界。他说："中国特色社会主义文化，源自于中华民族五千多年文明历史所孕育的中华优秀传统文化，熔铸于党领导人民在革命、建设、改革中创造的革命文化和社会主义先进文化，植根于中国特色社会主义伟大实践。"[②] 这一论断实际对中国特色社会主义文化作了新的科学界定。它不仅明确了中国特色社会主义文化的三个组成部分，即中华优秀传统文化、革命文化和社会主义先进文化，同时还讲清楚了中国特色社会主义文化的生成和发展的过程，即中华优秀传统文化是源头，党领导人民进行的革命、建设、改革是熔

---

① 习近平：《习近平谈治国理政》，外文出版社 2014 年版，第 164 页。

② 习近平：《决胜全面建成小康社会 夺取新时代中国特色社会主义伟大胜利——在中国共产党第十九次全国代表大会上的报告》，人民出版社 2017 年版，第 41 页。

炉，中国特色社会主义伟大实践是土壤。此外，他还阐释了新时代怎样发展中国特色社会主义文化。他在党的十九大报告中指出："就是以马克思主义为指导，坚守中华文化立场，立足当代中国现实，结合当今时代条件，发展面向现代化、面向世界、面向未来的，民族的科学的大众的社会主义文化，推动社会主义精神文明和物质文明协调发展。要坚持为人民服务、为社会主义服务，坚持百花齐放、百家争鸣，坚持创造性转化、创新性发展，不断铸就中华文化新辉煌。"[1] 这段话提出了发展中国特色社会主义文化的性质和目的，以及总体要求、指导思想、发展途径，明确了发展中国特色社会主义文化的"三个坚持"原则。

三 中国特色社会主义文化的基本内涵

从上述形成过程可以看出，中国特色社会主义文化理论具有十分丰富的内涵，需要从多个不同的角度去解读。

（一）关于文化的地位：中国特色社会主义"五位一体"中的重要一极

中国共产党首先是从中国特色社会主义伟大事业的重要组成部分的整体视野中认识文化的地位与作用的，

---

[1] 习近平：《决胜全面建成小康社会 夺取新时代中国特色社会主义伟大胜利——在中国共产党第十九次全国代表大会上的报告》，人民出版社 2017 年版，第 41 页。

中国特色社会主义文化的内涵首先要在中国特色社会主义总体布局中来把握。经过长期的探索，中国共产党明确将文化建设与政治建设、经济建设、社会建设以及生态文明建设概括为中国特色社会主义的"五位一体"，明确了文化是中国特色社会主义"五位一体"中的重要一极。

党的十五大报告指出："有中国特色社会主义的文化，是凝聚和激励全国各族人民的重要力量，是综合国力的重要标志。它渊源于中华民族五千年文明史，又植根于有中国特色社会主义的实践，具有鲜明的时代特点；它反映我国社会主义经济和政治的基本特征，又对经济和政治的发展起巨大促进作用。"① 党的十六届三中全会制定的《完善社会主义市场经济体制若干问题的决定》（以下简称《决定》）指出："坚持社会主义物质文明、政治文明和精神文明协调发展。中国特色社会主义是社会主义市场经济、社会主义民主政治和社会主义先进文化协调发展的伟大事业。"② 胡锦涛同志强调："深入推进文化体制改革，推动文化建设和经济建设、政治建设、社会建设协调发展，已成为实现科学发展的必然要求。"③

---

① 《江泽民文选》第 2 卷，人民出版社 2006 年版，第 33 页。

② 中共中央文献研究室编：《十六大以来重要文献选编》上，中央文献出版社 2005 年版，第 481 页。

③ 胡锦涛：《顺应时代要求　深化文化体制改革　推动社会主义文化大发展大繁荣》（2010 年 7 月 23 日），《人民日报》2010 年 7 月 24 日第 1 版。

党的十七届六中全会通过的《决定》指明："在坚持以经济建设为中心的同时，自觉把文化繁荣发展作为坚持发展是硬道理、发展是党执政兴国第一要务的重要内容，作为深入贯彻科学发展观的一个基本要求，进一步推动文化建设与经济建设、政治建设、社会建设以及生态文明建设协调发展。"① 党的十八大报告将经济建设、政治建设、文化建设、社会建设、生态文明建设概括为中国特色社会主义"五位一体"的总体布局，文化建设成为"五位一体"建设的重要一极。习近平总书记在 2013 年 8 月 19 日召开的全国宣传思想工作会议的讲话中进一步指出文化建设的重要性：经济建设是党的中心工作，意识形态工作是党的一项极端重要的工作。党的群众基础和执政基础包括物质生活基础和精神文化基础，既要切实做好中心工作，为意识形态工作提供坚实物质基础，又要切实做好意识形态工作，为中心工作提供有力保障。

这些表述表明中国共产党对文化建设在整个中国特色社会主义建设中的重要地位以及跟其他几个方面的"建设"的关系有了清楚的定位。一方面，在整个中国特色社会主义建设进程中，将文化建设放在与经济建设、政治建设、社会建设、生态文明建设同等重要的位置。另一方面从科学发展观的角度理解文化发展。科学发展观即整体发展、统筹发展、协调发展。这遵循了唯物史观所阐释的社会发展规律，即认为对社会历史发展起决

---

① 《中共中央关于深化文化体制改革　推动社会主义文化大发展大繁荣若干重大问题的决定》，人民出版社 2011 年版，第 5 页。

定性作用的因素是生产力，但同时生产关系、上层建筑对生产力和经济基础具有反作用，社会发展是经济、政治、文化乃至地理环境等多种因素相互作用的结果。唯物史观揭示的这一规律以及人类历史与现实的实践表明，必须重视人的思想观念的作用，以及精神世界特别是价值观念的力量，即重视文化建设在社会主义现代化建设中的重要作用，应当将文化与政治、经济、社会、生态联系起来，实现相互作用，共同正向发展。然而，这一经常被我们谈论的原理在实践中科学把握却还是曲折的，曾经发生的"文化大革命"和当今文化发展出现的问题都表明，我们还没有在实践中真正很好地处理它们之间的关系。

（二）关于文化的功能，文化既是一种软实力，又是一种硬实力，中国特色社会主义文化具有强大的导向力、凝聚力、创新力

党的十五大报告指出："有中国特色社会主义的文化，是凝聚和激励全国各族人民的重要力量，是综合国力的重要标志。它渊源于中华民族五千年文明史，又植根于有中国特色社会主义的实践，具有鲜明的时代特点；它反映我国社会主义经济和政治的基本特征，又对经济和政治的发展起巨大促进作用。"[①] 随着改革发展的深入和各种问题的凸显，党认识到精神文化的力量在当今时代的作用越来越突出。党的十六大报告指出："当今世

[①] 《江泽民文选》第 2 卷，人民出版社 2006 年版，第 33 页。

界，文化与经济和政治相互交融，在综合国力竞争中的地位和作用越来越突出。文化的力量，深深熔铸在民族的生命力、创造力和凝聚力之中。"① 胡锦涛同志指出："当今时代，文化在综合国力竞争中的地位日益重要。谁占据了文化发展的制高点，谁就能够更好地在激烈的国际竞争中掌握主动权。"② 党的十七大报告又指出："文化越来越成为民族凝聚力和创造力的重要源泉、越来越成为综合国力竞争的重要因素，丰富精神文化生活越来越成为我国人民的热切愿望。"③ 党的十七届五中全会通过的《中共中央关于制定国民经济和社会发展第十二个五年规划的建议》提出，文化是一个民族的精神和灵魂，是国家发展和民族振兴的强大力量，要充分发挥文化引导社会、教育人民、推动发展的功能，建设中华民族共有精神家园，增强民族凝聚力和创造力。社会主义先进文化是马克思主义政党思想精神上的旗帜。这些文献都对文化的重要地位和作用进行了阐述，但都比较零散，不够完整。党的十七届六中全会通过的《决定》更加完整系统地表达了文化的地位和功能。一方面它指出，文化是民族的血脉，是人民共同的精神家园。文化的力量就像血液一样熔铸和浸透在民族的生命中，作为民族的精神

---

① 中共中央文献研究室编：《十六大以来重要文献选编》上，中央文献出版社 2005 年版，第 341 页。

② 中共中央文献研究室编：《十六大以来重要文献选编》下，中央文献出版社 2008 年版，第 752 页。

③ 中共中央文献研究室编：《十七大以来重要文献选编》上，中央文献出版社 2009 年版，第 26 页。

支撑维系着民族的生产和发展。一个思想贫瘠和文化落后的民族，迟早会成为别人的附庸。另一方面中国共产党又将文化的地位和作用精炼地概括为四个"越来越重要"：第一，文化越来越成为民族凝聚力和创造力的重要源泉；第二，文化越来越成为综合国力竞争的重要因素；第三，文化越来越成为经济社会发展的重要支撑；第四，丰富精神文化生活越来越成为我国人民的热切愿望。这一表述表明了我们党对文化重要性的认识达到了新的高度，从上层建筑中的一个领域上升到"五位一体"中的重要一极；从"反作用"的模糊定位提升为"价值引领"和"创新源泉"的明确阐释；从精神领域的思想认知和意识形态的政治话语再到文化产业的经济话语的全覆盖。

中国共产党从当今世界发展趋势和中国特色社会主义建设的总体布局两个维度，挖掘了文化的内涵和功能。文化成为国际竞争抢占制高点的重要领域，文化软实力较量和对抗越来越激烈，在当代，文化已由一种隐性的力量凸显为一种显性的新的实践力量。首先，文化也是一种"硬实力"，是生产力。随着我国人民生活水平的提高，人们文化消费能力逐步增强，文化产业作为新兴的朝阳产业，在各国经济发展中的地位越来越重要，越来越成为各国经济发展的支柱产业。四十年改革开放，人口红利随着粗放型经济的迅速膨胀而逐渐减弱，提高劳动者的文化素质，成为改变经济增长方式、加快经济发展的重要支撑。其次，文化更是一种"软实力"。文化软实力是国家综合实力的重要组成部分，一方面体现为导向力、吸引力、效仿力、辐射力，一种优秀的文化不仅具有引领思潮、升华思想、醇化道德、陶冶灵魂、砥砺意志的导向作用，而且对于其他民族国家具有强大的辐射效力，使其竞相效仿。习近平总书记指出："古往今来，中华民族之所以在世界有地位、有影响，不是靠穷兵黩武，不是靠对外扩张，而是靠中华文化的强大感召力和吸引力。"① 另一方面体现为认同力、亲和力和凝聚力，文化是维系民族情感的"黏合剂"，是赢得民族认同、凝聚民族力量的重要因素。再次，文化是一种创新力，是民族国家发展的强大动力。创新是人类得以生存和发展的基本方式，文化创新在当代已成为一个民族国家创造力的范型和基础。对当代文化新的特质的认识和功能的重新定位，是中国特色社会主义文化理论基本内涵的重要内容。

（三）中国特色社会主义文化由中华优秀传统文化、革命文化和社会主义先进文化三个部分组成

习近平总书记在党的十九大报告中明确指出了中国特色社会主义文化的三个组成部分，即中华优秀传统文化、革命文化和社会主义先进文化，并对三种文化进行了深刻阐释。

习近平总书记尤其强调中华优秀传统文化是中国特色社会主义文化的源头，要将中华优秀传统文化提升为"中华民族的基因""民族文化血脉"和"中华民族的精

---

① 中共中央宣传部：《习近平总书记在文艺工作座谈会上的重要讲话学习读本》，学习出版社 2015 年版，第 3 页。

神命脉"。习近平总书记指出："中华文明绵延数千年，有其独特的价值体系。中华优秀传统文化已经成为中华民族的基因，植根在中国人内心，潜移默化影响着中国人的思想方式和行为方式。"① 2013 年 8 月 19 日，他在全国宣传思想工作会议上的讲话中指出，中华民族创造了源远流长的中华文化，中华民族也一定能够创造出中华文化新的辉煌。独特的文化传统，独特的历史命运，独特的基本国情，注定了我们必然要走适合自己特点的发展道路。2014 年 2 月 24 日，他在中共中央政治局第十三次集体学习时的讲话中指出："培育和弘扬社会主义核心价值观必须立足中华优秀传统文化。牢固的核心价值观，都有其固有的根本。抛弃传统、丢掉根本，就等于割断了自己的精神命脉。博大精深的中华优秀传统文化是我们在世界文化激荡中站稳脚跟的根基。中华文化源远流长，积淀着中华民族最深层的精神追求，代表着中华民族独特的精神标识，为中华民族生生不息、发展壮大提供了丰厚滋养。中华传统美德是中华文化精髓，蕴含着丰富的思想道德资源。不忘本来才能开辟未来，善于继承才能更好创新。对历史文化特别是先人传承下来的价值理念和道德规范，要坚持古为今用、推陈出新，有鉴别地加以对待，有扬弃地予以继承，努力用中华民族创造的一切精神财富来以文化人、以文育人。"② 习近平总

---

① 习近平：《习近平谈治国理政》，外文出版社 2014 年版，第 170 页。

② 《把培育和弘扬社会主义核心价值观作为凝魂聚气强基固本的基础工程》，《人民日报》2014 年 2 月 26 日第 1 版。

书记又指出："今天，我们提倡和弘扬社会主义核心价值观，必须从中汲取丰富营养，否则就不会有生命力和影响力。比如，中华文化强调'民惟邦本'、'天人合一'、'和而不同'，强调'天行健，君子以自强不息'、'大道之行也，天下为公'；强调'天下兴亡，匹夫有责'，主张以德治国、以文化人；强调'君子喻于义'、'君子坦荡荡'、'君子义以为质'；强调'言必信，行必果'、'人而无信，不知其可也'；强调'德不孤，必有邻'、'仁者爱人'、'与人为善'、'己所不欲，勿施于人'、'出入相友，守望相助'、'老吾老以及人之老，幼吾幼以及人之幼'、'扶贫济困'、'不患寡而患不均'，等等。""像这样的思想和理念，不论过去还是现在，都有其鲜明的民族特色，都有其永不褪色的时代价值。这些思想和理念，既随着时间推移和时代变迁而不断与时俱进，又有其自身的连续性和稳定性。我们生而为中国人，最根本的是我们有中国人的独特精神世界，有百姓日用而不觉的价值观。我们提倡的社会主义核心价值观，就充分体现了对中华优秀传统文化的传承和升华。"① 这些论述深刻阐释了一点，即中华优秀传统文化是中华民族的"根"，是中国特色社会主义文化的"根"。习近平总书记还从方法论的角度指出，对待中华优秀传统文化，要处理好继承和创造性发展的关系，重点做好创造性转化和创新性发展。创造性转化和创新性发展最重要的就是

---

① 习近平：《习近平谈治国理政》，外文出版社 2014 年版，第 170—171 页。

要与现实文化相融相通，共同服务于以文化人的时代任务，最根本的是解决如何将中国传统优秀文化与社会主义核心价值观，与马克思主义意识形态相衔接与融合的问题。马克思主义与中华优秀传统文化不是互相排斥的，是内在统一的。

革命年代，中国共产党和中国人民用鲜血和汗水写就了辉煌历史，孕育出鲜明独特的革命文化，如红船精神、井冈山精神、长征精神、延安精神、西柏坡精神等。这些革命历史命运、独特的实践熔铸的革命文化是中国特色社会主义文化的重要组成部分。习近平总书记对革命文化一直非常重视，曾到西柏坡、古田、延安、遵义、井冈山等革命圣地，缅怀革命烈士，反复强调革命精神，强调要坚持用革命传统铸魂育人，大力弘扬革命精神。如 2015 年 2 月 13 日至 16 日，他春节前夕赴陕西看望慰问广大干部群众时说，"老一辈革命家和老一代共产党人在延安时期留下的优良传统和作风，培育形成的延安精神，是我们党的宝贵精神财富。今天，全面从严治党要继续从延安精神中汲取力量。要把抓理想信念贯穿始终，提高辩证思维、系统思维能力，保持党同人民群众的血肉联系，始终为党和人民事业艰苦奋斗、不懈奋斗"。2015 年 3 月 6 日，他在全国两会期间参加江西代表团审议时说，"井冈山精神和苏区精神是我们党的宝贵精神财富，要永远铭记、世代传承，教育引导广大党员、干部在思想上正本清源、固根守魂，始终保持共产党人政治本色"。2015 年 2 月 16 日，他在春节前夕视察看望驻西安部队时说，"要带头坚定理想信念，毫不动摇坚持党对军队的绝对领导，深入学习党的创新理论，弘扬延安精神等优良传统，严守政治纪律和政治规矩，永远听党的话、跟党走"。2016 年 4 月 24 日，他在安徽考察调研时说，"一寸山河一寸血，一抔热土一抔魂。回想过去的烽火岁月，金寨人民以大无畏的牺牲精神，为中国革命事业建立了彪炳史册的功勋，我们要沿着革命前辈的足迹继续前行，把红色江山世世代代传下去。革命传统教育要从娃娃抓起，既注重知识灌输，又加强情感培育，使红色基因渗进血液、浸入心扉，引导广大青少年树立正确的世界观、人生观、价值观"。2016 年 2 月 1 日至 3 日，他在江西考察调研时说，"井冈山是中国革命的摇篮。井冈山时期留给我们最为宝贵的财富，就是跨越时空的井冈山精神。今天，我们要结合新的时代条件，坚持坚定执着追理想、实事求是闯新路、艰苦奋斗攻难关、依靠群众求胜利，让井冈山精神放射出新的时代光芒"。"要以党在新形势下的强军目标为引领，深入推进政治建军、改革强军、依法治军，坚持用井冈山精神等革命传统铸魂育人，教育引导广大官兵坚决听党的话、跟党走，坚决听从党中央、中央军委指挥。要积极支持老区脱贫攻坚，推动军民融合深度发展，为全面建成小康社会、推进强军兴军伟大事业作出新的更大贡献"。

中华人民共和国成立后，中国共产党着力培育社会主义先进文化，随着政治与社会经济的发展，社会主义先进文化成为体现社会主义制度优越性的重要方面，极大地增强了国人的文化自信。习近平总书记多次强调，坚持社会主义先进文化前进方向，发展社会主义先进文化。2016 年 1 月 18 日，他在省部级主要领导干部学习贯彻党的十八届五中全会精神专题研讨班上指出，要坚持社会主义先进文化前进方向，用社会主义核心价值观凝聚共识、汇聚力量，用优秀文化产品振奋人心、鼓舞士气，用中华优秀传统文化为人民提供丰润的道德滋养，提高精神文明建设水平。2016 年 1 月 29 日，他主持中共中央政治局第三十次集体学习时指出，要协调推进政治建设、文化建设、社会建设、生态文明建设以及其他各方面建设，实现社会主义市场经济、社会主义民主政治、社会主义先进文化、社会主义和谐社会、社会主义生态文明全面进步，为经济发展提供更好的制度保障和环境条件。

（四）中国特色社会主义文化培育"新"人，丰富人的心灵，促进人的全面发展

文化的本质是人认识世界和改造世界的活动，也包括评价活动及其成果，是人的思维方式、价值观念、活动方式、制度规范、审美情趣、风俗习惯等的总称。文化是"人化"的结果，同时也反过来"化人"。中国特色社会主义文化不仅要创造更多反映人民生活的文化作品，更重要的是要在创造鲜活的文化过程中关注人、培养人，通过先进文化提升人们的文化素质、文化品位即"化人"，丰富人们的精神世界，增强人的精神力量。优秀文化是在人的实践活动中生成的，又通过文化消费达到"化人"的目的。中国特色社会主义文化将培养社会

主义新人置于文化建设的核心地位。邓小平同志提出："搞社会主义精神文明，主要是使我们的各族人民都成为有理想、讲道德、有文化、守纪律的人民。"① 江泽民同志指出："建设有中国特色社会主义的文化，就是以马克思主义为指导，以培育有理想、有道德、有文化、有纪律的公民为目标。"② 党的十八大报告强调，要发挥文化引领风尚、教育人民、服务社会、推动发展的作用。

1. 坚持马克思主义和共产主义理想信念。马克思主义是党和国家主流意识形态，坚定马克思主义，坚持社会主义、共产主义理想信念，是中国特色社会主义的精神特质，也是中国共产党领导人民群众进行现代化建设的科学方法论指导、重要思想保障和本质特征。

邓小平指出："最重要的是人的团结，要团结就要有共同的理想和坚定的信念。我们过去几十年艰苦奋斗，就是靠用坚定的信念把人民团结起来，为人民自己的利益而奋斗。没有这样的信念，就没有凝聚力。没有这样的信念，就没有一切。我们共产党人的最高理想是实现共产主义，在不同历史阶段又有代表那个阶段最广大人民利益的奋斗纲领。因此我们才能够团结和动员最广大的人民群众，叫做万众一心。有了这样的团结，任何困难和挫折都能克服。"③ 江泽民强调："理想信念教育，是党的思想政治工作的核心内容。只有在全党同志和全体人民中牢固确立正确的理想信念，才能不断增加凝聚力

---

① 《邓小平文选》第 2 卷，人民出版社 1994 年版，第 408 页。
② 《江泽民文选》第 2 卷，人民出版社 2006 年版，第 537 页。
③ 《邓小平文选》第 3 卷，人民出版社 1993 年版，第 190 页。

和战斗力，我们的事业才能不断取得成功。"① 胡锦涛《在中共十七届三中全会第二次全体会议上的讲话》（2008 年 10 月 12 日）指出："我们要紧紧抓住树立理想信念这个根本，坚持不懈地用中国特色社会主义理论体系武装全党、教育人民，推动当代中国马克思主义大众化，不断巩固马克思主义在意识形态领域的指导地位，不断巩固中国特色社会主义共同理想，不断巩固全党全国各族人民团结奋斗的共同思想基础。"② 党的十八大报告也谈到，坚定不移走中国特色社会主义道路，宣示着中国特色社会主义的道路自信、理论自信和制度自信。并指出坚守共产党人精神追求的重要性："对马克思主义的信仰，对社会主义和共产主义的信念，是共产党人的政治灵魂，是共产党人经受住任何考验的精神支柱。"③习近平总书记在新进中央委员会的委员、候补委员学习贯彻党的十八大精神研讨班上的讲话中，科学地概括了社会主义的六个发展阶段，正确梳理了中国特色社会主义的源流和形成发展脉络，并着重澄清和回答了关于中国特色社会主义的四个重大问题；更加准确地认识和把握了中国特色社会主义的真谛，指出坚持马克思主义，坚持社会主义，坚定社会主义理想信念的重大意义。在

---

① 《江泽民文选》第 3 卷，人民出版社 2006 年版，第 89 页。

② 中共中央宣传部、中共中央文献研究室组织选编：《论文化建设——重要论述摘编》，学习出版社、中央文献出版社 2012 年版，第 70 页。

③ 《十八大报告辅导读本》，人民出版社 2012 年版，第 50 页。

全国宣传思想工作会议的讲话中，他又指出，马克思主义、共产主义信仰是共产党人的命脉和灵魂，信仰缺失是一个需要引起高度重视的问题。宣传思想工作就是要巩固马克思主义在意识形态领域的指导地位，巩固全党全国人民团结奋斗的共同理想基础。崇高信仰、坚定信念不会自发产生，必须用科学理论武装头脑，不断培植我们的精神家园。习近平总书记还强调："对马克思主义的信仰，对社会主义和共产主义的信念，是共产党人的政治灵魂，是共产党人经受住任何考验的精神支柱。"[1]他还有个形象的比喻："理想信念是共产党人精神上的'钙'。"他反复强调："理想信念坚定，骨头就硬，没有理想信念，或理想信念不坚定，精神上就会'缺钙'，就会得'软骨病'"，"就可能导致政治上变质、经济上贪婪、道德上堕落、生活上腐化"[2]。

信仰是一个人的精神支柱和人生方向，在人的精神世界中处于最高层次。缺乏信仰就会精神懈怠，而坚持错误的信仰便会毁灭人的一生。坚持科学社会主义，坚定社会主义的理想信念，这是中国共产党的本质规定性，也是全体中国人民应当具有的精神特质和灵魂。只有坚持这一理想信念，中国共产党才不会精神懈怠和蜕化变质。同样，只有用社会主义的理想信念教育广大人民群众，用中国特色社会主义共同理想凝聚力量和共识，才

---

① 中共中央宣传部：《习近平总书记系列重要讲话读本》，学习出版社、人民出版社 2014 年版，第 160 页。

② 中共中央宣传部：《习近平总书记系列重要讲话读本》，学习出版社、人民出版社 2014 年版，第 159 页。

能抵制各种错误思潮和主张，中国特色社会主义才能取得伟大成功。总之，对马克思主义的信仰，对共产主义的信仰是中国特色社会主义的精神特质。

2. 提高人们的科学文化素质。历史上每一次重大的时代变革都是由科技革命引起的，科学技术已成为第一生产力，成为综合国力最重要的因素，也深深地改变着人们的生活方式。人们的科学文化素质直接决定了我国的科技创新力，直接决定着中国社会主义现代化建设的伟大进程。江泽民同志指出："只有建设面向现代化、面向世界、面向未来的，民族的科学的大众的社会主义先进文化，才能满足人民日益增长的精神文化需要，不断促进人民思想道德素质和科学文化素质的提高，也才能为发展经济、发展先进生产力指引正确的方向，提供强大的智力支持。"①

需要指出的是，不能把科学文化素质仅仅理解为自然科学理论素质和某一技能，它还包括人文社会科学素质。健全国家治理体系，提高国家治理能力不仅需要科学技术的支撑，也需要哲学社会科学理论的指导，需要深入研究和掌握社会、经济、政治等发展规律和运行机制，以最大限度地减少矛盾，更加有效地配置资源，最大程度地发挥人民群众的"合力"。繁荣和发展中国特色社会主义文化，还要建构中国特色的学术话语体系，与西方话语体系平等对话，彰显和扩大中国学术在国际上的影响力。

---

① 《江泽民文选》第 3 卷，人民出版社 2006 年版，第 400 页。

3. 加强社会主义道德体系建设，提高人的道德素质。道德决定人的行为的价值取向，是社会和谐的基石，道德水平是一个民族文明的重要标志，童叟无欺、扶老携幼、抑恶扬善是生活在群体中的每一个人都应当自动履行的行为。没有道德力量的支撑，一个民族不可能强盛。

中华民族自古以来就是一个崇尚道德的民族，古人甚至将道德作为安身立命的根本和治国的重要方略，可以说中华民族几千年来积累了非常丰富的道德资源。但是，在社会主义市场经济快速发展的过程中，道德建设面临滑坡的困境。唯利是图、权钱交易、权权交易、权色交易、感情交易层出不穷，造成信仰缺失，信用缺失，人们缺乏对法律、信仰以及对自然和他人的尊重和敬畏。一度贪污腐败盛行，社会风气败坏。食品、医药、生态安全面临危险，人们生活缺乏信任感、无安全感。可以说，社会道德底线、人类基本原则屡屡受到挑战。概括起来，根源在于"商品拜物教"泛滥到许多领域，拜金主义，极端个人主义，权力寻租盛行。社会关系唯利益化，社会交往庸俗化，人们正常的学习、升学、就业、就医等事情都要付出大量的时间、感情和金钱以至权权交易，在整个社会人们的交易成本很大，生活的沉重感、疲劳感突出，缺少幸福感。

正是鉴于当前这些方面的道德缺失，中国特色社会主义文化建设自觉地把社会主义道德体系建设作为一项重要内容。2006 年 3 月 4 日，胡锦涛同志明确提出"八荣八耻"，要教育广大干部群众特别是广大青少年树立社会主义荣辱观。2007 年 9 月，他在会见全国道德模范时强调，道德力量是国家发展、社会和谐、人民幸福的重要因素。党的十八大报告提出："要坚持依法治国和以德治国相结合，加强社会公德、职业道德、家庭美德、个人品德教育……引导人们自觉履行法定义务、社会责任、家庭责任，营造劳动光荣、创造伟大的社会氛围，培育知荣辱、讲正气、作奉献、促和谐的良好风尚。"[①] 2013 年 11 月 26 日，习近平总书记在山东曲阜考察时的讲话中指出，国无德不兴，人无德不立。必须加强全社会的思想道德建设，激发人们形成善良的道德意愿、道德情感，培育正确的道德判断和道德责任，提高道德实践能力尤其是自觉践行能力，引导人们向往和追求讲道德、尊道德、守道德的生活，形成向上的力量、向善的力量。只要中华民族一代接着一代追求美好崇高的道德境界，我们的民族就永远充满希望。

在党的十九大报告中，习近平总书记专门强调要加强思想道德建设，指出要"广泛开展理想信念教育，深化中国特色社会主义和中国梦宣传教育，弘扬民族精神和时代精神，加强爱国主义、集体主义、社会主义教育，引导人们树立正确的历史观、民族观、国家观、文化观。深入实施公民道德建设工程，推进社会公德、职业道德、家庭美德、个人品德建设，激励人们向上向善、孝老爱

---

① 胡锦涛：《坚定不移沿着中国特色社会主义道路前进　为全面建成小康社会而奋斗——在中国共产党第十八次全国代表大会上的报告》，人民出版社 2012 年版，第 32 页。

亲，忠于祖国、忠于人民"①。

4. 创作优秀文艺作品，丰富人们的精神文化生活。人们在精神上能够享受丰富的文化生活是实现社会主义的基本要求，《决定》指出："物质贫乏不是社会主义，精神空虚也不是社会主义。"② 胡锦涛同志指出："随着经济社会持续快速发展，特别是随着人民生活水平不断提高，我国进入了文化消费的快速增长期，人们精神文化需要更加旺盛，文化已经成为衡量社会文明程度和人民生活质量的显著标志。"③ 2014 年 10 月 15 日，习近平总书记主持召开文艺工作座谈会，他指出："文艺是时代前进的号角，最能代表一个时代的风貌，最能引领一个时代的风气……伟大事业需要伟大精神。实现这个伟大事业，文艺的作用不可替代，文艺工作者大有可为。"④

在新时代，社会主要矛盾发生转换，人民越来越追求美好的生活。在党的十九大报告中，习近平总书记指出："社会主义文艺是人民的文艺，必须坚持以人民为中心的

① 习近平：《决胜全面建成小康社会 夺取新时代中国特色社会主义伟大胜利——在中国共产党第十九次全国代表大会上的报告》，人民出版社 2017 年版，第 42—43 页。

② 《中共中央关于深化文化体制改革 推动社会主义文化大发展大繁荣若干重大问题的决定》，人民出版社 2011 年版，第 7 页。

③ 中共中央宣传部、中共中央文献研究室组织选编：《论文化建设——重要论述摘编》，学习出版社、中央文献出版社 2012 年版，第 8 页。

④ 中共中央宣传部：《习近平总书记在文艺工作座谈会上的重要讲话学习读本》，学习出版社 2015 年版，第 6—7 页。

创作导向，在深入生活、扎根人民中进行无愧于时代的文艺创造。"① 我们需要生产更多传播当代中国价值观念、体现中华文化精神、反映中国人审美追求，思想性、艺术性、观赏性有机统一的文化精品，满足人民群众日益增长的文化需求，丰富人民的精神世界，增强人民群众的精神力量。文学、电影、电视、音乐、舞蹈、摄影、美术等文艺作品，贴近人们的日常生活，潜移默化地影响着人们的精神世界。中国特色社会主义文化建设要创造和生产更多既具有思想性又具有艺术性和观赏性的文艺作品，充分发挥其陶冶情操、愉悦身心、寓教于乐的作用，充实人们的生活。文学艺术不是纯粹的娱乐，要融入社会主义核心价值体系，抵制低俗、庸俗、媚俗的作品。

（五）中国社会主义文化的核心内容是社会主义核心价值观

核心价值观是一定社会形态社会性质的集中表现，在社会思想观念体系中处于主导地位，决定着社会制度、社会运行的基本原则，制约着社会发展的基本方向。因此，社会主义核心价值观体系是中国特色社会主义文化的精髓，在社会思想观念体系中起着非常重要的引领、统领作用，社会主义核心价值体系是兴国之魂，决定着中国特色社会主义的发展方向。2014 年 2 月 24 日，习近平总书记在中共中央政治局第十三次集体学习时的讲话中指出：

---

① 习近平：《决胜全面建成小康社会 夺取新时代中国特色社会主义伟大胜利——在中国共产党第十九次全国代表大会上的报告》，人民出版社 2017 年版，第 43 页。

"核心价值观是文化软实力的灵魂、文化软实力建设的重点。这是决定文化性质和方向的最深层次要素。一个国家的文化软实力，从根本上说，取决于其核心价值观的生命力、凝聚力、感召力。培育和弘扬核心价值观，有效整合社会意识，是社会系统得以正常运转、社会秩序得以有效维护的重要途径，也是国家治理体系和治理能力的重要方面。历史和现实都表明，构建具有强大感召力的核心价值观，关系社会和谐稳定，关系国家长治久安。"① 他在北京大学师生座谈会上的讲话中指出："人类社会发展的历史表明，对一个民族、一个国家来说，最持久、最深层的力量是全社会共同认可的核心价值观。核心价值观，承载着一个民族、一个国家的精神追求，体现着一个社会评判是非曲直的价值标准。"② 他还指出："价值观是人类在认识、改造自然和社会的过程中产生与发挥作用的。不同民族、不同国家由于其自然条件和发展历程不同，产生和形成的核心价值观也各有特点。一个民族、一个国家的核心价值观必须同这个民族、这个国家的历史文化相契合，同这个民族、这个国家的人民正在进行的奋斗相结合，同这个民族、这个国家需要解决的时代问题相适应。世界上没有两片完全相同的树叶。一个民族、一个国家，必须知道自己是谁，是从哪里来的，要到哪里去，想明白了、想对了，就要坚定不移朝着目标前进。"

---

① 《把培育和弘扬社会主义核心价值观作为凝魂聚气强基固本的基础工程》，《人民日报》2014 年 2 月 26 日第 1 版。

② 习近平：《习近平谈治国理政》，外文出版社 2014 年版，第 168 页。

党的十六届六中全会通过的《决定》明确提出建设社会主义核心价值体系，形成全民族奋发向上的精神力量和团结和睦的精神纽带。马克思主义指导思想、中国特色社会主义共同理想、以爱国主义为核心的民族精神和以改革创新为核心的时代精神、社会主义荣辱观，构成社会主义核心价值体系的基本内容。社会主义核心价值体系，全面概括了中国特色社会主义文化的核心内容和精髓。社会主义核心价值体系提出后，人们普遍反映价值体系更多地反映为原则，不够简明扼要和具体，也不便于传播，应当进一步提炼和概括出社会主义核心价值观。

社会主义核心价值体系需要进一步提炼和概括，社会主义价值观的提炼和概括需要依据社会主义核心价值体系，既要体现社会主义性质，又要体现中国传统文化特色和现代化建设实践特征。党的十八大报告提出："倡导富强、民主、文明、和谐，倡导自由、平等、公正、法治，倡导爱国、敬业、诚信、友善，积极培育和践行社会主义核心价值观。"[①]

党的十九大报告进一步指出，"要以培养担当民族复兴大任的时代新人为着眼点，强化教育引导、实践养成、制度保障，发挥社会主义核心价值观对国民教育、精神文明创建、精神文化产品创作生产传播的引领作用，把社会主义核心价值观融入社会发展各方面，转化为人们

---

① 胡锦涛：《坚定不移沿着中国特色社会主义道路前进　为全面建成小康社会而奋斗——在中国共产党第十八次全国代表大会上的报告》，人民出版社 2012 年版，第 31—32 页。

的情感认同和行为习惯"①。大力培育和践行社会主义核心价值观。

社会主义核心价值观分别反映了国家层面、制度层面和社会层面的价值取向，体现国家、社会和个人的内在统一，是社会主义核心价值体系的精神内核及其遵循的根本原则，它通过塑造国家形象、彰显制度精神和引领社会规范来凝聚民族力量。党的十八大以来，以习近平同志为核心的党中央进一步具体回答了中国人的主流价值观念是什么和如何践行中国人的核心价值观的问题。

（六）中国特色社会主义文化分为"文化事业"和"文化产业"

根据文化的意识形态属性和商品的属性，中国特色社会主义文化区分为"文化事业"和"文化产业"两个概念，深刻把握文化发展的规律。

2000 年 10 月，党的十五届五中全会通过的《中共中央关于制定国民经济和社会发展第十个五年计划的建议》，第一次在中央正式文件中提出了"文化产业"这一概念。党的十六大报告提出"积极发展文化事业和文化产业"，第一次区分了文化事业和文化产业，并强调"发展文化产业是市场经济条件下繁荣社会主义文化、满足人民群众精神文化需求的重要途径"。党的十六届三中全会制定的《完善社会主义市场经济体制若干问题的决定》

① 习近平：《决胜全面建成小康社会　夺取新时代中国特色社会主义伟大胜利——在中国共产党第十九次全国代表大会上的报告》，人民出版社 2017 年版，第 42 页。

提出："完善文化产业政策，鼓励多渠道资金投入，促进各类文化产业共同发展，形成一批大型文化企业集团，增强文化产业的整体实力和国际竞争力。"① 党的十六届四中全会明确提出文化生产力概念，要求"深化文化体制改革，解放和发展文化生产力"。党的十六届五中全会制定的《中共中央关于制定"十一五"规划的建议》根据文化事业和文化产业的不同的特点，制定了不同的发展格局，即逐步形成覆盖全社会的比较完备的公共文化服务体系，完善文化产业政策，形成以公有制为主体、多种所有制共同发展的文化产业格局和民族文化为主体、吸收外来有益文化的文化市场格局。繁荣社会主义文化市场，推动文化产业成为国民经济支柱性产业。2010年7月23日，中共中央政治局就深化文化体制改革问题进行第二十二次集体学习，胡锦涛同志再次强调要遵循精神文明建设的特点和规律，加快文化体制改革的步伐，构建有利于文化科学发展的体制机制。党的十七届五中全会通过的《中共中央关于制定国民经济和社会发展第十二个五年规划的建议》指出"推动文化产业成为国民经济支柱性产业"。

文化有两种属性，即精神属性和商品属性。正是基于这两种属性，我们作了公益性文化即"文化事业"和经营性文化即"文化产业"的区分，根据不同的性质和特点采用不同的措施和方法加以发展。这表明我们对文

---

① 中共中央文献研究室编：《十六大以来重要文献选编》上，中央文献出版社2005年版，第478页。

化内部发展的矛盾和规律已有清醒的认识，不以发展文化事业的方式来发展文化产业，也不以发展文化产业的方式来发展文化事业。过去，在计划经济体制下，我们忽视市场规律，将文化全部定性为"事业"。改革开放后，随着社会主义市场经济的发展，特别是知识经济时代的到来，智力劳动和科技创新越来越成为经济社会发展的动力和源泉，文化与经济的交融日益深入，文化经济化、产业化特征明显增强。必须从尊重市场规律角度思考推进文化体制改革、扩大文化消费，推动文化科技创新，解放和发展文化生产力。当然发展文化产业要把社会效应放到首位，将提高人民的综合素质，满足人民群众的文化需求放到第一位。

党的十九大报告指出，"推动文化事业和文化产业发展。满足人民过上美好生活的新期待，必须提供丰富的精神食粮"①。

（七）意识形态工作具有极端重要性，必须维护我国文化安全

习近平总书记在党的十九大报告中指出："意识形态决定文化前进方向和发展道路。"② 意识形态工作的极端

---

① 习近平：《决胜全面建成小康社会　夺取新时代中国特色社会主义伟大胜利——在中国共产党第十九次全国代表大会上的报告》，人民出版社 2017 年版，第 43—44 页。

② 习近平：《决胜全面建成小康社会　夺取新时代中国特色社会主义伟大胜利——在中国共产党第十九次全国代表大会上的报告》，人民出版社 2017 年版，第 41 页。

重要性表现为它决定了文化发展的方向和道路，关系到我国的文化安全。

在以和平与发展为时代主题的今天，意识形态领域的斗争不仅一刻也没有停止，而且随着全球化、信息化和网络化进程的加快，文化传播出现同步化、迅速化的特点，使意识形态领域的斗争愈演愈烈。因此，中国特色社会主义文化的内涵还要从文化安全的角度来理解。2003年12月5日胡锦涛同志《在全国宣传思想工作会议上的讲话》指出："我们是当今世界最大的社会主义国家，必然会长期面对各种敌对势力在意识形态领域的渗透活动。对这一点，全党同志特别是宣传思想战线的同志必须保持高度警觉，做到警钟长鸣。"[1] 习近平总书记在全国宣传思想工作会议的讲话中指出，世界范围内各种思想文化交流交融交锋更加频繁，国际思想文化领域斗争深刻复杂，西方国家把我国发展壮大视为对其价值观和制度模式的挑战，加紧对我国进行思想文化渗透，我们在意识形态领域面临的斗争和较量是长期的、复杂化的。一些西方国家往往把自己打扮成维护正义的斗士，极力宣扬所谓的"普世价值"，诋毁社会主义制度是所谓官僚资本主义、垄断资本主义，搞历史虚无主义，抹黑中国共产党的历史和领袖，实质上是同我们争夺阵地、争夺人心、争夺群众，企图颠覆中国共产党的政权。

一个政权的瓦解往往是从思想领域开始的，思想演

---

[1] 中共中央宣传部、中共中央文献研究室组织选编：《论文化建设——重要论述摘编》，学习出版社、中央文献出版社2012年版，第25页。

化是个长期过程，思想防线攻破了，政治动荡、政权更迭可能就会在一夜之间发生。东欧国家和北非西亚国家都是前车之鉴。应该清醒地认识到，改革开放以来，国外一些好的东西我们借鉴吸收，但是要警惕西方国家的某些价值观念，包括有些国家对我们进行有意的文化渗透。他们表面上反对搞宣传，实际上搞起来更凶狠。在我国经济社会快速发展和人民物质生活水平不断提高的今天，西方意识形态渗透尤其值得警惕。巩固党的群众基础和执政基础，不能说只要群众物质生活好就可以了，这个认识是不全面的。党的群众基础和执政基础包括物质和精神两个方面。精神上丧失群众基础，最后也要出问题。为此，习近平同志在多次重要讲话包括党的十九大报告中反复强调要牢牢掌握意识形态工作的领导权。

我们要在精神、文化方面建立起更多的安全机制，靠我们自身的努力去提高思想文化的免疫力，不断增强我们思想文化领域的安全性，这是我国文化建设一个极端重要的内容。为此，必须把意识形态工作的领导权、管理权、话语权牢牢掌握在手中，在中国特色社会主义实践中，建立起自己的、自主的思想文化灵魂与防线。

（八）增强中华文化软实力，推动中华文化走出去

中华文化走出去是中国特色社会主义文化繁荣和强盛的一个重要标志和迫切需要，关系到中国文化安全，是中华文化强大的辐射力和效仿力的体现。党的十七大第一次在党的文件中提出"国家文化软实力"概念，明确提出推动中华文化走向世界，增强中华文化软实力，

把中华文化的导向力、吸引力、辐射力彰显出来。胡锦涛同志在 2011 年"七一讲话"中进一步强调："要着眼于推动中华文化走向世界，形成与我国国际地位相对称的文化软实力，提高中华文化国际影响力。"① 党的十七届六中全会专门研究文化发展问题，进一步强调中华文化走向世界。同时，国家文化发展规划对中华文化走出去作了具体部署。《国家"十一五"时期文化发展规划纲要》提出：抓好文化走出去重大工程、项目的实施，充分利用国际国内两个市场、两种资源，主动参与国际合作和竞争，加强对外文化交流，扩大对外文化贸易，拓展文化发展空间，初步改变我国文化产品贸易逆差较大的被动局面，形成以民族文化为主体、吸收外来有益文化、推动中华文化走向世界的文化开放格局。《国家"十二五"时期文化发展规划纲要》提出：面对世界范围内各种思想文化交流交融交锋更加明显、斗争尖锐复杂的新形势，增强我国文化整体实力和国际传播力、影响力和竞争力，抵御国际敌对势力的文化渗透，维护国家文化安全的任务更加紧迫。习近平总书记在全国宣传思想工作会议的讲话中强调了加强对外宣传，阐释中国特色的重要性。提出要创新对外宣传方式，加强话语体系建设，着力打造融通中外的新概念新范畴新表述，讲好中国故事，传播好中国声音，增强在国际上的话语权。他在 2013 年 12 月 30 日中共中央政治局第十二次集体学习

---

① 胡锦涛：《在庆祝中国共产党成立 90 周年大会上的讲话》，人民出版社 2011 年版，第 24 页。

时的讲话中指出："提高国家文化软实力，要努力展示中华文化独特魅力。在 5000 多年文明发展进程中，中华民族创造了博大精深的灿烂文化，要使中华民族最基本的文化基因与当代文化相适应、与现代社会相协调，以人们喜闻乐见、具有广泛参与性的方式推广开来，把跨越时空、超越国度、富有永恒魅力、具有当代价值的文化精神弘扬起来，把继承传统优秀文化又弘扬时代精神、立足本国又面向世界的当代中国文化创新成果传播出去。"[①]

从内容上看，中华文化走出去主要包括以下三个方面的内容。

一是主流核心价值观走出去，向世人展示建设中国特色社会主义取得的伟大成绩，引导世界对中国改革和发展出现的问题的正确理解，阐释好中国特色社会主义的道路、理论和制度的基本内涵，客观地展现中国的政治、经济、社会变革和中国人的价值观念、民族精神，将中国特色社会主义的科学性、有效性以及对整个人类社会发展作出的贡献真实地介绍给世界人民，增进他们对中国和平崛起的发展方向的理解，赢得国际社会、国际舆论更多的支持。习近平总书记在 2013 年全国宣传思想工作会议上的讲话中指出：宣传阐释中国特色，要讲清楚每个国家和民族的历史传统、文化积淀、基本国情不同，其发展道路必然有着自己的特色；讲清楚中华文

[①] 《建设社会主义文化强国　着力提高国家文化软实力》，《人民日报》2014 年 1 月 1 日第 1 版。

化积淀着中华民族最深沉的精神追求，是中华民族生生不息、发展壮大的丰厚滋养；讲清楚中华优秀传统文化是中华民族的突出优势，是我们最深厚的文化软实力；讲清楚中国特色社会主义植根于中华文化沃土、反映中国人民意愿、适应中国和时代发展进步要求，有着深厚历史渊源和广泛现实基础。

二是学术走出去。学术和思想是文化软实力的核心，学术走出去，是中华民族理念、精神、智慧和思维在世界上的集中表达和传播，是国家兴旺发达和世界影响力不断扩大的重要标志。习近平总书记在哲学社会科学工作座谈会上的讲话中指出："要围绕我国和世界发展面临的重大问题，着力提出能够体现中国立场、中国智慧、中国价值的理念、主张、方案。我们不仅要让世界知道'舌尖上的中国'，还要让世界知道'学术中的中国'、'理论中的中国'、'哲学社会科学中的中国'，让世界知道'发展中的中国'、'开放中的中国'、'为人类文明作贡献的中国'。"[①] 要把大量植根中国改革开放实践，体现哲学社会科学研究方法、学术观点、理论体系的创新成果推向国际学术文化舞台，进入国外主流高端学术视野，让外国学者和普通民众理解和逐渐接受中国的学术话语、知识框架和思维方式，形成对中国比较客观的学术眼光和舆论氛围，增强中华文化软实力和国际影响力。改革开放后，我们的经济发展取得了举世瞩目的成就，在科

---

① 习近平：《在哲学社会科学工作座谈会上的讲话》，人民出版社 2016 年版，第 17 页。

学领域也取得了突出的成绩，但我们推出的具有重大创新性并引起世界关注的理论成果和思想文化艺术作品，特别是原创性的成果译介出去的很少。对许多重大现实问题的关切与思考所发出的"中国学派"的声音也不是很强，我们的学术前沿基本上是学习和传播西方的学术话语、学术规范和方法论。而且，在与西方的对话当中总体上处于被动的境地，甚至于经常出现集体失语的现象。

三是文化产品走出去即文化贸易。要极力打造我们的文化品牌，推动我国的文化精品走出去。文化产品不仅仅是文化娱乐，它内含着一个民族的核心价值观，因此文化产品走出去对彰显中华文化国际影响力至关重要。文化品牌是一国综合国力的最直观、最具体的反映，美国的电影业和传媒业、日本的动漫产业、韩国的网络游戏业、德国的出版业、英国的音乐产业等都成为国际文化产业的标志性品牌。

（九）文化复兴是中华民族的伟大复兴的最终标志和根本象征

中国特色社会主义文化发展的最终目的是实现中华民族的文化复兴，文化复兴是中华民族的伟大复兴的最终标志和根本象征。党的十七大报告指出：中华民族伟大复兴必然伴随中华文化繁荣兴盛。2013 年 11 月 26 日，习近平总书记在山东曲阜考察时的讲话中指出，一个国家、一个民族的强盛，总是以文化兴盛为支撑的，中华民族伟大复兴需要以中华文化发展繁荣为条件。他在文艺工作座谈会上的重要讲话中指出："没有中华文化繁荣兴盛，就没有中华民族伟大复兴。一个民族的复兴需要强大的物质力量，也需要强大的精神力量。没有先进文化的积极引领，没有人民精神世界的极大丰富，没有民族精神力量的不断增强，一个国家、一个民族不可能屹立于世界民族之林。"① 他在党的十九大报告中还指出："文化是一个国家、一个民族的灵魂。文化兴国运兴，文化强民族强。没有高度的文化自信，没有文化的繁荣兴盛，就没有中华民族伟大复兴。"② 中国特色社会主义文化理论描述和阐释了文化复兴的内涵和过程，由自主到自足再到自信自强的过程，从而深刻揭示了文化复兴对于中华民族复兴的重要意义。

首先，要实现文化自主。自主文化是一个民族生存发展，屹立于世界民族之林的主心骨。中国共产党是中华文化和传统文化的忠实的继承者，也是中国自主文化的构建者。以马克思主义为指导的社会主义核心价值体系是兴国之魂，是我们走向民族复兴的精神之魂，是我们这个民族和国家在精神文化领域里的重要支撑。这种核心价值体系是确保我们国家社会主义性质的根本条件，是中华民族精神自主的标准和象征，无此，我们就可能成为别的发达资本主义国家的思想附庸。

---

① 中共中央宣传部：《习近平总书记在文艺工作座谈会上的重要讲话学习读本》，学习出版社 2015 年版，第 5—6 页。

② 习近平：《决胜全面建成小康社会　夺取新时代中国特色社会主义伟大胜利——在中国共产党第十九次全国代表大会上的报告》，人民出版社 2017 年版，第 40—41 页。

中国近代史是一部屈辱史，中国人民对民族生存危机原因的追问，经历了"器"不如人到制度腐朽，最后归结于封建制度文化落后的基本逻辑。中国的落后最终归因于在进入近代化的世界体系面前中国国家治理制度与文化没有得以转型，在世界历史进程与中国内部因素变革相互作用中，中国原有的主流价值文化体系崩溃，而新的能整合民族意识的思想文化没有确立起来，整个民族因缺乏凝聚力而成为一盘散沙。马克思主义传入中国并在不断中国化的过程中与中华民族优秀传统文化相结合，成为我们长期以来生存和发展的文化"主心骨"，彻底激发了中国人民的精神力量，改变了我们的精神面貌，将亿万同胞的精神力量紧紧地团结在一起，形成强烈的中国力量。中国人的精神状态完全由被动转为主动，世人对中国人民的看法也发生根本转变，从对东亚病夫的嘲笑到对"中国道路""中国经验"的赞扬。可以说，中国奇迹的出现在很大程度上得益于我们的文化精神的自省、自建和自主。

其次，我们不但需要文化自主，同时也要求文化自足。文化自足就是丰富的优秀精神产品与精神世界。哲学社会科学、文学艺术、新闻传媒等领域都需要生产更多的精品来满足人民群众的精神需求，使我们的精神世界更加丰富，使我们整个民族的精神力量更加强大。如果没有更多的好的产品，我们只能去消费西方的大片或者是韩剧等，被动接受他人的思想意识和价值观念渗透。因此，文化自主需要文化自足来保障，文化产品的匮乏必将丧失文化自主。展示强大的中华精神文化力量需要创作一大批代表国家水准、具有世界影响、经得起实践和历史检验的哲学社会科学优秀成果。社会主义核心价值观体系的构建和深入人心也需要完善公共文化服务体系，创作更多人民群众喜闻乐见、具有较高文化内涵的精神产品。

从文化的自主和自足走向文化的自强、自信，最终实现文化的复兴，实现中华民族的伟大复兴。党的十八大以来，习近平总书记提出并强调中国特色社会主义文化自信。在2014年2月24日的中央政治局第十三次集体学习中，他指出：要增强文化自信和价值观自信。后来，他多次强调文化自信的重要性："增强文化自觉和文化自信，是坚定道路自信、理论自信、制度自信的题中应有之义。"① "中国有坚定的道路自信、理论自信、制度自信，其本质是建立在5000多年文明传承基础上的文化自信。"② "我们要坚定中国特色社会主义道路自信、理论自信、制度自信，说到底是要坚持文化自信。"③ 改革开放四十年来，我们走上了中国的现代化道路，这就是中国特色社会主义的发展道路，也是中华民族走向伟大复兴的必由之路。经济、社会生活以及其他一切领域中取得的辉煌成就，证明了中国道路和中国制度的优越性，彰

---

① 习近平：《在文艺工作座谈会上的讲话》，人民出版社2015年版，第25页。

② 《习近平新时代中国特色社会主义思想学习问答》，人民出版社2021年版，第289页。

③ 《习近平谈治国理政》（第二卷），人民出版社2017年版，第339页。

显了中国文化的自主和自信。在巨大成就的鼓舞下，我们更加迫切地实现民族复兴和强国之梦。中国特色社会主义文化强国战略的制定和中国特色社会主义文化理论的形成，表达了我们实现文化自足的愿望、走向文化自强的决心和实现文化复兴的自信。物质的丰富、国力的强盛最终表现为文化的自信自强，精神文化力量即文化硬实力和软实力的强大是文化复兴的标志，也是实现中华民族伟大复兴的根本象征。社会主义文化强国建设的提出正深刻地体现了"文化自觉"。

中国革命和建设的成功经验在于，能够不断地将马克思主义的理论和中国社会发展的实践相结合，不断生成新的理论，这一理论建构过程既是马克思主义中国化的过程，又是中国特色理论的建构过程。中国共产党在长期的文化建设实践中始终保持高度的理论自觉和文化自觉，自觉地坚持马克思主义科学理论方法，在现代化进程中及时研究文化改革发展重大问题，不断总结人民群众鲜活的文化创新经验，不断提出新的观点和思想，逐步生成中国特色社会主义文化理论。这是基于深厚的中国文化传统以及富有创造性的中国现代化实践与中国经验的文化创新过程，是民族竞争的"奥林匹克赛"的场域，是中华民族得以伟大复兴的真正奥秘所在。

（原载《哲学研究》2014 年第 1 期，收入本书时有补充）

党的十八大以来中国共产党
意识形态理论创新

党的十八大以来，以习近平同志为核心的新一届中央领导集体高度重视党的意识形态工作。习近平总书记围绕意识形态工作的诸多问题发表了一系列重要讲话，提出了许多富有创见的新思想新观点新论断，推动了党的意识形态理论的创新。

一 新形势下党的意识形态工作的
极端重要性

新形势下意识形态工作面临十分复杂的局面，需要重新审视意识形态工作的地位和作用。2013 年 8 月，习近平总书记在全国宣传思想工作会议上指出，经济建设是党的中心工作，意识形态工作是党的一项极端重要的工作。巩固党的群众基础和执政基础，不能说只要群众物质生活好就可以了，这个认识是不全面的。党的群众基础和执政基础包括物质和精神两方面，精神上丧失群众基础，最后也要出问题。能否做好意识形态工作，事关党的前途命运，事关国家长治久安，事关民族凝聚力和向心力。经济建设工作为意识形态工作创造物质基础，只有经济建设这个中心工作做好了，意识形态工作才会有坚实的物质基础；反过来，意识形态工作做好了，可以为经济建设这个中心工作保驾护航，保证经济建设持续、快速、健康发展。习近平总书记2016年2月19日在党的新闻舆论工作座谈会上的重要讲话再次强调：党的新闻舆论工作是党的一项重要工作，是治国理政、定国安邦的大事。做好党的新闻舆论工作，事关旗帜和道路，事关贯彻落实党的理论和路线方针政策，事关顺利推进党和国家各项事业，事关全党全国各族人民凝聚力和向心力，事关党和国家前途命运。习近平总书记在党的十九大报告中指出："意识形态决定文化前进方向和发展道路。"[1]

习近平总书记科学运用历史唯物主义理论对意识形态工作极端重要性进行了新的阐释。马克思主义认为，经济基础决定上层建筑，上层建筑反作用于经济基础，两者是辩证统一的。"随着经济基础的变更，全部庞大的上层建筑也或慢或快地发生变革。在考察这些变革时，必须时刻把下面两者区别开来，一种是生产的经济条件方面所发生的物质的、可以用自然科学的精确性指明的变革，一种是人们借以意识到这个冲突并力求把它克服的那些法律的、政治的、宗教的、艺术的或哲学的，简

---

[1] 习近平：《决胜全面建成小康社会 夺取新时代中国特色社会主义伟大胜利——在中国共产党第十九次全国代表大会上的报告》，人民出版社2017年版，第41页。

言之，意识形态的形式。"① 意识形态是与一定社会的经济和政治直接相联系的观念、观点、概念的总和，是上层建筑中的重要内容，它由经济基础决定并随着经济基础的变化而改变。但意识形态具有相对独立性，对经济基础具有很强的反作用。正如马克思所说，"如果从观念上来考察，那么一定的意识形式的解体足以使整个时代覆灭"②。

中国共产党的意识形态是中国特色社会主义经济关系和政治关系的反映，是占统治地位的党和人民的观念、主张。它是由社会主义经济基础决定的，同时又具有相对独立性，反作用于社会主义的经济基础，两者是辩证统一的。这种统一表现为两者是互构的，相互促进的。党的意识形态引领和统一广大人民群众的思想，凝聚力量，服务于中国特色社会主义的发展；同时，中国特色社会主义的发展成果证明了党的意识形态理论的科学性、合理性和有效性，推动意识形态理论的发展创新。

二 在增强"三个自信"的基础上确证党的意识形态的合理性

经过四十年的改革开放，中国特色社会主义取得巨大成就，在不断解决发展中遇到的经济、政治、文化、社会、生态等各种难题的过程中，形成了中国特色社会

---

① 《马克思恩格斯选集》第 2 卷，人民出版社 1995 年版，第 33 页。

② 《马克思恩格斯文集》第 8 卷，人民出版社 2009 年版，第 170 页。

主义的道路、理论体系和制度，增强了道路自信、理论自信和制度自信。习近平总书记《在新进中央委员会的委员、候补委员学习贯彻党的十八大精神研讨班上的讲话》中对社会主义 500 多年的历史发展进程，特别是我们党探索中国特色社会主义的历史进程和伟大实践，对坚持和发展中国特色社会主义需要把握的几个重大理论问题，进行了系统而深刻的阐述，科学论证了中国特色社会主义的历史必然性和科学有效性。中国特色社会主义科学有效性和自信有力确证了党的意识形态的合理性。中国特色社会主义道路取得了成功，被历史和实践证明是正确的，那么业已证明与此内在统一的中国共产党的意识形态也是科学合理的。要在增强"三个自信"的进程中进一步建构党的意识形态的合理性。正如习近平总书记指出，我们坚信，随着中国特色社会主义不断发展，我们的制度必将越来越成熟，我国社会主义制度的优越性必将进一步显现，我们的道路必将越走越宽广，我国的发展道路对世界的影响必将越来越大。道路越宽广、理论越科学、制度越完备，也就越强化了我们的意识形态的合理性。

我们成功走出了中国特色社会主义道路，那么我们在精神上就要坚持意识形态的自主性，意识形态的自主性与中国道路的自主性是辩证统一的。习近平总书记强调道路自信、理论自信和制度自信，强调马克思主义信仰和对中国特色社会主义的信念，就是要强调中国道路的自主性和中国精神的自主性。我们正处于爬坡的关键时期，在中华民族伟大复兴的重要闯关时期，做好党的意识形态工作至关重要。习近平总书记非常形象地强调："伟大事业需要伟大精神……当高楼大厦在我国大地上遍地林立时，中华民族精神的大厦也应该巍然耸立。"① 中华民族精神是以党的意识形态为引领的，如果再不紧抓意识形态工作，精神上的问题不解决，将严重威胁党的政权和中国特色社会主义事业，将成为阻碍中华民族伟大复兴的一大短板。我们要旗帜鲜明地高举党的意识形态大旗，坚决反对西方价值观念特别是七个错误思潮：第一，宣扬西方宪政主义，即三权分立、多党制、司法独立、军队国家化等资产阶级国家理念、政治模式和制度，借以否定党的领导和批评中国政治体制。第二，宣扬"普世价值"，企图动摇党的执政理念和执政基础。第三，宣扬公民社会理论，企图瓦解党执政的社会基础。第四，宣扬新自由主义，主张经济的绝对自由化，彻底私有化和完全市场化，反对国家对经济的任何干预和调控，企图否定我国的基本经济制度。第五，宣扬西方的新闻观，挑战我国的党管媒体原则和新闻出版管理制度。第六，宣扬历史虚无主义，其根本目的就在于否定中国共产党的历史和新中国的历史。第七，质疑改革开放，质疑中国特色社会主义的社会主义性质。夸大我们改革开放中遇到的问题，企图借助这些问题来否定中国特色社会主义，否定改革开放，把中国特色社会主义说成中国特色资本主义、国家垄断资本主义、新官僚资本主义等。

---

① 中共中央宣传部：《习近平总书记在文艺工作座谈会上的重要讲话学习读本》，学习出版社 2015 年版，第 7 页。

三　党的意识形态本质内容：坚守
共产党人的理想信念和宗旨

中国共产党所主张的社会主义意识形态的本质内容，是坚守共产党人的理想信念和宗旨，即马克思主义信仰、共产主义的理想、中国特色社会主义的信念和全心全意为人民服务的宗旨，这是中国共产党人的政治特质，即本质规定性。在新形势下，习近平总书记强调加强党的意识形态工作，是让所有中国共产党党员牢记自己的政治本色，保证中国共产党永不变色，保证中国特色社会主义的前进方向。习近平总书记强调："对马克思主义的信仰，对社会主义和共产主义的信念，是共产党人的政治灵魂，是共产党人经受住任何考验的精神支柱。"①

回溯历史，中国共产党从诞生之日起就把马克思主义写在自己的旗帜上，把实现共产主义确立为最高理想。在我们党九十多年的历史中，无数共产党人不惜流血牺牲，靠的就是这种信仰，为的就是这个理想。正是有了这一精神力量，中国共产党一步步发展壮大，领导人民群众取得抗日战争和解放战争的胜利，建立了社会主义新中国，开始了新中国社会主义建设。在一穷二白的条件下，中华民族就是靠着这种精神克服困难，赢得了民族的独立和尊严。邓小平同志在绘制改革开放蓝图时，

---

①　中共中央宣传部：《习近平总书记系列重要讲话读本》，学习出版社、人民出版社 2014 年版，第 160 页。

明确提出"一个中心、两个基本点","两手抓、两手都要硬",对经济建设和意识形态工作的关系及其重要性作了科学设计。

然而,我们在集中精力搞社会主义经济建设时,人们的精神思想领域却出现信仰危机、信任危机、道德滑坡等问题。一部分共产党员淡化了马克思主义信仰、共产主义的理想,丧失了作为一名共产党员的政治本色,贪污腐化、生活奢靡,给社会带来十分恶劣的影响。很多人吃着共产党的饭砸共产党的锅,恶意攻击党的方针政策以及党和国家领导人。西方意识形态泛滥,渗透舆论宣传、理论界、文艺界以及学术界甚至其他各个领域,严重威胁党的意识形态话语权。正如习近平总书记所描述的:"应该充分肯定,我们大多数干部理想信念是坚定的,政治上是可靠的。同时,在我们的干部队伍中,也有的对共产主义心存怀疑,认为那是虚无缥缈、难以企及的幻想;有的不信马列信鬼神,从封建迷信中寻找精神寄托,热衷于算命看相、烧香拜佛,遇事'问计于神';有的是非观念淡薄、原则性不强、正义感退化,糊里糊涂当官,浑浑噩噩过日子;有的甚至向往西方社会制度和价值观念,对社会主义前途命运丧失信心;有的在涉及党的领导和中国特色社会主义道路等原则性问题的政治挑衅面前态度暧昧、消极躲避、不敢亮剑,甚至故意模糊立场、耍滑头,等等。"[1]

---

[1] 中共中央文献研究室:《十八大以来重要文献选编》上,中央文献出版社2014年版,第339页。

可以说，党的意识形态经历了一个从牢固构筑（无人质疑）到不断解构（淡化分化）的过程，现在面临再次建构的艰巨任务。党的十八大以来，以习近平同志为核心的党中央全面从严治党，加强党的意识形态工作，补共产党人的精神之"钙"，重塑党的精神力量。习近平总书记对党的意识形态理论的创新，从本质上说是党的传统政治本色的回归，但又不是简单的重复，它反映了新形势下中国改革发展的实践需要，是回应新的时代要求的创新和升华。

四 中华优秀传统文化是党的意识形态之根

我国的意识形态是以马克思主义为指导的，适应社会主义经济基础的发展要求，但又是以中华优秀传统文化为根基的。党的十八大以来，习近平总书记多次强调要继承发扬中华优秀传统文化，指出中华文明是中国特色社会主义的重要历史渊源，中华优秀文化是涵养社会主义核心价值观的重要源泉。

习近平总书记在论证坚定不移走中国特色社会主义道路时指出，中国特色社会主义是科学社会主义理论逻辑和中国社会发展历史逻辑的辩证统一，是植根于中国大地、反映中国人民意愿、适应中国和时代发展进步要求的科学社会主义。他强调："中国特色社会主义这条道路来之不易，它是在改革开放 30 多年的伟大实践中走出来的，是在中华人民共和国成立 60 多年的持续探索中走出来的，是在对近代以来 170 多年中华民族发展历程的深刻总结中走出来的，是在对中华民族5000多年悠久文明的传承中走出来的，具有深厚的历史渊源和广泛的现实基础。中华民族是具有非凡创造力的民族，我们创造了伟大的中华文明，我们也能够继续拓展和走好适合中国国情的发展道路。"[①] 他在全国宣传思想工作会议上的讲话还指出：宣传阐释中国特色，要讲清楚每个国家和民族的历史传统、文化积淀、基本国情不同，其发展道路必然有着自己的特色；讲清楚中华文化积淀着中华民族最深沉的精神追求，是中华民族生生不息、发展壮大的丰厚滋养；讲清楚中华优秀传统文化是中华民族的突出优势，是我们最深厚的文化软实力；讲清楚中国特色社会主义植根于中华文化沃土、反映中国人民意愿、适应中国和时代发展进步要求，有着深厚历史渊源和广泛现实基础。习近平总书记这两个论断科学阐释了中国特色社会主义道路的历史渊源和现实基础，同时也点出了中华优秀文化对于中国特色社会主义的重要意义，中国特色社会主义与五千多年的中华文明是一脉相承的，中华优秀文化是中国特色社会主义的重要源泉。

中华优秀传统文化是中国特色社会主义的重要源泉主要表现在：中华优秀传统文化是社会主义核心价值观的根，这也是习近平总书记重点关注和强调的。他2014年2月在主持中共中央政治局集体学习时指出：培育和弘扬社会主义核心价值观必须立足中华优秀传统文化。

[①] 中共中央宣传部：《习近平总书记系列重要讲话读本》，学习出版社、人民出版社2014年版，第30页。

牢固的核心价值观，都有其固有的根本。抛弃传统、丢掉根本，就等于割断了自己的精神命脉。习近平总书记还指出，弘扬社会主义核心价值观要从中华优秀文化中汲取精华。他说，要认真汲取中华优秀传统文化的思想精华和道德精髓，大力弘扬以爱国主义为核心的民族精神和以改革创新为核心的时代精神，深入挖掘和阐发中华优秀传统文化讲仁爱、重民本、守诚信、崇正义、尚和合、求大同的时代价值，使中华优秀传统文化成为涵养社会主义核心价值观的重要源泉。他还指出："中华优秀传统文化是中华民族的精神命脉，是涵养社会主义核心价值观的重要源泉，也是我们在世界文化激荡中站稳脚跟的坚实根基。"① 他还从方法论的角度指出，对待中华优秀传统文化，要处理好继承和创造性发展的关系，重点做好创造性转化和创新性发展。创造性转化和创新性发展最重要的就是要解决如何将中国传统优秀文化与社会主义核心价值观，与马克思主义意识形态相衔接与融合的问题。马克思主义与中华优秀传统文化不是互相排斥的，是内在统一的。当今世界，马克思主义在中国得到最好的继承和发展，正好说明两者之间的统一。中华优秀传统文化博大精深，它的创新性发展，实际上是推动这两者的更好融合。习近平总书记关于以马克思主义为指导的意识形态与中华优秀文化融合发展的新思想，意义重大，内容丰富，是对党的意识形态理论的一

---

① 中共中央宣传部：《习近平总书记在文艺工作座谈会上的重要讲话学习读本》，学习出版社 2015 年版，第 28 页。

大创新，也是对中国特色社会主义文化理论发展的重要贡献。

五　提升中华文化软实力，增强国际话语权

当前，国际意识形态领域的斗争日益激烈，国际交往、文化交流都体现着意识形态的较量。正如习近平总书记所说，中华民族经过几代人的努力，逐步解决了挨打、挨饿的问题，但是挨骂的问题还没有解决，我们在国际上的话语权还不强。近几十年，我国经济社会发展在世界上是最好的，也受到世界各国的关注。我们做得很好，但是没有把我们的经验讲好，把我们的发展逻辑和成功之道讲出来，不能在国际社会产生强大的辐射力。习近平总书记指出："古往今来，中华民族之所以在世界有地位、有影响，不是靠穷兵黩武，不是靠对外扩张，而是靠中华文化的强大感召力和吸引力。"[1] 显然，我们现在还远远没有做到。

因此，我们要推动中华文化走出去，讲好中国故事，传播中国声音，把中国特色讲好，把中国特色社会主义的成功经验讲好。习近平总书记在中共中央政治局第十二次集体学习时强调：提高国家文化软实力，要努力传播当代中国价值观念，即中国特色社会主义价值观念，代表中国先进文化的前进方向。他指出："提高国

---

[1]　中共中央宣传部：《习近平总书记在文艺工作座谈会上的重要讲话学习读本》，学习出版社 2015 年版，第 3 页。

家文化软实力，要努力展示中华文化独特魅力。在5000 多年文明发展进程中，中华民族创造了博大精深的灿烂文化，要使中华民族最基本的文化基因与当代文化相适应、与现代社会相协调，以人们喜闻乐见、具有广泛参与性的方式推广开来，把跨越时空、超越国度、富有永恒魅力、具有当代价值的文化精神弘扬起来，把继承传统优秀文化又弘扬时代精神、立足本国又面向世界的当代中国文化创新成果传播出去。"[1] 我国成功走出了一条中国特色社会主义道路，实践证明我们的道路、理论体系、制度是成功的。要加强提炼和阐释，把当代中国价值观念贯穿于国际交流和传播的方方面面。要把中国梦的宣传和阐释与当代中国价值观念紧密结合起来，要努力展示中华文化独特魅力，注重塑造我国的国家形象，等等。我们要在国际社会理直气壮地表达我们的信仰和价值观念，有力回击国际上的各种质疑和攻击。中国道路具有世界意义，我们用行动已经证明它的科学性，我们要向世界说明中国特色社会主义是对人类文明多样性的独特贡献。

我们要积极提高对外传播能力，创新传播方式，拓展对外传播平台和载体。习近平总书记强调，要在文化交流中传播我们的意识形态，展示中华民族文化的自信和魅力。他还特别强调文艺在中国文化走出去中的重要作用。他在文艺工作座谈会上的讲话中指出，中国文化

---

[1] 《建设社会主义文化强国　着力提高国家文化软实力》，《人民日报》2014 年 1 月 1 日第 1 版。

走出去光靠正规的新闻发布、官方介绍是远远不够的，靠外国民众来中国亲自了解、亲身感受是很有限的。而文艺是最好的交流方式，在这方面可以发挥不可替代的作用，要向世界宣传推介我国优秀文化艺术，让国外民众在审美过程中感受魅力，加深对中华文化的认识和理解。

六　适应网络化条件下思想文化传播新趋势，加强意识形态工作创新

在"互联网＋"的时代背景下，党的意识形态工作发生很大变化，网络发展成为一个新的主阵地。在某种程度上可以说，互联网已成为意识形态领域争夺人心、争夺群众的主战场，更是国际意识形态斗争的角力场。信息化网络化的加速发展给党的意识形态工作提出新课题，也必将推动意识形态工作的创新发展。意识形态阵地的形态发生了变化，党的意识形态工作也要转变观念，创新方式方法，新一届中央领导集体对这一形势有着十分清醒的认识。

习近平总书记深刻认识到党的意识形态工作所面临的新的时代背景，形象准确地描述了加强网络阵地建设的重要性。他在全国宣传思想工作会议上曾指出，根据形势发展需要，要把网上舆论工作作为宣传思想工作的重中之重来抓。宣传思想工作是做人的工作的，人在哪儿重点就应该在哪儿。我国网民有近6亿人，手机网民有4.6亿多人，其中微博用户达到3亿多人。很多人特

别是年轻人基本不看主流媒体，大部分信息都从网上获取。必须正视这个事实，加大力量投入，尽快掌握这个舆论战场上的主动权，不能被边缘化了。他在网信工作座谈会上的讲话中指出："'知屋漏者在宇下，知政失者在草野。'很多网民称自己为'草根'，那网络就是现在的一个'草野'。网民来自老百姓，老百姓上了网，民意也就上了网。群众在哪儿，我们的领导干部就要到哪儿去，不然怎么联系群众呢？各级党政机关和领导干部要学会通过网络走群众路线，经常上网看看，潜潜水、聊聊天、发发声，了解群众所思所愿，收集好想法好建议，积极回应网民关切、解疑释惑。善于运用网络了解民意、开展工作，是新形势下领导干部做好工作的基本功。各级干部特别是领导干部一定要不断提高这项本领。"[1] 从历史唯物主义角度看，信息革命带来人们物质生产和生活方式的变化，也极大地改变了人们的交往方式，通过信息网络交往已经成为人们的一个十分重要的方式。网络空间是亿万民众共同的精神家园，是西方意识形态和价值观最容易渗透的领域。如果党的意识形态不去占领，就会被其他思想潮流所占领。因此，习近平总书记在党的新闻舆论工作座谈会上的讲话中强调，能否过网络化这一关，是对我党执政的考验。要适应并掌握网络化条件下意识形态工作的主动权，牢牢掌握意识形态工作的领导权、管理权、话语权，改变传统纸媒条件下的被动

---

① 习近平：《在网络安全和信息化工作座谈会上的讲话》，人民出版社 2016 年版，第 7—8 页。

局面。

抢占网络阵地，对党的意识形态工作来说，既是挑战，也是机遇。加快传统媒体和新兴媒体融合发展，科学把握和运用网络传播规律，充分运用新技术新应用创新媒体传播方式，弘扬主旋律，激发正能量，大力培育和践行社会主义核心价值观，用党的意识形态牢牢占领网络阵地，这是党的意识形态工作创新面临的重大任务。

党的十八大以来，习近平总书记科学运用马克思主义立场、观点和方法，从中国特色社会主义发展的大局出发，科学把握经济建设和意识形态工作的辩证关系、中国特色社会主义实践与意识形态之间的互构关系，强调党的意识形态的自主性，推动了党的意识形态理论创新，是新形势下做好党的意识形态工作、为中国特色社会主义健康发展保好驾护好航的科学指引。

（原载《马克思主义研究》2016 年第 7 期）

对马克思主义全面而精辟的阐释

马克思主义是我们立党立国的根本指导思想。党的十八大以来，习近平总书记发表了一系列关于马克思主义的重要论述。在哲学社会科学工作座谈会、庆祝中国共产党成立 95 周年大会上的讲话中，习近平总书记以十分重要的篇幅，对马克思主义有关问题作了集中阐述，对为什么必须坚持马克思主义的指导，如何认识和把握马克思主义，如何坚持和发展马克思主义等问题作了全面而精辟的阐释，提出许多新的观点，为我们准确理解和正确发展马克思主义提供了科学指引。

一 必须坚持马克思主义的指导思想不动摇

习近平总书记在庆祝中国共产党成立 95 周年大会上的讲话中指出："马克思主义是我们立党立国的根本指导思想。背离或放弃马克思主义，我们党就会失去灵魂、迷失方向。在坚持马克思主义指导地位这一根本问题上，我们必须坚定不移，任何时候任何情况下都不能有丝毫动摇。"① 在坚持马克思主义为指导的问题上，习近平总书记突出强调了两个关键词，一是"根本"，二是"坚定不移"。坚持马克思主义的指导思想，关系到党和国家的前途和命运，关系到中华民族的伟大复兴。

关于为什么必须坚持马克思主义的指导地位不动摇，习近平总书记在新进中央委员会的委员、候补委员学习贯彻党的十八大精神研讨班开班仪式上的讲话中作了系统论述，在哲学社会科学工作座谈会和庆祝中国共产党成立95周年大会上的讲话中再次集中阐释，主要包括以下几个方面。

一是从理论的角度指出马克思主义的科学性。习近平总书记指出："马克思主义及其在中国的发展，为党和人民事业发展提供了既一脉相承又与时俱进的科学理论指导，为增进全党全国各族人民团结统一提供了坚实思想基础。"② 马克思、恩格斯基于对人类社会发展规律（唯物史观）和资本主义特殊规律（剩余价值学说）的把握，实现了社会主义由空想到科学的伟大转变，创立了科学社会主义理论。习近平总书记多次强调，马克思主义没有过时，"无论时代如何变迁、科学如何进步，马克思主义依然显示出科学思想的伟力，依然占据着真理和道义的制高点。"③ 他还指出了认为马克思主义不是科

① 习近平：《在庆祝中国共产党成立95周年大会上的讲话》，人民出版社2016年版，第9页。

② 习近平：《在庆祝中国共产党成立95周年大会上的讲话》，人民出版社2016年版，第8—9页。

③ 习近平：《在哲学社会科学工作座谈会上的讲话》，人民出版社2016年版，第10页。

学的错误认识："有的认为马克思主义已经过时，中国现在搞的不是马克思主义；有的说马克思主义只是一种意识形态说教，没有学术上的学理性和系统性。实际工作中，在有的领域中马克思主义被边缘化、空泛化、标签化，在一些学科中'失语'、教材中'失踪'、论坛上'失声'。这种状况必须引起我们高度重视。"① 绝不能仅仅把马克思主义看作是一种意识形态，否定它的科学性。邓小平同志说得好："我坚信，世界上赞成马克思主义的人会多起来的，因为马克思主义是科学。"②

二是从信仰的角度指出马克思主义的强大精神力量。马克思主义是我们党的信仰，是支撑党克服困难和挫折的强大精神力量。习近平总书记指出："指导思想是一个政党的精神旗帜。95 年来，中国共产党之所以能够完成近代以来各种政治力量不可能完成的艰巨任务，就在于始终把马克思主义这一科学理论作为自己的行动指南，并坚持在实践中不断丰富和发展马克思主义。这使我们党得以摆脱以往一切政治力量追求自身特殊利益的局限，以唯物辩证的科学精神、无私无畏的博大胸怀领导和推动中国革命、建设、改革，不断坚持真理、修正错误。无论是处于顺境还是逆境，我们党从未动摇对马克思主义的信仰。"③ 他还强调新形势下坚持

---

① 习近平：《在哲学社会科学工作座谈会上的讲话》，人民出版社 2016 年版，第 10 页。

② 《邓小平文选》第 3 卷，人民出版社 1993 年版，第 382 页。

③ 习近平：《在庆祝中国共产党成立 95 周年大会上的讲话》，人民出版社 2016 年版，第 8 页。

共产主义理想信念的重要性。他在新进中央委员会的委员、候补委员学习贯彻党的十八大精神研讨班开班仪式上的重要讲话中指出，共产党员特别是党员领导干部要做共产主义远大理想和中国特色社会主义共同理想的坚定信仰者和忠实践行者。革命理想高于天。没有远大理想，不是合格的共产党员；离开现实工作而空谈远大理想，也不是合格的共产党员。在庆祝中国共产党成立95周年大会上的讲话中，习近平总书记再次强调，要坚定共产主义远大理想和中国特色社会主义共同理想，"理想信念动摇是最危险的动摇，理想信念滑坡是最危险的滑坡"①。

三是从历史事实和实践的角度指出以马克思主义为指导的有效性。正是在马克思主义的指导下，中国共产党领导中国人民取得革命和建设的不断胜利，走出了一条不同于西方国家的成功发展道路，形成了中国特色社会主义理论，确立了一套不同于西方国家的成功制度体系，"使中国赶上了时代，实现了中国人民从站起来到富起来、强起来的伟大飞跃"②。中国特色社会主义彰显出强大的道路自信、理论自信、制度自信、文化自信。习近平总书记指出："中国共产党领导中国人民取得的伟大胜利，使具有5000多年文明历史的中华民族全面迈向现代化，让中华文明在现代化进程中焕发出新的蓬勃生机；

① 习近平：《在庆祝中国共产党成立95周年大会上的讲话》，人民出版社2016年版，第10页。
② 习近平：《在庆祝中国共产党成立95周年大会上的讲话》，人民出版社2016年版，第4页。

使具有 500 年历史的社会主义主张在世界上人口最多的国家成功开辟出具有高度现实性和可行性的正确道路，让科学社会主义在 21 世纪焕发出新的蓬勃生机；使具有 60 多年历史的新中国建设取得举世瞩目的成就，中国这个世界上最大的发展中国家在短短 30 多年里摆脱贫困并跃升为世界第二大经济体，彻底摆脱被开除球籍的危险，创造了人类社会发展史上惊天动地的发展奇迹，使中华民族焕发出新的蓬勃生机。"①

四是从发展的角度指出马克思主义具有强大的生命力。习近平总书记指出："面对新的时代特点和实践要求，马克思主义也面临着进一步中国化、时代化、大众化的问题。马克思主义并没有结束真理，而是开辟了通向真理的道路。"② "我们要建设的是中国特色社会主义，而不是其他什么主义。历史没有终结，也不可能被终结。中国特色社会主义是不是好，要看事实，要看中国人民的判断，而不是看那些戴着有色眼镜的人的主观臆断。中国共产党人和中国人民完全有信心为人类对更好社会制度的探索提供中国方案。"③ 可以说，马克思主义在中国的发展呈现出勃勃生机，中国特色社会主义显示出强大的生命力。

---

① 习近平：《在庆祝中国共产党成立 95 周年大会上的讲话》，人民出版社 2016 年版，第 4 页。
② 习近平：《在庆祝中国共产党成立 95 周年大会上的讲话》，人民出版社 2016 年版，第 9 页。
③ 习近平：《在庆祝中国共产党成立 95 周年大会上的讲话》，人民出版社 2016 年版，第 13—14 页。

二 马克思主义基本内涵的精辟概括

习近平总书记强调，马克思主义内容丰富，涵盖很多领域，是一个完整的理论体系，要从整体上全面把握马克思主义的基本原理。他在哲学社会科学工作座谈会上的讲话中指出："马克思主义经典作家眼界广阔、知识丰富，马克思主义理论体系和知识体系博大精深，涉及自然界、人类社会、人类思维各个领域，涉及历史、经济、政治、文化、社会、生态、科技、军事、党建等各个方面……"[1]"马克思主义关于世界的物质性及其发展规律、人类社会及其发展规律、认识的本质及其发展规律等原理，为我们研究把握哲学社会科学各个学科各个领域提供了基本的世界观、方法论。"[2] 这里，全面揭示了马克思主义的世界观（本体论）、科学的历史观、马克思主义的认识论。从理论逻辑上讲，马克思主义是包含世界观、认识论、方法论、价值观的完整理论体系，要从整体上进行把握。在世界观上，它通过哲学批判和政治经济学批判，开辟了以人类实践活动为基础的新世界观，构建了关于世界的物质性及其发展规律、人类社会及其发展规律、认识的本质及其发展规律等基本原理；在认识论上，正如习近平总书记所说："马克思主义揭示

---

[1] 习近平：《在哲学社会科学工作座谈会上的讲话》，人民出版社 2016 年版，第 11 页。

[2] 习近平：《在哲学社会科学工作座谈会上的讲话》，人民出版社 2016 年版，第 11 页。

了事物的本质、内在联系及发展规律，是'伟大的认识工具'，是人们观察世界、分析问题的有力思想武器"①；在方法论上，唯物辩证法是分析客观世界的科学方法，习近平总书记作了简要概括："要坚持用联系的发展的眼光看问题，增强战略性、系统性思维，分清本质和现象、主流和支流，既看存在问题又看其发展趋势，既看局部又看全局，提出的观点、作出的结论要客观准确、经得起检验，在全面客观分析的基础上，努力揭示我国社会发展、人类社会发展的大逻辑大趋势"②；在价值观上，马克思主义指明了通过消灭私有制、消灭阶级、建立共产主义社会而实现人的彻底解放和自由全面发展的正确途径。马克思在中学时代就下定决心选择"最能为人类福利而劳动的职业"。马克思主义的庞大理论体系，就是马克思、恩格斯围绕着如何使无产阶级和全人类摆脱剥削、压迫和异化而展开研究并建构起来的。

马克思主义是包含马克思主义哲学、政治经济学和科学社会主义三个组成部分且内在联系在一起的整体。对这三个基本内容，习近平总书记都给予高度重视，并分别作了重要论述。关于马克思主义哲学，习近平总书记先后主持召开了中共中央政治局第十一次、第二十次集体学习，分别学习了历史唯物主义和辩证唯物主义。他简要阐述了马克思主义哲学的基本原理和方法论，如

① 习近平：《在哲学社会科学工作座谈会上的讲话》，人民出版社 2016 年版，第 9 页。

② 习近平：《在哲学社会科学工作座谈会上的讲话》，人民出版社 2016 年版，第 14 页。

社会存在与社会意识、生产力和生产关系、经济基础和上层建筑之间的辩证关系原理，世界统一于物质、物质决定意识的原理，事物矛盾运动的基本原理，认识和实践辩证关系的原理，以及实践的观点、群众史观、唯物辩证法等。他指出，学哲学、用哲学，是我们党的一个好传统和看家本领，要坚持用马克思主义哲学教育和武装全党。关于政治经济学，习近平总书记在主持召开中共中央政治局第二十八次集体学习时强调，马克思主义政治经济学是马克思主义的重要组成部分，也是我们坚持和发展马克思主义的必修课。党的十一届三中全会以来，我们党把马克思主义政治经济学基本原理同改革开放新的实践结合起来，不断丰富和发展马克思主义政治经济学，形成了当代中国马克思主义政治经济学的许多重要理论成果，这些理论成果，是适应当代中国国情和时代特点的政治经济学，不仅有力地指导了我国经济发展实践，而且开拓了马克思主义政治经济学新境界。他在哲学社会科学工作座谈会上的讲话中指出："有人说，马克思主义政治经济学过时了，《资本论》过时了。这个说法是武断的。远的不说，就从国际金融危机看，许多西方国家经济持续低迷、两极分化加剧、社会矛盾加深，说明资本主义固有的生产社会化和生产资料私人占有之间的矛盾依然存在，但表现形式、存在特点有所不同。"[1] 2016 年 7 月 8 日，习近平总书记在主持召开经济形势专

---

[1] 习近平：《在哲学社会科学工作座谈会上的讲话》，人民出版社 2016 年版，第 14 页。

家座谈会时再次指出："坚持和发展中国特色社会主义政治经济学，要以马克思主义政治经济学为指导，总结和提炼我国改革开放和社会主义现代化建设的伟大实践经验，同时借鉴西方经济学的有益成分。中国特色社会主义政治经济学只能在实践中丰富和发展，又要经受实践的检验，进而指导实践。要加强研究和探索，加强对规律性认识的总结，不断完善中国特色社会主义政治经济学理论体系，推进充分体现中国特色、中国风格、中国气派的经济学科建设。"① 关于科学社会主义，他在新进中央委员会的委员、候补委员学习贯彻党的十八大精神研讨班上的讲话中，从六个时间段梳理和分析了社会主义思想从提出到现在的历史发展过程，特别是我们党探索中国特色社会主义的历史进程和伟大实践，并对坚持和发展中国特色社会主义需要把握的几个重大理论问题，进行了系统而深刻的阐述，得出"中国特色社会主义是科学社会主义理论逻辑和中国社会发展历史逻辑的辩证统一"的结论，并指出，要续写好坚持和发展中国特色社会主义这篇大文章。

　　总之，马克思主义是一种批判性和理想性、科学性和价值性、理论性和实践性有机结合，有着严密逻辑的思想体系。认识和理解马克思主义，要从整体上把握其"真精神"，深刻理解其崇高境界、科学内涵、精神实质，要坚持其内容体系的整体性、逻辑的整体性和历史的整

―――――――――――

　　① 《习近平主持召开经济形势专家座谈会》，《人民日报》2016 年 7 月 9 日第 1 版。

体性。马克思主义整体性问题是理论界学术界始终关注的一个重要问题，习近平总书记对此作了肯定回答，具有十分重要的指导意义。

三　以实现人的自由而全面的发展和 全人类解放为己任

通过建立共产主义社会实现无产阶级的解放并由此实现人的自由全面发展，是马克思主义的最高理想，对此，习近平总书记在哲学社会科学工作座谈会上明确提出："马克思主义坚持实现人民解放、维护人民利益的立场，以实现人的自由而全面的发展和全人类解放为己任，反映了人类对理想社会的美好憧憬。"① 实现人的自由而全面的发展，这是马克思、恩格斯构想的人类未来理想社会——共产主义社会最根本的特征，是马克思主义的最高哲学命题。1894 年，恩格斯在回复朱泽培·卡内帕的信中，用最简洁的话概括了未来共产主义社会的精神问题："除了《共产党宣言》中的下面这句话，我再也找不出合适的了：'代替那存在着阶级和阶级对立的资产阶级旧社会的，将是这样一个联合体，在那里，每个人的自由发展是一切人的自由发展的条件。'"② 马克思在《资本论》中，把共产主义描述为"一个更高级的、以每

---

① 习近平：《在哲学社会科学工作座谈会上的讲话》，人民出版社 2016 年版，第 8—9 页。

② 《马克思恩格斯选集》第 4 卷，人民出版社 1995 年版，第 730—731 页。

个人的全面而自由的发展为基本原则的社会形式创造现实基础"①。

人的全面自由发展，就是以人为目的的发展，就是处理好人与自然的关系和人与人的关系，把人从对物的依赖和对人的依赖中解放出来，消除人的异化。实现人的解放，一方面要大力发展生产力，实现物质财富极大丰富；另一方面要实现公平正义，维护好个人权益。改革开放 30 多年来，我国经济社会发展取得巨大成就，人民生活水平大大提高，但是公平正义问题没有解决好。因此，党的十八届三中全会提出，全面深化改革要以促进社会公平正义、增进人民福祉为出发点和落脚点，实现发展成果更多更公平惠及全体人民。这需要一方面在"蛋糕"做大后把"蛋糕"分好，另一方面要保护好人民的权利，推进法治社会建设，加强党的作风建设和反腐败斗争，处理好公共权力和个人权利之间的关系。习近平总书记在《切实把思想统一到党的十八届三中全会精神上来》一文中指出："我们要通过创新制度安排，努力克服人为因素造成的有违公平正义的现象，保证人民平等参与、平等发展权利。要把促进社会公平正义、增进人民福祉作为一面镜子，审视我们各方面体制机制和政策规定，哪里有不符合促进社会公平正义的问题，哪里就需要改革；哪个领域哪个环节问题突出，哪个领域哪个环节就是改革的重点。"② 因此，习近平总书记在新

① 《资本论》第 1 卷，人民出版社 1975 年版，第 649 页。

② 习近平：《习近平谈治国理政》，外文出版社 2014 年版，第 97 页。

形势下再一次阐释人的自由全面发展思想，是非常深刻和有针对性的。

四　批判性是马克思主义最可贵的精神品质

习近平总书记指出："对国外的理论、概念、话语、方法，要有分析、有鉴别，适用的就拿来用，不适用的就不要生搬硬套。哲学社会科学要有批判精神，这是马克思主义最可贵的精神品质。"①习近平总书记明确指出了马克思主义的批判性特征，我们要准确理解马克思主义的批判性概念，并在发展马克思主义的进程中体现这一特征。

把握和体现这一特征需要把握以下几点：一是，马克思主义的批判性概念是基于历史事实和历史规律的批判，是基于揭示人类社会发展内在矛盾和资本主义社会特殊矛盾而进行理论批判的。当前，中国共产党也是在探索和把握共产党执政规律、社会主义建设规律和人类社会发展规律中展开批判的。二是，坚持实践批判和理论批判的统一。实践批判高于理论批判，理论批判通过实践批判来实现，以实践批判为基础并指导实践批判。马克思在《〈黑格尔法哲学批判〉导言》中说："批判的武器当然不能代替武器的批判，物质力量只能用物质力量来摧毁；但是理论一经掌握群众，也会变成物质力量。

---

① 习近平：《在哲学社会科学工作座谈会上的讲话》，人民出版社 2016 年版，第 18 页。

理论只要说服人，就能掌握群众；而理论只要彻底，就能说服人。所谓彻底，就是抓住事物的根本。但是，人的根本就是人本身"①；"哲学把无产阶级当做自己的物质武器，同样，无产阶级也把哲学当做自己的精神武器"②。三是，批判是"扬弃"，不是绝对的否定。马克思在《资本论》第 1 卷 1872 年第二版跋中，对《资本论》所运用的辩证方法作了经典阐述："辩证法在对现存事物的肯定的理解中同时包含对现存事物的否定的理解，即对现存事物的必然灭亡的理解；辩证法对每一种既成的形式都是从不断的运动中，因而也是从它的暂时性方面去理解；辩证法不崇拜任何东西，按其本质来说，它是批判的和革命的。"③ 四是，批判是思想发展和社会进步的动力。批判是探求真理的前提，也是创新的前提，倘若缺少批判的精神品质，马克思、恩格斯就不可能创立马克思主义；同样，倘若没有批判精神，毛泽东同志就不可能确立农村包围城市的革命道路；倘若没有批判精神，邓小平同志就不可能打开改革开放的局面；同样，倘若没有批判精神，我们的改革就会停滞。坚持马克思主义的批判性，要有质疑精神，敢于提出问题，坚持问题导向。习近平总书记指出："坚持问题导向是马克思主义的鲜明

①《马克思恩格斯选集》第 1 卷，人民出版社 1995 年版，第 9 页。

②《马克思恩格斯文集》第 1 卷，人民出版社 2009 年版，第 17 页。

③《马克思恩格斯选集》第 2 卷，人民出版社 1995 年版，第 112 页。

特点。问题是创新的起点，也是创新的动力源。只有聆听时代的声音，回应时代的呼唤，认真研究解决重大而紧迫的问题，才能真正把握住历史脉络、找到发展规律，推动理论创新。"① "问题导向"就是批判精神、科学精神的集中体现。

五　推动马克思主义理论创新

习近平总书记指出："马克思主义具有与时俱进的理论品质……马克思主义是随着时代、实践、科学发展而不断发展的开放的理论体系，它并没有结束真理，而是开辟了通向真理的道路……把坚持马克思主义和发展马克思主义统一起来，结合新的实践不断作出新的理论创造，这是马克思主义永葆生机活力的奥妙所在。"② 坚持马克思主义，就要不断发展马克思主义。不发展和创新马克思主义，就不能真正坚持马克思主义。习近平总书记提出将坚持和发展相结合，实现马克思主义的创新，就是要根据时代的发展推动马克思主义的中国化、时代化、大众化，最重要的就是要建构 21 世纪中国的马克思主义。他在主持召开中共中央政治局第二十次集体学习时强调，要根据时代变化和实践发展，不断深化认识，不断总结经验，不断实现理论创新和实践创新良性互动，

---

① 习近平：《在哲学社会科学工作座谈会上的讲话》，人民出版社 2016 年版，第 14 页。

② 习近平：《在哲学社会科学工作座谈会上的讲话》，人民出版社 2016 年版，第 13 页。

在这种统一和互动中发展 21 世纪中国的马克思主义。在哲学社会科学工作座谈会上，习近平总书记又指出："马克思主义中国化取得了重大成果，但还远未结束。我国哲学社会科学的一项重要任务就是继续推进马克思主义中国化、时代化、大众化，继续发展 21 世纪马克思主义、当代中国马克思主义。"① 他在庆祝中国共产党成立 95 周年大会上的讲话中进一步指出："理论上不彻底，就难以服人。我们要以更加宽阔的眼界审视马克思主义在当代发展的现实基础和实践需要，坚持问题导向，坚持以我们正在做的事情为中心，聆听时代声音，更加深入地推动马克思主义同当代中国发展的具体实际相结合，不断开辟 21 世纪马克思主义发展新境界，让当代中国马克思主义放射出更加灿烂的真理光芒。"②

"发展 21 世纪马克思主义、当代中国马克思主义"这一命题的提出，是中国特色社会主义实践发展的必然，标志着我们党在新的历史条件下坚持和发展马克思主义的高度理论自觉。改革开放以来，中国经济社会发展取得巨大成就，走出了一条独特的发展道路，形成了独特的发展经验，同时也遇到了一些比较突出的难题，这些构成创新 21 世纪中国的马克思主义理论的实践基础。党的十八大以来，习近平总书记针对新形势下的新问题发表了一系列重要讲话，提出了一系列新思想、新观点、

① 习近平：《在哲学社会科学工作座谈会上的讲话》，人民出版社 2016 年版，第 9—10 页。

② 习近平：《在庆祝中国共产党成立 95 周年大会上的讲话》，人民出版社 2016 年版，第 9—10 页。

新论断、新要求，这些构成了 21 世纪中国的马克思主义的理论内涵。我们要以马克思主义为指导，以中国特色社会主义为实践基础，梳理和概括习近平总书记系列重要讲话精神，建构出不同于西方模式和西方价值观的 21 世纪中国的马克思主义，这不仅是中国经济社会发展的需要，而且是对世界文明的一种贡献。

坚持把马克思主义作为立党立国的根本指导思想长期不动摇，准确理解马克思主义，发展 21 世纪中国的马克思主义事关党和国家的前途命运，对中国特色社会主义的健康发展具有十分重要的意义。习近平总书记明确指出了坚持马克思主义的指导思想的重要性，全面把握了马克思主义的基本原理，着重强调了马克思主义的理想性和批判性，科学指明了创新马克思主义的方向。习近平总书记关于马克思主义的重要论述，全面而精辟地阐释了马克思主义，对于正确认识和发展马克思主义具有正本清源、把握导向的重要指导意义。

（原载《中国社会科学报》2016 年 7 月 28 日第 1 版）

构建中国特色哲学社会科学的
必然性、可能性和紧迫性

习近平总书记在全国哲学社会科学工作座谈会上的重要讲话（以下简称"讲话"），是一次十分重要的讲话，提出了许多新的思想、新的观点、新的论断，我们要深入学习领会讲话精神，切实落实贯彻到出版工作中。

一 讲话对哲学社会科学的地位和作用作了新的阐发

习近平总书记的讲话从人类思想发展史包括中国思想的发展史和西方思想的发展史的高度，从人类思想发展与人类历史前进的关系来阐述，视野十分开阔。人类的思想、制度主要是哲学社会科学研究创新成果的凝结。思想是实践的反映，但思想又开辟并引领时代的发展。所以，习近平总书记从这一动态关系阐发哲学社会科学的地位和作用是十分有新意的。同时，讲话还着重讲明了"当代中国为什么迫切需要发展哲学社会科学""为什么哲学社会科学如此重要""为什么哲学社会科学人才十分重要"等问题，其中集中讲了"五个面对"和"五个迫切需要"。这"五个面对"都是当今中国治国理政、治党治军、内政外交中的重大问题，这些问题的解决迫切需要哲学社会科学，哲学社会科学有着不可替代的作用。因此，习近平总书记的讲话非常有逻辑力量，而且很有新意。这是一篇关于在当代中国发展什么样的哲学社会科学、如何发展哲学社会科学的一篇马克思主义的纲领性文件，是关于当代中国学术自觉的动员令。

二 讲话的核心要义是加快构建中国特色哲学社会科学

构建中国特色哲学社会科学是一个重大命题。习近平总书记从三个方面进行了阐释。

第一，建构中国特色哲学社会科学的时机已经成熟。习近平总书记指出，先秦的诸子百家、两汉经学、魏晋玄学，到隋唐佛学、儒释道合流、宋明理学的兴起，再到清代的考据学，这是中国古代学术的基本脉络。辛亥革命以后，随着皇权的崩溃和科举制度的废止，西学的引进，以经学为主的国学逐渐衰微。经过五四新文化运动，直至改革开放前，国学实际上渐行渐远，这是很清楚的现实。改革开放以后，中国哲学社会科学大量引进了西方哲学社会科学的概念、范畴、理论和方法。中国社会科学出版社在"走出去"的过程中也深切地感受到，我们想要"走出去"的图书在谈判当中非常困难，面临各种各样的障碍，但是引进西方图书却非常容易，这是国学衰微、西学不化的表现。所谓"西学不化"是指我们学习西方的哲学社会科学来"格式化"和"裁剪"我们中国自己的实践。除此之外，还有一种现象就是马克思主义边缘化。十月革命之后，马克思主义思想理论进入中国，马克思主义确实改变了中国，在马克思主义逐步中国化的过程中产生了毛泽东思想，毛泽东思想解决了中华民族独立与解放、落后国家如何取得革命成功的问题。邓小平同志领导我们党解放思想，实事求是，开辟了中国特色社会主义道路，形成了邓小平理论。之后有"三个代表"重要思想、科学发展观，这些都是马克思主义中国化的成果。马克思主义中国化改变了中国命运，实现了中华民族独立与解放，改革开放使中国的发展取得了举世瞩目的成就。但是，马克思主义在学术领域还存在边缘化现象，或者说马克思主义在当代中国学术领域中没有应有的地位。

另外，我们走的道路是中国特色社会主义道路，是落后的发展中的大国如何走向现代化的命题，用学术话语讲就是所谓现代性的建构问题。在这个过程中，我们的实践基础是独特的，经验是独特的，我们用了三十多年完成了西方资本主义发达国家两三百年的发展任务，虽然也付出了各种代价，但总体上我们的建设和发展是成功的，我们确立了新的革命和发展道路。所以，近代以来，我们独特的实践基础、自身的实践经验足以产生应有的理论学术思想。习近平总书记在讲话中提到，这是一个需要理论而且一定能够产生理论的时代，这是一个需要思想而且一定能够产生思想的时代，可谓一语中的，十分深刻。我们经过一百多年的探索，到了总结自己、建构中国学术体系的时候。习近平总书记的讲话具有深厚的历史感，我们从历史的角度去理解，就能深刻理解在当代建构中国特色哲学社会科学的紧迫性和重要性。

第二，如何构建中国特色哲学社会科学。关于如何建构中国特色哲学社会科学，习近平总书记讲了三个问题。首先是继承性和民族性。我们要善用三种资源，三种资源包括马克思主义的资源、中华优秀传统文化的资源和西方学术的资源。民族性就是中华优秀文化的资源。其次是原创性和时代性。原创性就是要反映我们中国自身的问题和实践经验，习近平总书记特别讲到了中国的哲学、政治学、经济学、社会学、新闻学、法学，这些学科内容与西方很不一样，这就要求我们形成中国自己的学科体系、教材体系和话语体系。我一直思考这个问题，中国的成功发展道路肯定是有自己的学术基础的，当初策划出版《中国当代学术思想史》（《中国哲学社会科学学科发展报告》大型丛书）就有这个蕴意。思想是时代的折射和反映。我们总结中华人民共和国成立以来的学术思想史就是要折射出中国经验、中国道路。我们的学科肯定有自己的学术支撑，比如中国的经济学，中国社会主义市场经济很大程度上是中国经济学家自己的创新，比如张卓元著的《新中国经济学六十年》能够获奖，我们后来多次开会提出的"中国经济学话语体系"都说明了这个问题。习近平总书记曾在中共中央政治局集中学习会议上发表了一篇重要的讲话，指出，中国完全有理由、有能力写好"自身的"政治经济学。相应的，就中国的政治学来说，中国共产党的领导是推进中国现代化的前提，我们是在中国共产党的领导下推进现代化，而且党的十八届三中全会强调，中国共产党的领导是中国特色社会主义最根本的特征，党的领导、依法治国、人民当家作主三位一体，人民代表大会制度，协商民主制度，民主集中制，等等，都是中国政治的制定与实践的特色，是与西方议会民主制不一样的。所以，中国政治学一定是有中国特色的。中国的法学、中国的新闻传播学也是如此。当然，讲到中国特色哲学社会科学学科的时候，习近平总书记指出，我们不排斥对西学的借鉴，更不排斥传统文化。所以，习近平总书记的重要讲话就是在讲当代中国学术的自觉，就是要建构中国自身的学术，这个学术体系与西学不一样、与中国传统文化不一样，是以中国实践为基础的、为主干的，继承中华优秀传统文化，借鉴西方学术的综合创新体系。习近平总书记"5·17"讲话的动员令意义就在于此，要求建构当代中国学术体系的学术自觉，包括建立学科体系、教材体系和话语体系，这个任务十分迫切。讲话中提到，要加强这些学科的建设，要推出一系列专业学科的教材，出版社将围绕习近平总书记讲话要求，进行相关选题策划，推动学术创新和理论创新。

第三，改革和创新哲学社会科学管理体制。习近平总书记在哲学社会科学座谈会上的讲话和 2016 年 5 月 31 日在全国科技创新大会上的讲话，近期中央下发的《关于讲好中国故事传播好中国声音的实施意见》《关于加强和改进教学科研人员因公临时出国管理工作的指导意见》等文件联系起来看，都是要深化科学体制机制改革，让自然科学、社会科学的知识分子在宽松的环境里施展自己的才华，实现思想创新，这是实现中国特色哲学社会科学的学科体系、学术体系和话语体系的必要前提。民族之间，国家之间的竞争，根本的就是人才的竞争，人才的竞争就是思想的竞争。管理体制机制合不合理，有没有效，能不能引领发展，能不能跨越"中等收入陷阱"等难题，这些都要靠哲学社会科学的创新来解决。所以，民族之间的竞争根本上是思想的竞争，制度的竞争，最后就是人的竞争。我们一定要从这样的高度认识问题。

三 讲话对马克思主义的阐释赋予了新意

习近平总书记在讲话中对马克思主义作了全面阐释，提出许多有新意的观点。

第一，对马克思主义的阐释非常体系化。习近平总书记指出，马克思主义是反映自然规律、社会发展规律和人类思维发展规律的科学，讲到了本体论、认识论、价值观，还讲到了马克思主义的立场、观点、方法。可以说，非常全面地概括了马克思主义的内容，指出马克思主义是包含诸多方面的一个体系，要从整体上把握马克思主义的重要性，不能采取实用主义的态度，需要的时候作一种解读，不需要的时候作另外一种解读。

第二，很有新意地阐释了人的自由全面发展问题。习近平总书记指出，马克思主义坚持实现人民解放、维护人民利益的立场，以实现人的自由而全面的发展和全人类解放为己任，反映了人类对理想社会的美好憧憬。人的生命只有一次，无论贵贱、等级，都应该保持对生命、对权利、对自由的尊重和保障，这是人类的理想，也是马克思主义哲学的最高命题。恩格斯曾经说，马克思主义的最高哲学命题和本质就是实现人的全面自由发展，这是人类未来社会的根本特征。这个思想是非常深刻、非常重要的，是会深刻影响社会发展和我们的生活的。马克思主义是我们党的指导思想，能否全面准确地理解马克思主义影响到社会的方方面面，讲话对马克思主义理论的阐释是全面深刻的。

第三，强调马克思主义的批判性。习近平总书记在谈到如何借鉴西方文化时指出，批判性是马克思主义最本质的精神品质，这也是习近平总书记第一次阐述这个命题。实际上，马克思主义就是对资本主义的批判，马克思主义实际上是揭示了对资本主义的替代方案，同时指向人类未来的一种生活理想。但是长期以来，马克思主义变成了单一的、维护性的、辩解性的思想体系。此次讲话是第一次把批判性作为马克思主义最根本的精神品质，是十分有意义的。

第四，讲话体现了辩证法。习近平总书记指出要把坚持马克思主义和发展马克思主义统一起来，不能对马克思主义采取教条主义的态度，马克思主义经典作家没有说过的就不能说，没说过的就不能干，习近平总书记指出，这些都是不对的。因为社会生活是前进的，实践之树常青，否则社会将无法前进，不能用以前的思想裁剪我们现在的生活。对马克思主义也不能采取实用主义的态度，需要的就加以阐述，不需要的就遮蔽掉，这是不对的。另外，对西学的态度比如对西方经济学模型的态度，习近平总书记认为可以用，而且要用得更好，但同时，不能用西学来"格式化"我们的现实，不能用马克思主义思想生搬硬套，二者之间应该是批判借鉴、互学互鉴的辩证关系。所以，讲话具有开阔开放的大视野、大气魄，是开放性的思想体系，充分体现了科学的辩证思维。

四 把讲话精神贯彻到出版工作中

中国社会科学出版社要把习近平总书记在哲学社会科学工作座谈会上的重要讲话精神贯彻到出版工作中，把握时代机遇、建设名社强社。习近平总书记的此次讲话意味着哲学社会科学的春天来了，解放了长期以来制约哲学社会科学发展的管理方式。结合我们社的工作，我谈谈以下体会。

一是把好政治方向。中国社会科学出版社作为国家级的出版社，作为党的意识形态阵地，首先要讲政治、把好政治方向。不出政治问题是底线，另外还要主动策划出版更多弘扬主旋律的优秀图书，这是我们的义务和责任。

二是要植根学术，只有这样才能立于不败之地。从哲学概念上讲，这是我们的本体和主体，我们一定要厚植学术出版根基、培育优势学科。这句话永远不会过时，出版社的长期发展就是靠一本本好书和一个个好选题的积累。各位部门负责人一定要有一种责任感和使命感，中国社会科学出版社顶着国字号和哲学社会科学的金字招牌，不出精品就是渎职，就应感到羞愧。我们一定要策划组织一批原创性的重大选题，这是我们竞争力的根本。围绕这一点，我们社已经按照专业学科的划分确立了七大出版中心加重大项目出版中心，这样的部门设置就是要从体制上保障学术出版的宗旨。现在来看机构是合理的，主要看功能的发挥。

三是要紧盯市场。盯市场包括抓大众出版和开拓加大市场营销。抓大众出版就是要多推出优秀的人文社科普及读物，积极关注大众阅读，这也正是我们的弱点和短板。提高市场影响力，在现在的信息化时代关键是要树立"传播高于营销"的概念，要有"大销售"的概念，也就是"传播加销售"的概念，加大我社图书的市场影响力。

四是要集中抓影响力，包括在国内和国外的影响力。第一，进一步加强和优化部门设置。我社近两年，逐步完成了七大出版中心加重大项目出版中心的部门设置。这些出版中心主要做专业出版，重大项目出版中心在七大出版中心之外，主要策划出版跨学科、具有综合性和引领性的重要选题，它与七大出版中心是互补的。第二，提升"智库"品牌的影响力。自从策划出版《国家智库报告》系列后，我社召开新书发布会等会议的次数在大幅增加，因为通过《国家智库报告》，我社介入了许多重大现实问题的关注与研究，在这些问题上发出了自己的声音，这就是影响力。影响力能够带来更多书稿资源、作者资源、海外资源和政策资源，这对于专业出版的发展具有良性的促进作用和潜在的影响力。国际出版要进一步增强我社的国际影响力；年鉴系列是专业出版的制高点，具有品牌影响力；数字出版是新业态，面向未来。我们长抓各出版中心的重大选题、优势学科不放松，就是希望积极补齐短板，提高我社学术影响力。

（原载中国社会科学院直属机关党委主编《加快构建中国特色哲学社会科学》，中国社会科学出版社 2017 年版）

大历史观：唯物史观在新时代的
运用和创新

  党的十九大报告站在历史和时代的高度，贯穿实事求是的思想路线，系统总结了党的十八大以来党和国家事业发生的历史性变革，深刻回答了新时代坚持和发展中国特色社会主义的一系列重大理论和实践问题，作出中国特色社会主义进入新时代的重大判断，提出习近平新时代中国特色社会主义思想和基本方略，描绘了决胜全面建成小康社会、夺取新时代中国特色社会主义伟大胜利的宏伟蓝图，开启了全面建设社会主义现代化国家的新征程。报告立意高远、思想深刻、气势恢宏，具有很强的思想性、前瞻性、战略性、指导性，是一篇十分重要的马克思主义纲领性文献，蕴含了丰富的辩证唯物主义和历史唯物主义世界观方法论的智慧，闪耀着马克思主义哲学真理的光辉。其中，一个显著的特点就是以宏大开阔的"大历史观"把握新时代中国特色社会主义。

一　从"四个历史维度"把握新时代
中国特色社会主义的伟大意义

党的十九大报告不仅仅回顾了党的十八大以来五年的工作和历史性变革，而且以一种大的时间跨度来认识和把握中国当下的历史方位和未来发展目标。报告提出了"经过长期努力，中国特色社会主义进入了新时代，这是我国发展新的历史方位"①的重大政治判断及如何认识和把握中国特色社会主义新时代所处的历史方位和意义。报告首次精辟指出："中国特色社会主义进入新时代，在中华人民共和国发展史上、中华民族发展史上具有重大意义，在世界社会主义发展史上、人类社会发展史上也具有重大意义。"②

这一论述体现了一种宏大的历史视野和时空格局，凸显了中国从近代受尽屈辱和长期的贫穷落后的境地到现在巍然崛起的艰辛历程，以及中国特色社会主义进入新时代对中华民族、世界社会主义运动，对于人类社会发展道路所具有的重大意义。它告诉人们，历史是延续的，从来没有割断，也不可能割断。中华民族的伟大复

---

①　习近平:《决胜全面建成小康社会　夺取新时代中国特色社会主义伟大胜利——在中国共产党第十九次全国代表大会上的报告》，人民出版社 2017 年版，第 10 页。

②　习近平:《决胜全面建成小康社会　夺取新时代中国特色社会主义伟大胜利——在中国共产党第十九次全国代表大会上的报告》，人民出版社 2017 年版，第 12 页。

兴是一项历史的任务、历史的使命，这一任务和使命尚未彻底完成，我们现在所做的一切事情就是要"不忘初心，牢记使命"，为实现中华民族伟大复兴的中国梦不懈奋斗。

同时，这样的论述表明，只有把中国特色社会主义置于中华人民共和国成立以来的历史、中华民族5000多年的文明史和世界社会主义500多年的发展史以至整个人类社会发展历史长河中进行审视，才能清晰准确地把握中国特色社会主义的历史方位，作出中国特色社会主义进入新时代的新判断。只有从"四个历史维度"，才能更加客观、更加清晰地认识中国特色社会主义进入新时代所发生的历史性变革和伟大意义。因此，党的十九大报告首次提出从"四个历史维度"认识和把握新时代中国特色社会主义，呈现出一种巨大的历史感，它贯通了历史与现实、现实和未来。

二 探解"三大规律"，开启三大历史转折

党的十九大报告指出，党的十八大以来我们党紧紧围绕"新时代坚持和发展什么样的中国特色社会主义、怎样坚持和发展中国特色社会主义"这个重大时代课题，"坚持以马克思列宁主义、毛泽东思想、邓小平理论、'三个代表'重要思想、科学发展观为指导，坚持解放思想、实事求是、与时俱进、求真务实，坚持辩证唯物主义和历史唯物主义，紧密结合新的时代条件和实践要求，以全新的视野深化对共产党执政规律、社会主义建设规

律、人类社会发展规律的认识，进行艰辛理论探索，取得重大理论创新成果，形成了新时代中国特色社会主义思想"①。习近平新时代中国特色社会主义思想是全党全国人民为实现中华民族伟大复兴而奋斗的行动指南，必须长期坚持并不断发展。

报告还指出："中国特色社会主义进入新时代，意味着近代以来久经磨难的中华民族迎来了从站起来、富起来到强起来的伟大飞跃，迎来了实现中华民族伟大复兴的光明前景；意味着科学社会主义在二十一世纪的中国焕发出强大生机活力，在世界上高高举起了中国特色社会主义伟大旗帜；意味着中国特色社会主义道路、理论、制度、文化不断发展，拓展了发展中国家走向现代化的途径，给世界上那些既希望加快发展又希望保持自身独立性的国家和民族提供了全新选择，为解决人类问题贡献了中国智慧和中国方案。"②

对"三大规律"探解所取得的一系列重大理论、制度和实践成果，以及"三个意味着"的论断，内涵极为丰富，意义极为重大，可以从以下三个方面作出理解。

第一个"意味着"，中国特色社会主义进入新时代宣示了中国由"大而不强"到"大而强"的历史转折。

---

① 习近平：《决胜全面建成小康社会　夺取新时代中国特色社会主义伟大胜利——在中国共产党第十九次全国代表大会上的报告》，人民出版社 2017 年版，第 18—19 页。

② 习近平：《决胜全面建成小康社会　夺取新时代中国特色社会主义伟大胜利——在中国共产党第十九次全国代表大会上的报告》，人民出版社 2017 年版，第 10 页。

"强大"意味着自身机体的健康，这具体表现在，对内来讲，就是经济发展的高质量，政治、文化、社会、生态治理制度的健全与科学，以及经济、政治、文化、社会、生态"五大建设"之间的协调、均衡发展。对外来讲，就是我国在世界经济体系和国际政治格局中，综合实力和国际地位以及所发挥的作用越来越突出，不再仅仅是有限的参与，而是在全球治理中发挥制定规则、引领全球发展的作用，成为在世界上有重要影响力和话语权，并担当责任的大国。

第二个"意味着"宣示了世界社会主义运动由低谷走向振兴的转折。新时代中国特色社会主义以不可辩驳的事实证明科学社会主义在 21 世纪的中国焕发出新的生机与活力，人类历史并未终结于西方资本主义文明。20 世纪 90 年代，东欧剧变后，世界社会主义陷入低潮，共产党在许多国家失去执政地位。面临艰难的国际环境和复杂的国内环境，中国共产党成功探索出了长期执政的规律，成功探索出中国特色社会主义道路，在世界范围内举起了科学社会主义的大旗，赋予世界社会主义运动新的生命活力。中国共产党对世界社会主义运动作出了不可替代、不可磨灭的巨大贡献。

第三个"意味着"宣示了中国特色社会主义对于世界现代化道路和理论来讲，由边缘开始走向世界舞台的中央。中国特色社会主义向世界提供了实现现代化的中国方案，由曾经被视为"异类"的学说逐渐开始成为受到高度关注的"主流"理论，与资本主义制度文明形成鲜明对峙。

长期以来，西方一些资本主义国家重点质疑中国特色社会主义理论和道路。一是指责中国是非民主国家；二是指责非个人自由主义（权利）本位。但事实证明，对于我们这样一个世界上人口最多的多民族国家来说，为应对自身经历的深刻变革和与之相互掺杂在一起的很多全球性复杂问题，一个强有力的国家治理能力是维护中国稳定发展的保障，没有稳定的社会秩序和较快速度的增长，人民的社会经济权利保障是根本无从谈起的。当前，"五大建设"的总体布局、"四个全面"的战略布局和新发展理念，都将进一步完善中国的制度体系，更加关注人民群众的利益诉求，改善民生，促进人的自由和全面发展。中国经济社会持续近四十年高速、稳定发展表明，中国特色社会主义作为一种新制度文明形态已基本定型成熟，显示出蓬勃的生命力，从而为人类的发展和世界文明多样性贡献了中国方案和中国智慧。

三 中国共产党是引领中华民族伟大复兴的先锋与脊梁

习近平总书记指出，一个民族、一个国家，必须知道自己是谁，是从哪里来的，要到哪里去，想明白了、想对了，就要坚定不移朝着目标前进。党的十九大的主题是："不忘初心，牢记使命，高举中国特色社会主义伟大旗帜，决胜全面建成小康社会，夺取新时代中国特色社会主义伟大胜利，为实现中华民族伟大复兴的中国梦不懈奋斗。"[1] 那么，中国共产党的初心是什么呢？"就是为中国人民谋幸福，为中华民族谋复兴。"[2] 这些论述清楚地显示了习近平总书记善于运用历史思维进行治国理政的雄才大略。要深刻把握"初心"，就必须深切理解近代以来的中国社会的命运，以及中华民族抗击列强、艰辛追求民族复兴的苦难历程。

实现中华民族伟大复兴是近代以来中华民族最伟大的梦想。中华民族有 5000 多年的文明历史，创造了灿烂的中华文明，为人类作出了卓越贡献，成为世界上伟大的民族。中国曾经是世界上的经济强国，后来在世界工业革命如火如荼、人类社会发生深刻变革的时期，中国丧失了与世界同进步的历史机遇，落到了被动挨打的境地。尤其是鸦片战争之后，中华民族更是陷入积贫积弱、任人宰割的悲惨境地。由中国先进分子组成的中国共产党从马克思列宁主义的科学真理中看到了解决中国问题的出路。中国共产党义无反顾肩负起实现中华民族伟大复兴的历史使命。九十六年来，中国共产党团结带领人民进行了艰苦卓绝的斗争，谱写了气吞山河的壮丽史诗。

行百里者半九十。虽然我们比历史上任何时期都更接近中华民族伟大复兴的目标，但是，实现中华民族伟

---

[1] 习近平：《决胜全面建成小康社会　夺取新时代中国特色社会主义伟大胜利——在中国共产党第十九次全国代表大会上的报告》，人民出版社 2017 年版，第 1 页。

[2] 习近平：《决胜全面建成小康社会　夺取新时代中国特色社会主义伟大胜利——在中国共产党第十九次全国代表大会上的报告》，人民出版社 2017 年版，第 1 页。

大复兴依然任重道远。为此,习近平总书记指出,中国共产党必须准备付出更为艰巨、更为艰苦的努力,要团结带领人民有效应对重大挑战、抵御重大风险、克服重大阻力、解决重大矛盾,必须进行具有许多新的历史特点的伟大斗争。

历史已经并将继续证明,没有中国共产党的领导,民族复兴必然是空想。为此,必须深入推进党的建设新的伟大工程,坚持和加强党的领导,使我们党始终成为时代先锋、民族脊梁,始终成为马克思主义执政党。

中国特色社会主义是改革开放以来党的全部理论和实践的主题,是党和人民历尽千辛万苦、付出巨大代价取得的根本成就。中国特色社会主义道路是实现社会主义现代化、创造人民美好生活的必由之路,我们必须坚持实干兴邦,始终坚持和发展中国特色社会主义。

正是在清醒把握鸦片战争以来中华民族振兴的历史逻辑的基础上,中国共产党才能不忘初心,开辟未来;不忘初心,牢记使命,向着中华民族伟大复兴的目标砥砺前行。

（原载《深圳特区报》2017 年 11 月 14 日第 A7 版）

党的十九大报告蕴含的
马克思主义哲学思想

习近平总书记指出：学哲学、用哲学，是我们党的一个好传统。他要求党的各级领导干部特别是高级干部，要努力把马克思主义哲学作为自己的看家本领。历史表明，马克思主义哲学是中国共产党领导中国人民在革命、建设和改革进程中不断取得胜利的强大思想武器，是中国共产党制定重大路线、方针、政策的重要思想基础，这一点也鲜明地体现在党的十九大报告中。党的十九大报告之所以是一篇杰出的马克思主义纲领性文献，是因为它蕴含了丰富的辩证唯物主义和历史唯物主义世界观方法论智慧，闪耀着马克思主义哲学的光辉。

一 用历史唯物主义的大视野把握新时代
中国特色社会主义

党的十九大报告立意高远，它是从中华人民共和国发展史、中华民族发展史、世界社会主义发展史和人类社会发展史四大历史维度来总结过去五年的工作，判断当今中国发展的历史方位，制定未来发展目标和发展方略的，体现了一种宏大的历史和时空视野。

报告从经济建设、全面深化改革、民主法治建设、思想文化建设、人民生活改善、生态文明建设、军队建设、港澳台工作、外交、全面从严治党 10 个方面总结了中国共产党过去五年的工作，五年来所取得的成就是全方位的、开创性的，解决了许多长期想解决而没有解决的难题，办成了许多过去想办而没有办成的大事，推动党和国家的事业发生历史性变革。可见，这五年不是普通的五年，它具有历史转折性，中国特色社会主义由此进入新时代，这是对我国发展的历史方位作出的新的判断，具有十分重大的意义。对此，党的十九报告精辟指出："中国特色社会主义进入新时代，在中华人民共和国发展史上、中华民族发展史上具有重大意义，在世界社会主义发展史上、人类社会发展史上也具有重大意义。"[①]

这一伟大意义，党的十九大报告用三个"意味着"进行了阐释。报告指出："中国特色社会主义进入新时代，意味着近代以来久经磨难的中华民族迎来了从站起来、富起来到强起来的伟大飞跃，迎来了实现中华民族伟大复兴的光明前景；意味着科学社会主义在二十一世纪的中国焕发出强大生机活力，在世界上高高举起了中国特色社会主义伟大旗帜；意味着中国特色社会主义道

---

① 习近平：《决胜全面建成小康社会　夺取新时代中国特色社会主义伟大胜利——在中国共产党第十九次全国代表大会上的报告》，人民出版社 2017 年版，第 12 页。

路、理论、制度、文化不断发展，拓展了发展中国家走向现代化的途径，给世界上那些既希望加快发展又希望保持自身独立性的国家和民族提供了全新选择，为解决人类问题贡献了中国智慧和中国方案。"① 第一个"意味着"宣示了中华民族由"大而不强"到"由大而强"的历史转折。中国共产党领导中国人民经过长期的艰苦卓绝的斗争和努力，现在比历史上任何时期都接近中华民族伟大复兴。第二个"意味着"宣示了世界社会主义运动由低谷走向振兴的转折。20 世纪 90 年代，东欧剧变后，世界社会主义陷入低潮，中国特色社会主义的成功以不可辩驳的事实证明了科学社会主义在 21 世纪依然具有很强的生命力。第三个"意味着"宣示了中国特色社会主义在世界舞台上由边缘开始走向中央的转折，它为世界现代化道路和理论提供了新的方案。三个"意味着"以新的视野深化了对共产党执政规律、社会主义建设规律、人类社会发展规律的认识。

党的十九大报告第二部分在回顾近代以来中华民族复兴的艰难历程中阐述中国共产党"为中国人民谋幸福，为中华民族谋复兴"的初心和使命，体现了一种鲜明的历史意识。从 1840 年鸦片战争到中华民族伟大复兴 200 年的历史进程在中华民族发展史上具有划时代意义，在这一从衰落走向复兴的历史进程中，中国共产党始终牢记实现中华民族伟大复兴这一历史使命，这种强烈的使

---

① 习近平：《决胜全面建成小康社会　夺取新时代中国特色社会主义伟大胜利——在中国共产党第十九次全国代表大会上的报告》，人民出版社 2017 年版，第 10 页。

命感和责任感表征着中国共产党对民族负责、对人民负责的态度，因此也具有十分厚重的历史感。

二 通篇贯穿实事求是思想路线，作出习近平新时代中国特色社会主义思想的新概括

实事求是就是要坚持从客观存在的事物和不断变化的实际出发，使主观符合客观，找出客观事物存在的规律，指导我们的实践。它强调主观认识要跟上客观实际的变化，主观要与客观相统一。报告指出："全党同志一定要登高望远、居安思危，勇于变革、勇于创新，永不僵化、永不停滞，团结带领全国各族人民决胜全面建成小康社会，奋力夺取新时代中国特色社会主义伟大胜利。"① 这些都强调了在中国特色社会主义伟大事业中不断解放思想，使思想跟上不断变化的实际的重要性。党的十九大报告通篇贯穿了这一认识路线，提出了许多新的重大判断和重要论断。如对我国发展新的历史方位作出准确判断即中国特色社会主义进入新时代；指出了当前我国社会主要矛盾的变化，由"人民日益增长的物质文化需要同落后的社会生产之间的矛盾"已经转化为"人民日益增长的美好生活需要和不平衡不充分的发展之间的矛盾"；对新时代中国特色社会主义的发展阶段作出了战略安排，把1987年10月党的十三大提出的"三步

① 习近平：《决胜全面建成小康社会 夺取新时代中国特色社会主义伟大胜利——在中国共产党第十九次全国代表大会上的报告》，人民出版社2017年版，第2页。

走"战略的第三步再分为基本实现现代化和全面建成社会主义现代化强国两个发展阶段；还有提出新的历史使命，对从严治党、建设伟大工程提出新要求，等等。更为重要的是，报告提出新时代中国特色社会主义思想，这是报告最为重要的理论创新成果。

实事求是坚持实践第一的观点，实践是理论的基础，理论来源于实践。实践是理论发展的动力，要在实践基础上不断推动理论创新，实现实践创新和理论创新的良性互动。长期以来，中国共产党根据新的实践不断丰富和发展马克思主义，用不断发展的马克思主义指导新的实践。报告强调："时代是思想之母，实践是理论之源。只要我们善于聆听时代声音，勇于坚持真理、修正错误，二十一世纪中国的马克思主义一定能够展现出更强大、更有说服力的真理力量！"[1] 报告还指出："实践没有止境，理论创新也没有止境。世界每时每刻都在发生变化，中国也每时每刻都在发生变化，我们必须在理论上跟上时代，不断认识规律，不断推进理论创新、实践创新、制度创新、文化创新以及其他各方面创新。"[2] 马克思主义具有开放性，它并不穷尽真理或结束真理，而是开辟了通向真理的道路。实践证明，只有始终保持与时俱进

---

[1] 习近平：《决胜全面建成小康社会 夺取新时代中国特色社会主义伟大胜利——在中国共产党第十九次全国代表大会上的报告》，人民出版社 2017 年版，第 26—27 页。

[2] 习近平：《决胜全面建成小康社会 夺取新时代中国特色社会主义伟大胜利——在中国共产党第十九次全国代表大会上的报告》，人民出版社 2017 年版，第 26 页。

的理论品格，坚持马克思主义基本原理同当代中国具体实际相结合，不断推进马克思主义中国化、时代化、大众化，才能真正彰显马克思主义的巨大真理威力和强大生命力。

习近平总书记多次强调："因事而化、因时而进、因势而新"，党的十九大报告从四大历史维度出发，根据党的十八大以来中国特色社会主义实践发展和时代发展的潮流，把党的十八大以来党的理论创新成果概括为新时代中国特色社会主义思想。十九大报告指出，自党的十八大以来，我们党紧紧围绕"新时代坚持和发展什么样的中国特色社会主义、怎样坚持和发展中国特色社会主义"这个重大时代课题，"坚持以马克思列宁主义、毛泽东思想、邓小平理论、'三个代表'重要思想、科学发展观为指导，坚持解放思想、实事求是、与时俱进、求真务实，坚持辩证唯物主义和历史唯物主义，紧密结合新的时代条件和实践要求，以全新的视野深化对共产党执政规律、社会主义建设规律、人类社会发展规律的认识，进行艰辛理论探索，取得重大理论创新成果，形成了新时代中国特色社会主义思想。"[①] 习近平新时代中国特色社会主义思想是对马克思列宁主义、毛泽东思想、邓小平理论、"三个代表"重要思想、科学发展观的继承和发展，是马克思主义中国化最新成果，是当代中国马克思主义、21世纪中国的马克思主义，是全党全国人民为实

---

① 习近平：《决胜全面建成小康社会　夺取新时代中国特色社会主义伟大胜利——在中国共产党第十九次全国代表大会上的报告》，人民出版社2017年版，第18—19页。

现中华民族伟大复兴而奋斗的行动指南。

三 用社会基本矛盾基本原理准确把握我国 社会主要矛盾的新变化

党的十九大报告准确把握了我国社会主义矛盾的新变化，它指出："中国特色社会主义进入新时代，我国社会主要矛盾已经转化为人民日益增长的美好生活需要和不平衡不充分的发展之间的矛盾。"① 对社会主要矛盾的新判断是准确把握我国历史方位，提出新的路线方针政策的理论依据，蕴含着丰富的历史唯物主义基本原理和方法论。

历史唯物主义认为，社会存在决定社会意识，正是我国社会发展阶段的变化，推动了我们对社会主义矛盾认识的变化。生产力与生产关系之间的矛盾是社会发展的基本矛盾，这一矛盾运动的规律，是人类社会发展的基本规律。社会基本矛盾的变化决定着社会主要矛盾的变化。生产力是推动社会进步的最活跃、最革命的要素，在基本矛盾中居支配地位，起着决定作用，是基本矛盾的主要方面。因此，准确把握生产力的发展变化及其特点，才能准确把握社会主要矛盾及其变化。中国共产党在长期的建设和改革实践中，始终从我国的生产力状况出发。同时生产关系的变化对社会主义矛盾的变化也产

① 习近平：《决胜全面建成小康社会 夺取新时代中国特色社会主义伟大胜利——在中国共产党第十九次全国代表大会上的报告》，人民出版社 2017 年版，第 11 页。

生重要影响，生产资料所有制、分配关系、消费关系以及人们在生产过程中的相互关系的变化都会影响社会主要矛盾的变化。

回顾我们的历史，党的八大提出："国内主要矛盾是人民对于经济文化迅速发展的需要同当前经济文化不能满足人民需要的状况之间的矛盾。"① 首次对我国社会主要矛盾作出科学概括。1981 年，在《关于建国以来党的若干历史问题的决议》中，把社会主要矛盾表述为："在社会主义改造基本完成以后，我国所要解决的主要矛盾，是人民日益增长的物质文化需要同落后的社会生产之间的矛盾。"② 这一表述一直延续到党的十九大召开前。这一判断准确把握了我国生产力落后、人民群众的物质生活不富裕、文化水平比较低的特点。

但是，改革开放 40 年来，中国经济社会发展取得巨大成就，生产力的发展和人民的需求也发生了历史性变化。"人民日益增长的物质文化需要"和"落后的社会生产"的表述都已经不符合实际了。从生产力的角度看，我国社会生产力水平总体上显著提高，社会生产能力在很多方面进入世界前列，生产力发展的主要问题已经不是"落后"而是"不平衡不充分"，具体表现为经济结构不平衡、区域发展不平衡、城乡发展不平衡、环境污

---

① 中共中央党史研究室：《中国共产党历史大事记》（1921年7月—2011年6月），人民出版社 2011 年版，第 83 页。

② 《中国共产党中央委员会关于建国以来党的若干历史问题的决议》，载《三中全会以来重要文献选编》下，人民出版社1982 年版，第 839 页。

染等问题；从人民的需求上说，人们的生活水平大幅提高，温饱问题已经解决，需求层次随之提高，不仅对物质文化生活提出了更高要求，而且在民主、法治、公平、正义、安全、环境等方面的要求日益增长。这是对当前我国分配关系上贫富差距拉大、消费关系上消费层次提高、人们在生产中的关系上矛盾加剧等生产关系新特点作出的科学判断。从生产力发展与人民的需要变化之间的关系上看，生产力发展的不平衡不充分制约了人民日益增长的美好生活需求。

　　社会主要矛盾的变化为发展路径和发展目标提出新要求，报告指出："我们要在继承推动发展的基础上，着力解决好发展不平衡不充分问题，大力提升发展质量和效益，更好满足人民在经济、政治、文化、社会、生态等方面日益增长的需要，更好推动人的全面发展、社会全面进步。"① "解决好发展的不平衡不充分问题"需要党和国家作出新的政策安排，实际上要对生产关系作出再调整。满足人民美好生活需要一方面从生产力角度解决发展的不平衡不充分，另一方面也需要在生产关系上作出调整，处理好人们在生产中的所有制关系、分配关系、消费关系等。

　　当然，"变"与"不变"也是辩证统一的，我国社会主要矛盾的变化，并不意味着我国基本国情发生改变。报告明确指出两个"没有变"，一是我国仍处于并将长期

---

　　① 习近平：《决胜全面建成小康社会　夺取新时代中国特色社会主义伟大胜利——在中国共产党第十九次全国代表大会上的报告》，人民出版社 2017 年版，第 11—12 页。

处于社会主义初级阶段的基本国情没有变，二是我国是世界最大发展中国家的国际地位没有变。我国社会主要矛盾的变化并没有改变我国是发展中国家的性质，在中国特色社会主义的伟大事业中，这一主要矛盾的变化还只是量变，不是质变。

四 运用批判的革命的辩证法推动全面深化改革和党的自我革命

马克思认为："辩证法在对现存事物的肯定的理解中同时包含对现存事物的否定的理解，即对现存事物的必然灭亡的理解；辩证法对每一种既成的形式都是从不断的运动中，因而也是从它的暂时性方面去理解；辩证法不崇拜任何东西，按其本质来说，它是批判的和革命的。"[①] 辩证的否定观是唯物辩证法的一个核心观点，辩证否定的实质是自我"扬弃"，即自己否定自己，自己发展自己。自我扬弃是事物发展的内在动力，也是最根本的动力。党的十九大报告对全面深化改革和中国共产党的自我革命的阐述，鲜明地体现了批判的革命的辩证法智慧。

改革是党的十一届三中全会以来贯穿中国经济和社会发展的一个主题。党的十八大以来，以习近平同志为核心的党中央作出全面深化改革的战略部署，十九大报

---

① 《马克思恩格斯选集》第 2 卷，人民出版社 1995 年版，第 112 页。

告深刻阐述了全面深化改革思想，改革是贯穿整个报告的一个关键词。党的十八大以来，改革进入深水区，党对改革的认识也在进一步深化，党的十八届三中全会描绘了全面深化改革新蓝图，五年来中央全面深化改革领导小组召开了38次会议。"全面""深化"两个词赋予新时代的"改革"更加丰富的内涵，即向广度和深度拓展。

报告深刻揭示了改革对发展21世纪中国的马克思主义、发展新时代中国特色社会主义和实现中华民族伟大复兴的重大意义。改革是对原有计划经济体制下社会主义建设实践模式的反思和批判，中国改革开放实践活动从哲学上讲实际是一个自我批判、自我革新的历史进程，改革是推动中国特色社会主义事业最强大的内在动力和最显著的时代特征。正是在这个意义上讲，邓小平把改革开放称为"中国的第二次革命"。党的十九大报告指出："我们党深刻认识到，实现中华民族伟大复兴，必须合乎时代潮流、顺应人民意愿，勇于改革开放，让党和人民事业始终充满奋勇前进的强大动力。"① 报告对"坚持全面深化改革"作出新宣示新阐释，预示着新时代中国将迎来史无前例的伟大实践和深刻变革。改革发展的成果要在全面深化改革中巩固，未来"新矛盾"的解决、"新征程"的开启需要全面深化改革这把利剑披荆斩棘，创造新动力，全面深化改革是满足人民日益增长的美好

---

① 习近平：《决胜全面建成小康社会　夺取新时代中国特色社会主义伟大胜利——在中国共产党第十九次全国代表大会上的报告》，人民出版社2017年版，第14页。

生活需要、解决发展不平衡不充分的问题的必由之路，是新时代中国特色社会主义坚持不变的方向。

伟大的社会革命是以中国共产党深刻的自我革命为前提的。新时代中国共产党自我革命的理论与实践，是批判的革命的辩证法的又一重要体现。习近平总书记在2017年2月13日召开的省部级主要领导干部学习贯彻党的十八届六中全会精神专题研讨班开班式上指出："勇于自我革命，是我们党最鲜明的品格，也是我们党最大的优势。……要兴党强党，就必须以勇于自我革命精神打造和锤炼自己。"① 党的十九大报告强调："勇于自我革命，从严管党治党，是我们党最鲜明的品格。"② 把勇于自我革命表述为党的"最鲜明的品格"和"最大的优势"，表明自我革命已成为中国共产党党建理论的一个重要理论范畴，成为中国共产党自身建设和发展的一个基本的观点和方法。

中国共产党勇于自我革命的精神遵循了马克思主义批判的革命的辩证法，自我革命就是自我扬弃，就是勇于"坚持真理，修正错误"，进行自我的革命性锻造。同时，勇于自我革命又弘扬了中华民族自省的文化传统，自省就是在自我解剖、自我否定过程中实现精神境界的提升、自我的进步。中国共产党的伟大不在于不犯错误，而在于从不讳疾忌医，敢于直面自身的问题，勇

---

① 《以解决突出问题为突破口和主抓手　推动党的十八届六中全会精神落到实处》，《人民日报》2017年2月14日第1版。

② 习近平：《决胜全面建成小康社会　夺取新时代中国特色社会主义伟大胜利——在中国共产党第十九次全国代表大会上的报告》，人民出版社2017年版，第26页。

于自我革命，具有极强的自我修复能力。正如习近平总书记指出，我们党为什么能够在现代中国各种政治力量的反复较量中脱颖而出？为什么能够始终走在时代前列、成为中国人民和中华民族的主心骨？最根本的原因就是保持了承认并改正错误的勇气，一次次拿起手术刀来革除自身的病症、解决自身的问题。这种能力既是我们党区别于世界上其他政党的显著标志，也是我们党长盛不衰的重要原因所在，是中国共产党从自己的党情和我国国情出发寻求破解长期一党执政历史周期率困境的钥匙。

新时代中国共产党进行自我革命是由我们党所面临的复杂的执政环境和自身突出问题，如党的领导弱化、党的建设缺失、全面从严治党不力，党的观念淡漠、组织涣散、纪律松弛等所决定的，是由党所面临的执政考验、改革开放考验、市场经济考验、外部环境考验"四大考验"，以及党所面临的精神懈怠危险、能力不足危险、脱离群众危险、消极腐败危险"四大危险"所决定的。唯有不断进行自我革命，改进和提升党的执政能力，中国共产党才能够永远立于不败之地。新时代中国共产党推进自我革命亦是由其在建设社会主义现代化强国和中华民族伟大复兴的征程中的领导地位所决定的。党的十九大报告精辟地指出："党政军民学，东西南北中，党是领导一切的。"[①] 中国共产党的领导是中国特色社会主

① 习近平：《决胜全面建成小康社会　夺取新时代中国特色社会主义伟大胜利——在中国共产党第十九次全国代表大会上的报告》，人民出版社 2017 年版，第 20 页。

义最本质的特征，是中国特色社会主义制度的最大优势。坚持党的领导是当代中国的最高政治原则，是实现中华民族伟大复兴的关键所在，没有中国共产党坚强有力的领导，中华民族将是一盘散沙。党的机体是否健康关系到中国特色社会主义伟大事业的成败，关系到带领人民群众完成中华民族伟大复兴的历史使命的成败。

党的十九大报告指出："打铁必须自身硬""只有以反腐败永远在路上的坚韧和执着，深化标本兼治，保证干部清正、政府清廉、政治清明，才能跳出历史周期率，确保党和国家长治久安。"① 这几句话既表明我们党在新时代以全面从严治党为载体的自我革命的坚定决心，也表明自我革命将是一个长期性常态化的过程。在治标方面，五年来，反腐败力度史无前例，腐败蔓延势头得到明显遏制，形成了反腐败斗争的压倒性态势并巩固发展。党的十九大报告指出："要坚持无禁区、全覆盖、零容忍，坚持重遏制、强高压、长震慑，坚持受贿行贿一起查，坚决防止党内形成利益集团。"② 五年来波澜壮阔的实践充分证明，把全面从严治党摆上战略布局英明正确，在实现伟大复兴的关键时刻，校正了党和国家事业前进的航向，使党经历了革命性锻造。五年来，党中央以"得

---

① 习近平：《决胜全面建成小康社会　夺取新时代中国特色社会主义伟大胜利——在中国共产党第十九次全国代表大会上的报告》，人民出版社 2017 年版，第 67 页。

② 习近平：《决胜全面建成小康社会　夺取新时代中国特色社会主义伟大胜利——在中国共产党第十九次全国代表大会上的报告》，人民出版社 2017 年版，第 67 页。

罪千百人，不负十三亿"的使命担当，正风肃纪反腐，挽狂澜于既倒，逆转了多年形成的"四风"惯性。治本方面主要体现在从严治党制度建设上。五年来，中央共出台或修订近 80 部党内法规，超过现有党内法规的 40%，全面从严治党逐步实现有规可循、有据可依。制度建设的关键是构建对执政党权力运行的有效监督的体制机制。十九大报告对完善监督体系和改革监督机制作出了进一步规划与设计，首先是对深化国家监察体制改革作出重大决策部署。报告指出："深化国家监察体制改革，将试点工作在全国推开，组建国家、省、市、县监察委员会，同党的纪律检查机关合署办公，实现对所有行使公权力的公职人员监察全覆盖。制定国家监察法，依法赋予监察委员会职责权限和调查手段，用留置取代'两规'措施。"① 党的十九大报告还强调将党的自我监督与国家监督、人民监督相结合，构建完善的监督体系："构建党统一指挥、全面覆盖、权威高效的监督体系，把党内监督同国家机关监督、民主监督、司法监督、群众监督、舆论监督贯通起来，增强监督合力。"② 党的十九大的这些部署将对中国的政治体制和权力运行机制产生深刻的变革和极为深远的影响，特别是对一党执政条件下权力的科学有效的监督将迈出实质性和

① 习近平：《决胜全面建成小康社会　夺取新时代中国特色社会主义伟大胜利——在中国共产党第十九次全国代表大会上的报告》，人民出版社 2017 年版，第 67—68 页。

② 习近平：《决胜全面建成小康社会　夺取新时代中国特色社会主义伟大胜利——在中国共产党第十九次全国代表大会上的报告》，人民出版社 2017 年版，第 68 页。

具有历史性意义的步伐。

五　以人民为中心的发展思想体现了马克思主义群众史观和价值观的统一

十九大报告共 203 次提到"人民"一词，把"坚持以人民为中心"作为新时代中国特色社会主义的基本方略之一，而且将其排在第二位，足见其重要性。报告指出："人民是历史的创造者，是决定党和国家前途命运的根本力量。必须坚持人民主体地位，坚持立党为公、执政为民，践行全心全意为人民服务的根本宗旨，把党的群众路线贯彻到治国理政全部活动之中，把人民对美好生活的向往作为奋斗目标，依靠人民创造历史伟业。"[①] 这一论述体现了鲜明的马克思主义群众史观，人民群众是历史的创造者，是推动历史进步的根本动力，是社会变革的决定性力量。群众路线和群众观点是马克思主义唯物史观的一个基本观点，要求我们相信群众、依靠群众，从群众中来，到群众中去。因此，坚持以人民为中心是对人类历史发展规律的遵循。另外，从价值观上讲，一切为了人民，全心全意为人民服务是中国共产党的宗旨、立场和标准，以人民为中心是中国共产党的价值追求。报告指出："全党必须牢记，为什么人的问题，是检

[①] 习近平：《决胜全面建成小康社会　夺取新时代中国特色社会主义伟大胜利——在中国共产党第十九次全国代表大会上的报告》，人民出版社 2017 年版，第 21 页。

验一个政党、一个政权性质的试金石。"[①] "党的一切工作必须以最广大人民根本利益为最高标准。我们要坚持把人民群众的小事当作自己的大事，从人民群众关心的事情做起，从让人民群众满意的事情做起，带领人民不断创造美好生活！"[②] 因此，坚持以人民为中心体现了马克思主义历史观和价值观的统一。

以人民为中心的发展思想，最根本的体现在实现人的全面发展上。马克思、恩格斯把实现人的全面而自由的发展作为他们所构想的人类未来理想社会——共产主义社会的最根本特征。人民的全面自由发展是把握和解决新时代我国社会主要矛盾的主要依据和基础性考量。促进人的全面自由发展，就是要满足人民群众日益增长的美好生活需要，这是新时代的重要任务。

坚持以人民为中心的发展思想，首要的就是要坚持在发展中保障和改善民生，增进民生福祉。保证全体人民在共建共享发展中有更多获得感，不断促进人的全面发展、全体人民共同富裕。以人民为中心，最根本的就是要通过发展，保障人民在教育、健康、就业、住房、养老等方面的权利。党的十八大以来，一大批惠民举措落地实施，人民获得感显著增强。6000

---

① 习近平：《决胜全面建成小康社会 夺取新时代中国特色社会主义伟大胜利——在中国共产党第十九次全国代表大会上的报告》，人民出版社 2017 年版，第 44—45 页。

② 习近平：《决胜全面建成小康社会 夺取新时代中国特色社会主义伟大胜利——在中国共产党第十九次全国代表大会上的报告》，人民出版社 2017 年版，第 50 页。

多万贫困人口稳定脱贫，贫困发生率从 10.2% 下降到4% 以下。教育的不平衡得到改善，中西部和农村教育明显加强。就业状况持续好转，城镇新增就业年均1300 万人以上。城乡居民收入增速超过经济增速，中等收入群体持续扩大。覆盖城乡居民的社会保障体系基本建立，人民健康和医疗卫生水平大幅提高，保障性住房建设稳步推进。

坚持以人民为中心，还要保障人民当家作主的政治权利，满足人民群众在民主、法治、公平、正义、安全、环境等各个方面的要求日益增长，要让人民更具获得感、幸福感和安全感。对此，党的十九大报告也作出了部署："健全民主制度，丰富民主形式，拓宽民主渠道，保证人民当家作主落实到国家政治生活和社会生活之中。"①

六　提出人与自然的生命共同体和构建人类命运共同体鲜明彰显依存共生的哲学理念

十九大报告提出并阐明了建设人与自然的生命共同体和构建人类命运共同体的思想，体现了依存共生的哲学智慧。唯物辩证法认为，整个世界是一个普遍联系的有机整体，事物之间或事物内部各要素之间都存在普遍联系，这种联系就是相互作用、相互影响和相互制约。任何事物都

---

①　习近平：《决胜全面建成小康社会　夺取新时代中国特色社会主义伟大胜利——在中国共产党第十九次全国代表大会上的报告》，人民出版社 2017 年版，第 22 页。

处在既对立又统一的矛盾体中，事物之间以及事物的两个方面之间既相互依存、不可分割，又相互对立。中国哲学也主张"万物并育而不相害，道并行而不相悖"[①]，"和实生物，同则不继"[②]。由此可见，人与自然、人与人、民族与民族之间、国家与国家都是相互依存的，是依存共生的关系。

在人与自然方面，报告指出，必须清醒认识到"人与自然是生命共同体，人类必须尊重自然、顺应自然、保护自然"。党的十九大报告将"美丽"首次列为社会主义现代化强国建设的重要目标，表明了以习近平同志为核心的党中央建设美丽中国的决心和魄力。美丽的自然环境是人民群众美好生活需要中必不可少的，建设美丽中国既是对人与自然环境和谐共生规律的尊重，也是解决我国主要社会矛盾的应有之义。报告指出："我们要建设的现代化是人与自然和谐共生的现代化，既要创造更多物质财富和精神财富以满足人民日益增长的美好生活需要，也要提供更多优质生态产品以满足人民日益增长的优美生态环境需要。必须坚持节约优先、保护优先、自然恢复为主的方针，形成节约资源和保护环境的空间格局、产业结构、生产方式、生活方式，还自然以宁静、和谐、美丽。"[③]

---

① 《礼记·中庸》。

② 《国语·郑语》。

③ 习近平：《决胜全面建成小康社会　夺取新时代中国特色社会主义伟大胜利——在中国共产党第十九次全国代表大会上的报告》，人民出版社 2017 年版，第 50 页。

在处理国家与国家、民族与民族之间的关系问题上，习近平总书记提出坚持和平发展道路，推动构建人类命运共同体的思想。报告指出："构建人类命运共同体，建设持久和平、普遍安全、共同繁荣、开放包容、清洁美丽的世界。"[①]"中国将高举和平、发展、合作、共赢的旗帜，恪守维护世界和平、促进共同发展的外交政策宗旨，坚定不移在和平共处五项原则基础上发展同各国的友好合作，推动建设相互尊重、公平正义、合作共赢的新型国际关系。"[②]构建人类命运共同体思想是对西方普世价值的超越，它秉持的是共商、共建、共享的全球治理观，倡导国际关系民主化，坚持国家不分大小、强弱、贫富一律平等，尊重各国人民自主选择发展道路的权利，尊重世界文明的多样性，不搞"双重标准"。它主张要顺应全球化潮流，而不是逆全球化，推动经济全球化朝着更加开放、包容、普惠、平等、共赢的方向发展，推动建设开放型世界经济。报告指出："中国积极发展全球伙伴关系，扩大同各国的利益交汇点，推进大国协调和合作，构建总体稳定、均衡发展的大国关系框架，按照亲诚惠容理念和与邻为善、以邻为伴周边外交方针深化同周边国家关系，秉持正确义利观和真实亲诚理念加强同发展

---

① 习近平：《决胜全面建成小康社会　夺取新时代中国特色社会主义伟大胜利——在中国共产党第十九次全国代表大会上的报告》，人民出版社 2017 年版，第 58—59 页。

② 习近平：《决胜全面建成小康社会　夺取新时代中国特色社会主义伟大胜利——在中国共产党第十九次全国代表大会上的报告》，人民出版社 2017 年版，第 58 页。

中国家团结合作。"① 报告用"亲诚惠容"和秉持正确义利观等中国传统文化的概念，非常简练地概括了构建新型国际关系的原则。

党的十九大报告是以习近平同志为核心的党中央自觉运用马克思主义哲学的基本原理和方法，分析国内外形势，把握时代重大问题，解决矛盾而形成的重大理论成果和政治成果。同时，报告在科学回答坚持和发展新时代中国特色社会主义一系列重大问题中蕴含着丰富的哲学思想，代表着马克思主义哲学中国化、时代化、大众化的最新成果，开辟了 21 世纪当代中国马克思主义哲学发展新境界，是指导中国共产党引领中国革命、建设和改革从胜利走向胜利的科学指南。

（原载《哲学研究》2018 年第 4 期）

---

① 习近平：《决胜全面建成小康社会 夺取新时代中国特色社会主义伟大胜利——在中国共产党第十九次全国代表大会上的报告》，人民出版社 2017 年版，第 59—60 页。

新时代中国共产党的自我革命
与破解历史周期率

1945 年，黄炎培先生在延安窑洞与毛泽东同志谈到"朝代更替、循环往复"这一话题时，发出了著名的"黄炎培之问"：中国共产党能不能跳出历史上"其兴也勃焉，其亡也忽焉"的周期率？进入新时代，中国共产党以自我革命的巨大政治勇气和强烈的使命担当推进全面从严治党管党，旨在破解一党长期执政可能面临的历史周期率困境，保持中国共产党长盛不衰、永葆活力。

一　新时代自我革命命题的提出
　　及其文化渊源

党的十八大以来，习近平总书记多次强调中国共产党必须进行"自我革命"。在庆祝中国共产党成立 95 周年大会上，习近平总书记指出："全党要以自我革命的政治勇气，着力解决党自身存在的突出问题……"① 在 2016 年年

---

① 习近平：《在庆祝中国共产党成立 95 周年大会上的讲话》，人民出版社 2016 年版，第 22 页。

底中共中央政治局民主生活会上，他强调："中央政治局要在开展批评和自我批评方面为全党作表率，做勇于自我革命的战士。"① 在 2017 年 2 月 13 日召开的省部级主要领导干部学习贯彻党的十八届六中全会精神专题研讨班开班式上，习近平总书记深入系统地阐释了我们党以人民利益为中心的自我革命精神："勇于自我革命，是我们党最鲜明的品格，也是我们党最大的优势。……要兴党强党，就必须以勇于自我革命精神打造和锤炼自己。"② 他在党的十九大报告中又指出："勇于自我革命，从严管党治党，是我们党最鲜明的品格。"③ 在十九届中共中央政治局常委同中外记者见面会上的讲话中又讲道："实践充分证明，中国共产党能够带领人民进行伟大的社会革命，也能够进行伟大的自我革命。"④ 2018 年 1 月 5 日，他在学习贯彻党的十九大精神研讨班开班式上发表的重要讲话中再次强调："要把新时代坚持和发展中国特色社会主义这场伟大社会革命进行好，我们党必须勇于进行自我革命，把党建设得更加坚强有力。勇于自我革命，从严

---

① 《中共中央政治局召开民主生活会　中共中央总书记习近平主持会议并发表重要讲话》，《人民日报》2016 年 12 月 28 日第 1 版。

② 《以解决突出问题为突破口和主抓手　推动党的十八届六中全会精神落到实处》，《人民日报》2017 年 2 月 14 日第 1 版。

③ 习近平：《决胜全面建成小康社会　夺取新时代中国特色社会主义伟大胜利——在中国共产党第十九次全国代表大会上的报告》，人民出版社 2017 年版，第 26 页。

④ 《新时代要有新气象更要有新作为　中国人民生活一定会一年更比一年好》，《人民日报》2017 年 10 月 26 日第 2 版。

管党治党，是我们党最鲜明的品格，全面从严治党永远在路上。"①

把勇于自我革命从一般性的表述上升为党的"最鲜明的品格"和"最大的优势"表明，自我革命已成为中国共产党党建理论的一个重要范畴，成为中国共产党自身建设和发展的一个基本的观点和方法。

自我革命具有深厚的文化渊源，它一方面源自中国共产党的革命文化，另一方面源自中华传统文化。

革命文化渊源方面。中国共产党是以马克思主义为指导的政党，自我革命体现了唯物辩证法的精髓。马克思认为："辩证法在对现存事物的肯定的理解中同时包含对现存事物的否定的理解，即对现存事物的必然灭亡的理解；辩证法对每一种既成的形式都是从不断的运动中，因而也是从它的暂时性方面去理解；辩证法不崇拜任何东西，按其本质来说，它是批判的和革命的。"② 辩证的否定观是唯物辩证法的一个核心观点，辩证否定的实质是"扬弃"，即新事物对旧事物既批判又继承，既克服其消极因素又保留其积极因素。辩证否定是事物自身的自我扬弃，即自己否定自己，自己发展自己。自我扬弃是事物发展的内在动力，也是最根本的动力。自我革命就是自我扬弃，就是勇于"坚持真理，修正错误"。勇于自

---

① 《以时不我待只争朝夕的精神投入工作　开创新时代中国特色社会主义事业新局面》，《人民日报》2018 年 1 月 6 日第 1 版。

② 《马克思恩格斯选集》第 2 卷，人民出版社 1995 年版，第 112 页。

我革命是一个真正的马克思主义政党建设和发展的根本途径，也成为其鲜明的政治品格和崇高的精神品质。革命年代，中国共产党之所以能领导中国人民取得新民主主义的胜利，推翻压在中国人民头上的帝国主义、封建主义和官僚资本主义三座大山，除了具有对待敌人不怕牺牲、浴血奋战的革命精神外，更重要的是具有自我革命精神即批评与自我批评精神，如延安整风运动。通过批评与自我批评，查找问题及其根源，批判"左"倾教条主义和经验主义错误，使中国共产党在思想上形成了空前的大团结，大大提高了党的凝聚力和战斗力。可以说，自我革命精神是对敌革命精神的前提，是中国共产党作为马克思主义政党的本质属性和内在要求。

中华优秀传统文化渊源方面。中国共产党是中华优秀传统文化的继承者。自省是中国传统文化中非常重要的修养方法，它强调要经常性反省自我的思想认识和言论行动，审视其是非，辨识其善恶，改正错误，弥补不足，不断提高自己的道德修养与人生境界。中华文化中的自省传统可谓源远流长，博大精深。孔子曰："内省不疚，夫何忧何惧？"① "见贤思齐焉，见不贤而内自省也。"② 孔子的弟子曾子曰："吾日三省吾身：为人谋而不忠乎？与朋友交而不信乎？传不习乎？"③ 孟子曰："行有不得者，皆反求诸己。"④ 荀子曰："君子博学而日参省乎己，则知明而

① 《论语·颜渊》。
② 《论语·里仁》。
③ 《论语·学而》。
④ 《孟子·离娄上》。

行无过矣。"① 宋代理学集大成者朱熹有句名言："曾子以
此三者日省其身，有则改之，无则加勉……"② 明代心学
集大成者王阳明曾言："学须反己。若徒责人，只见得人
不是，不见自己非。若能反己，方见自己有许多未尽处，
奚暇责人?"③ 晚清名臣曾国藩以自省闻名，每天坚持写日
记进行自我反思，他认为，惟正己可以化人，惟尽己可以
服人。读起来朗朗上口的《弟子规》教育学生："见人恶，
即内省，有则改，无加警。"懂得自省，是大智；敢于自
省，则是大勇，自省就是在自我解剖、自我否定过程中实
现精神境界的提升、自我的进步。中国共产党勇于自我革
命的精神鲜明地继承和弘扬了自省的文化传统。

二 新时代中国共产党为什么要 进行自我革命

新时代中国共产党的自我革命是由我们党所面临的
复杂的执政环境和自身突出的问题所决定的。党的十八
大以来，党中央深刻洞察党内长期存在的突出问题如党
的领导弱化、党的建设缺失、全面从严治党不力，党的
观念淡漠、组织涣散、纪律松弛等，清醒地认识到党所
面临的执政考验、改革开放考验、市场经济考验、外部
环境考验等"四大考验"，以及党所面临的精神懈怠危

---

① 《荀子·劝学》。

② （宋）朱熹：《四书章句集注》。

③ （明）王阳明：《传习录》，中州古籍出版社 2008 年版，第
325 页。

险、能力不足危险、脱离群众危险、消极腐败危险等"四大危险"。习近平总书记在《关于〈关于新形势下党内政治生活的若干准则〉和〈中国共产党党内监督条例〉的说明》中指出："在长期实践中，党内政治生活状况总体是好的，但一个时期以来，也出现了一些亟待解决的突出矛盾和问题，主要是：在一些党员、干部包括高级干部中，理想信念不坚定、对党不忠诚、纪律松弛、脱离群众、独断专行、弄虚作假、慵懒无为，个人主义、分散主义、自由主义、好人主义、宗派主义、山头主义、拜金主义不同程度存在，形式主义、官僚主义、享乐主义和奢靡之风问题突出，任人唯亲、跑官要官、买官卖官、拉票贿选现象屡禁不止，滥用权力、贪污受贿、腐化堕落、违法乱纪等现象滋生蔓延。"① 党的十九大报告也指出："党内存在的思想不纯、组织不纯、作风不纯等突出问题尚未得到根本解决。"② 这些问题严重损坏了党的政治生态，严重腐蚀了党的机体，严重损害了党在人民群众中的形象，以及党和人民群众的密切联系。脱离了人民群众，党就是无本之木、无水之鱼。党的机体是否健康关系到人心向背问题，直接关系到党和国家的生死存亡，十九大报告指出："一个政党，一个政权，其前途命运取决于人心向背。人民群众反对什么、痛恨什

①　《〈关于新形势下党内政治生活的若干准则〉〈中国共产党党内监督条例〉辅导读本》，人民出版社 2016 年版，第 77—78 页。

②　习近平：《决胜全面建成小康社会　夺取新时代中国特色社会主义伟大胜利——在中国共产党第十九次全国代表大会上的报告》，人民出版社 2017 年版，第 61 页。

么，我们就要坚决防范和纠正什么。"① 如果我们党不全面从严治党，实现自我革命，就会腐化变质，动摇执政根基，甚至将走向自我灭亡。唯有不断进行自我革命，改进和提升党的执政能力，中国共产党才能够永远立于不败之地。为此，"全党要更加自觉地坚定党性原则，勇于直面问题，敢于刮骨疗毒，消除一切损害党的先进性和纯洁性的因素，清除一切侵蚀党的健康肌体的病毒，不断增强党的政治领导力、思想引领力、群众组织力、社会号召力，确保中国共产党永葆旺盛生命力和强大战斗力"。②

新时代中国共产党推进自我革命亦是由其在建设社会主义现代化强国和中华民族伟大复兴的征程中的领导地位所决定的。党的十九大报告精辟地指出："历史已经并将继续证明，没有中国共产党的领导，民族复兴必然是空想。我们党要始终成为时代先锋、民族脊梁，始终成为马克思主义执政党，自身必须始终过硬。"③ "党政军民学，东西南北中，党是领导一切的。"④ 中国共产党的

---

① 习近平：《决胜全面建成小康社会 夺取新时代中国特色社会主义伟大胜利——在中国共产党第十九次全国代表大会上的报告》，人民出版社 2017 年版，第 61 页。

② 习近平：《决胜全面建成小康社会 夺取新时代中国特色社会主义伟大胜利——在中国共产党第十九次全国代表大会上的报告》，人民出版社 2017 年版，第 16 页。

③ 习近平：《决胜全面建成小康社会 夺取新时代中国特色社会主义伟大胜利——在中国共产党第十九次全国代表大会上的报告》，人民出版社 2017 年版，第 16 页。

④ 习近平：《决胜全面建成小康社会 夺取新时代中国特色社会主义伟大胜利——在中国共产党第十九次全国代表大会上的报告》，人民出版社 2017 年版，第 20 页。

领导是中国特色社会主义最本质的特征，是中国特色社会主义制度的最大优势。坚持党的领导是当代中国的最高政治原则，是实现中华民族伟大复兴的关键所在，没有中国共产党坚强有力的领导，中华民族将是一盘散沙。正如习近平总书记讲的："中华民族伟大复兴，绝不是轻轻松松、敲锣打鼓就能实现的。全党必须准备付出更为艰巨、更为艰苦的努力。"① 实现中华民族复兴的伟大梦想，必须进行具有许多新的历史特点的伟大斗争，必须深入推进党的建设新的伟大工程，必须推进中国特色社会主义的伟大事业，其中伟大工程是决定性的。党的十九大报告指出："伟大斗争，伟大工程，伟大事业，伟大梦想，紧密联系、相互贯通、相互作用，其中起决定性作用的是党的建设新的伟大工程。推进伟大工程，要结合伟大斗争、伟大事业、伟大梦想的实践来进行，确保党在世界形势深刻变化的历史进程中始终走在时代前列，在应对国内外各种风险和考验的历史进程中始终成为全国人民的主心骨，在坚持和发展中国特色社会主义的历史进程中始终成为坚强领导核心。"② 习近平总书记在学习贯彻党的十九大精神研讨班开班式上发表重要讲话中指出："在统揽伟大斗争、伟大工程、伟大事业、伟大梦

---

① 习近平：《决胜全面建成小康社会　夺取新时代中国特色社会主义伟大胜利——在中国共产党第十九次全国代表大会上的报告》，人民出版社 2017 年版，第 15 页。

② 习近平：《决胜全面建成小康社会　夺取新时代中国特色社会主义伟大胜利——在中国共产党第十九次全国代表大会上的报告》，人民出版社 2017 年版，第 17 页。

想中，起决定性作用的是新时代党的建设新的伟大工程。在新时代，我们党必须以党的自我革命来推动党领导人民进行的伟大社会革命，把党建设成为始终走在时代前列、人民衷心拥护、勇于自我革命、经得起各种风浪考验、朝气蓬勃的马克思主义执政党，这既是我们党领导人民进行伟大社会革命的客观要求，也是我们党作为马克思主义政党建设和发展的内在需要。"① 因此，党的机体是否健康关系到中国特色社会主义伟大事业的成败，关系到带领人民群众完成中华民族伟大复兴的历史使命的成败。

中国共产党只有直面问题，以巨大的政治勇气进行自我革命，不断增强自我净化、自我完善、自我革新、自我提高的能力，保持和发展党的先进性和纯洁性，才能使党在革命性锻造中变得更加健康坚强，不断增强创造力、凝聚力和战斗力，焕发新的强大生机活力，为党和国家事业发展提供坚强的政治保证。

三　新时代中国共产党是如何进行自我革命的

党的十八大以来，以习近平同志为核心的党中央以巨大的政治勇气、强烈的责任担当、顽强的意志品质坚决改变管党治党"宽""松""软"的状况。以猛药去疴、重

---

① 《以时不我待只争朝夕的精神投入工作　开创新时代中国特色社会主义事业新局面》，《人民日报》2018 年 1 月 6 日第 1 版。

典治乱、刮骨疗伤的决心勇气，推动全面从严治党向纵深发展，"打虎""拍蝇"雷霆万钧，正风肃纪驰而不息，形成了反腐败斗争压倒性态势，消除了党和国家内部存在的严重隐患，党内政治生活气象更新，党内政治生态明显好转，党的创造力、凝聚力、战斗力显著增强，党的团结统一更加巩固，党群关系明显改善，党在革命性锻造中更加坚强，焕发出新的强大生机活力，为党和国家事业发展提供了坚强政治保证。党的十九大报告中提出的"革命性锻造"是"自我革命"的另一种表达。党的十八大以来的实践表明，党的自我革命显示出了巨大的威力。自我革命不仅仅是一个抽象的理论概念，更是一种实践活动，它包含以下几个着力点。

一是把纪律挺在前面，加强党的作风建设。针对一段时期党内存在的突出问题，中央出台关于改进工作作风、密切联系群众的"八项规定"，严厉整治形式主义、官僚主义、享乐主义和奢靡之风，坚决反对特权，把纪律挺在前面。着力解决人民群众反映最强烈、对党的执政基础威胁最大的突出问题，在全党进行党的群众路线教育实践活动和"三严三实"专项教育，推进"两学一做"学习教育常态化制度化，以保持党与人民群众的血肉联系，不断厚植党执政的群众基础。

二是以零容忍态度坚定不移惩治腐败。2013 年习近平总书记在研究中央巡视工作规划时指出，"反腐败斗争形势依然严峻复杂"。党的十八大以来波澜壮阔的实践充分证明，把全面从严治党摆上战略布局英明正确，在实现伟大复兴的关键时刻，校正了党和国家事业前进的航向，使党经历了革命性锻造。以"得罪千百人，不负十三亿"的使命担当，正风肃纪反腐，挽狂澜于既倒，逆转了多年形成的"四风"惯性。五年来，440多名省军级以上党员干部及其他中管干部、8000多名厅局级干部、6.3万多名县处级干部严重违纪违法受到惩处，反腐败力度史无前例，腐败蔓延势头得到明显遏制，反腐败斗争的压倒性态势已经形成并巩固发展。党的十九大报告指出："要坚持无禁区、全覆盖、零容忍，坚持重遏制、强高压、长震慑，坚持受贿行贿一起查，坚决防止党内形成利益集团。"① "打铁必须自身硬"② "只有以反腐败永远在路上的坚韧和执着，深化标本兼治，保证干部清正、政府清廉、政治清明，才能跳出历史周期率，确保党和国家长治久安。"③ 这些论述表明我们党在新时代继续推进以全面从严治党为载体的自我革命的坚定决心。

三是完善党内法规体系，使从严治党管党有规可循。党的十八大以来，中国共产党不断总结在加强自身建设方面的经验和教训，及时把行之有效的做法用制度的形式固定下来。五年来，中央共出台或修订近80部党内法

① 习近平：《决胜全面建成小康社会　夺取新时代中国特色社会主义伟大胜利——在中国共产党第十九次全国代表大会上的报告》，人民出版社2017年版，第67页。

② 习近平：《决胜全面建成小康社会　夺取新时代中国特色社会主义伟大胜利——在中国共产党第十九次全国代表大会上的报告》，人民出版社2017年版，第61页。

③ 习近平：《决胜全面建成小康社会　夺取新时代中国特色社会主义伟大胜利——在中国共产党第十九次全国代表大会上的报告》，人民出版社2017年版，第67页。

规，超过现有党内法规的 40%，全面从严治党逐步实现有规可循、有据可依。比如，2012 年 12 月 4 日，习近平总书记主持召开中共中央政治局会议，审议通过了中央政治局关于改进工作作风密切联系群众的"八项规定"。2017 年 10 月 27 日，十九届中共中央政治局召开会议，审议《中共中央政治局贯彻落实中央八项规定的实施细则》，使改进工作作风有了更加规范的依据。十八届中央纪委三次全会指出，各级党委（党组）要切实担负党风廉政建设主体责任，纪委（纪检组）要承担监督责任。2015 年，修订《中国共产党廉洁自律准则》，为党员和党员领导干部树立了一个看得见、够得着的高标准，展现了共产党人的高尚道德追求；修订《中国共产党纪律处分条例》，实现问责工作的制度化、程序化；修订《党政领导干部选拔任用工作条例》和印发《关于防止干部"带病提拔"的意见》，严格干部选拔任用。党的十八届六中全会通过《关于新形势下党内政治生活的若干准则》，将党的十八大以来的新做法新经验固化为党内法规，成为未来党内政治生活的基本遵循。

四是着力构建对权力运行进行制约与监督的体制机制。党的十九大报告提出："增强党自我净化能力，根本靠强化党的自我监督和群众监督。要加强对权力运行的制约和监督，让人民监督权力，让权力在阳光下运行，把权力关进制度的笼子。"[①] 王岐山同志指出："全面从严

① 习近平：《决胜全面建成小康社会 夺取新时代中国特色社会主义伟大胜利——在中国共产党第十九次全国代表大会上的报告》，人民出版社 2017 年版，第 67 页。

治党，最终目的是要解决一党长期执政条件下自我监督问题，跳出'其兴也勃焉，其亡也忽焉'的历史周期率。"① 这些表述一语中的，十分深刻。建立完善的自我监督体系是党自我革命的最为关键的一环，也是全面从严治党重要着力点。党的十八大以来，以习近平同志为核心的党中央建立和完善了一系列制度，着力加强对权力运行的制约和监督。党的十八届六中全会通过《中国共产党党内监督条例》，对中国共产党自我监督作了重大创新。如明确提出："党内监督没有禁区、没有例外。信任不能代替监督。"② 强化民主集中制基础上的"三种监督"："党内监督必须贯彻民主集中制，依规依纪进行，强化自上而下的组织监督，改进自下而上的民主监督，发挥同级相互监督作用。"③ 构建完整严密的六大党内监督体系，即"在党中央统一领导下，建立党委（党组）全面监督，纪律检查机关专责监督，党的工作部门职能监督，党的基层组织日常监督，党员民主监督的党内监督体系"④。改革纪委监督体制，"强化上级纪委对下级纪委的领导，纪委发现同级党委主要领导干部的问题，可以直

---

① 《党的十九大报告辅导读本》，人民出版社 2017 年版，第 18—19 页。

② 《〈关于新形势下党内政治生活的若干准则〉〈中国共产党党内监督条例〉辅导读本》，人民出版社 2016 年版，第 54 页。

③ 《〈关于新形势下党内政治生活的若干准则〉〈中国共产党党内监督条例〉辅导读本》，人民出版社 2016 年版，第 54 页。

④ 《〈关于新形势下党内政治生活的若干准则〉〈中国共产党党内监督条例〉辅导读本》，人民出版社 2016 年版，第 56 页。

接向上级纪委报告……"① 进一步加强巡视工作："巡视是党内监督的重要方式。中央和省、自治区、直辖市党委一届任期内，对所管理的地方、部门、企事业单位党组织全面巡视。"② 把巡视工作作为党内监督的战略性制度安排。2015 年 8 月 3 日，中共中央颁布实施修订后的《中国共产党巡视工作条例》。

　　党的十九大报告对完善监督体系和改革监督机制作出了进一步规划与设计，首先是对深化国家监察体制改革作出重大决策部署。报告指出："深化国家监察体制改革，将试点工作在全国推开，组建国家、省、市、县监察委员会，同党的纪律检查机关合署办公，实现对所有行使公权力的公职人员监察全覆盖。制定国家监察法，依法赋予监察委员会职责权限和调查手段，用留置取代'两规'措施。"③ 2017 年 10 月 29 日，中共中央办公厅印发《关于在全国各地推开国家监察体制改革试点方案》，部署在全国范围内深化国家监察体制改革的探索实践，在总结北京市、山西省、浙江省改革试点工作经验基础上，在全国各地推开改革试点，完成省、市、县三级监察委员会

---

　　① 《〈关于新形势下党内政治生活的若干准则〉〈中国共产党党内监督条例〉辅导读本》，人民出版社 2016 年版，第 64 页。

　　② 《中国共产党党内监督条例》，载《〈关于新形势下党内政治生活的若干准则〉〈中国共产党党内监督条例〉辅导读本》，人民出版社 2016 年版，第 60 页。

　　③ 习近平：《决胜全面建成小康社会　夺取新时代中国特色社会主义伟大胜利——在中国共产党第十九次全国代表大会上的报告》，人民出版社 2017 年版，第 67—68 页。

组建工作，实现对所有行使公权力的公职人员监察全覆盖。

党的十九大报告提出了将党的自我监督与国家监督、人民监督相结合，构建完善的监督体系："构建党统一指挥、全面覆盖、权威高效的监督体系，把党内监督同国家机关监督、民主监督、司法监督、群众监督、舆论监督贯通起来，增强监督合力。"① 党的十九大的这些部署将对中国的政治体制和权力运行机制产生深刻的变革和极为深远的影响，特别是对一党执政条件下权力的科学有效的监督将走出实质性和具有历史性意义的步伐。在此基础上，中国共产党将走出一条崭新的执政党权力的自我监督之路，走出一条崭新的人类制度文明之路，为探索国家治理文明、人类发展之路提供中国智慧和中国方案。

五是自我革命"永远在路上"。全面从严治党永远在路上，宣示了中国共产党的自我革命不是一个历史阶段的运动，它没有终点，贯穿于中国共产党的历史、现在和未来。作为中国共产党的一个基本的立场、观点和方法，自我革命是管长远的，是要长期坚持的。"永远在路上"内涵丰富、意义重大。首先，"永远在路上"要牢记自己的起点，这一起点就是将为中国人民谋幸福、为中华民族谋复兴作为初心和使命，这一"初心"和"使命"始终是激励我们奋勇前行的强大动力。其次，"永远在路上"，就要看清自己的方向，不断深化。正如党的十

---

① 习近平：《决胜全面建成小康社会　夺取新时代中国特色社会主义伟大胜利——在中国共产党第十九次全国代表大会上的报告》，人民出版社 2017 年版，第 68 页。

九大报告指出："坚持问题导向，保持战略定力，推动全面从严治党向纵深发展。"① 最后，"永远在路上"表明了全面从严治党的常态化、长期性、复杂性。全面从严治党不可能一蹴而就，更不会一劳永逸，管党治党宽松软不是一两天形成的，从宽松软走向严紧硬也绝非一日之功，需要经历一个砥砺淬炼的过程。党的十八大以来，全面从严治党虽然成效卓著，但仍然任重道远；反腐败斗争压倒性态势已经形成并巩固发展，但形势依然严峻复杂。因此，全面从严治党要注重日常，抓在经常，要常抓不懈、锲而不舍，对于党内的突出问题，必须反复抓、抓反复，不能有喘口气、歇歇脚的念头。

中国共产党是一个长期一党执政的党，与西方多党制和三权分立的政治制度截然不同。西方相互制约的做法更侧重"他律"，而中国更强调自律，自己认识自己的不足，自己监督自己，自己发展自己，这既遵循了马克思主义批判的革命的辩证法，也符合中国自省的历史文化传统，更是在开创政党制度和国家治理没有走过的新路。中国共产党的伟大不在于不犯错误，而在于从不讳疾忌医，敢于直面问题，勇于自我革命，具有极强的自我修复能力。正如习近平总书记指出，我们党为什么能够在现代中国各种政治力量的反复较量中脱颖而出？为什么能够始终走在时代前列、成为中国人民和中华民族的主心骨？根本原因就在于始终保持了承认并改正错误

---

① 习近平：《决胜全面建成小康社会　夺取新时代中国特色社会主义伟大胜利——在中国共产党第十九次全国代表大会上的报告》，人民出版社 2017 年版，第 61 页。

的勇气，一次次拿起"手术刀"来革除自身的"病症"、解决自身的问题。这种能力既是我们党区别于世界上其他政党的显著标志，也是我们党长盛不衰的重要原因所在。党的十八大以来，中国共产党勇于自我革命，从自己的党情和我国国情出发寻求破解长期一党执政历史周期率困境的钥匙，在风云变幻的国际形势中经受住了考验，以长盛不衰的形象屹立于世界政党之林，为政党制度的发展与完善作出了中国的贡献。

（原载《理论动态》2018 年 1 月 20 日）

中国化马克思主义哲学引领改革开放的伟大历史进程

　　2018 年是中国改革开放 40 周年。2018 年 10 月 25 日，习近平总书记在广东考察时强调："广东 40 年发展历程充分证明，改革开放是党和人民大踏步赶上时代的重要法宝，是坚持和发展中国特色社会主义的必由之路，是决定当代中国命运的关键一招，也是决定实现'两个一百年'奋斗目标、实现中华民族伟大复兴的关键一招。总结好改革开放经验和启示，不仅是对 40 年艰辛探索和实践的最好庆祝，而且能为新时代推进中国特色社会主义伟大事业提供强大动力。"① 回顾中国改革开放 40 年波澜壮阔的伟大历史进程，从哲学的角度看，不难发现，每到改革开放和中国特色社会主义发展的重大历史关头，都会经历一次重要的思想解放和观念突破，而每一次思想解放和观念突破都闪耀着马克思主义哲学智慧的光辉。马克思主义哲学特别是中国化的马克思主义哲学在回答

---

　　① 《高举新时代改革开放旗帜　把改革开放不断推向深入》，《人民日报》2018 年 10 月 26 日第 1 版。

一系列时代之问中实现了哲学创新，并指导实践，引领中国改革开放不断前进、取得胜利。把握和回答时代之问就是解答时代的问题与矛盾，这就是哲学的任务。改革开放和中国特色社会主义正是在马克思主义哲学中国化、时代化、大众化的进程中不断开辟前进的道路，取得举世瞩目的伟大成就。

一　中国化马克思主义哲学开启了当代中国改革开放的历史大幕

（一）关于真理标准问题的大讨论使人们从严重的思想迷信和教条主义中解放出来，为恢复和重新确立实事求是的思想路线奠定了哲学基础，揭开了当代中国改革开放的序幕

1976年，"四人帮"被打倒，理论界开展了拨乱反正，"四人帮"宣扬的主观决定客观的精神万能论和唯意志论，以及生产关系决定生产力、上层建筑决定经济基础的历史唯心主义得到批判。但是，"左"倾思想并没有彻底清算，"两个凡是"的方针仍旧束缚着人们的思想，使人们仍处于严重的思想迷信、教条主义的泥潭之中。解答"中国社会主义向何处去"之问，必须先破除"两个凡是"思想观念的束缚，而破除这一思想观念的束缚就需要从最根本的思想观念即哲学层面入手。于是，关于真理标准问题这一哲学命题的探讨就顺理成章地成为破除旧思想观念束缚、解放思想的突破口。

1978年5月11日，《光明日报》发表特约评论员文

章《实践是检验真理的唯一标准》，引发了关于真理标准问题的大讨论。这篇文章及其引发的关于真理标准的大讨论，在全国产生了十分广泛和深远的影响，受到邓小平等老一辈无产阶级革命家的关注。邓小平同志指出："目前进行的关于实践是检验真理的唯一标准问题的讨论，实际上也是要不要解放思想的争论……从这个意义上说，关于真理标准问题的争论，的确是个思想路线问题，是个政治问题，是个关系到党和国家的前途和命运的问题。"① 真理标准问题的讨论冲破了"两个凡是"的束缚，推动了全国性的思想解放，为恢复和重新确立党的实事求是的思想路线奠定了哲学基础。它的实践（政治）成果就是 1978 年 12 月党的十一届三中全会的召开，否定了"两个凡是"的错误方针，重新确立解放思想、实事求是的思想路线；作出把党和国家的工作重心转移到经济建设上来，实行对内改革、对外开放的重大决策。1982 年，邓小平同志在党的十二大开幕词中提出："把马克思主义的普遍真理同我国的具体实际结合起来，走自己的道路，建设有中国特色的社会主义，这就是我们总结长期历史经验得出的基本结论。"② 这一掷地有声的历史性宣言开启了当代中国现代化的新征程。

关于真理标准问题的大讨论不仅开启了当代中国思想解放的序幕，也成为中国马克思主义哲学自我解放的起点。"文化大革命"期间，马克思主义哲学基本原理被

① 《邓小平文选》第 2 卷，人民出版社 1994 年版，第 143 页。
② 《邓小平文选》第 3 卷，人民出版社 1993 年版，第 3 页。

"左"倾思想颠倒或严重歪曲。1979 年底以后，关于真理标准问题的讨论在学术界更深入地进行。《哲学研究》1980 年第 5 期发表了评论员文章《深入开展实践标准的理论研究》，随后学界对实践的含义、要素、特性进行了系统研究，实践作为马克思主义哲学的基本观点得以重新确立。"实践第一"观点的恢复开启了新时期中国马克思主义哲学学术研究的新历程，马克思主义哲学的基本原理逐渐"回归"本身并指导实践，这为进一步推进改革开放拓展了理论空间，为探究"什么是社会主义，怎样建设社会主义"奠定了理论基础。

（二）"三个有利于"标准使人们从对市场经济"姓资""姓社"的思想束缚中解放出来，为社会主义市场经济体制的确立奠定了哲学基础

20 世纪 80 年代末 90 年代初，国际国内形势发生了重大变化：东欧剧变、苏共垮台、苏联解体，国内也发生了一场政治风波。国际共产主义运动、社会主义陷入低潮。美国学者法兰西斯·福山抛出"共产主义失败论""历史终结论"，断言自由民主制度是"人类意识形态发展的终点"和"人类最后一种统治形式"。面对这种复杂的局势，国内一些人对中国社会主义的前途缺乏信心，对改革开放提出疑问，对党的基本路线产生动摇。中国特色社会主义面临向何处去的重大历史关口。1992 年，邓小平同志发表南方谈话，提出是否有利于发展社会主义社会的生产力、是否有利于增强社会主义国家的综合国力、是否有利于提高人民的生活水平的"三个有利于"

标准，打破了把"计划经济"与"社会主义"、"市场经济"与"资本主义"划等号的旧的思想观念，回答了"什么是社会主义，怎样建设社会主义"的根本问题。"三个有利于"标准的提出，为改革开放指明了方向。在邓小平南方谈话思想的指引下，党的十四大正式提出建立社会主义市场经济体制，中国改革开放走出了困惑徘徊的局面，步入了发展的正道。

"三个有利于"的判断标准彻底打破了"左"的思想禁锢，排除了对改革开放的各种思想干扰，是继真理标准问题大讨论后的又一次思想大解放，把中国的改革开放和现代化建设事业推向了新阶段。

马克思主义认为，人类社会及其发展是一个自然的历史过程，生产力决定生产关系，生产关系反作用于生产力，生产关系必须适应生产力性质的规律；经济基础决定上层建筑，上层建筑反作用于经济基础，上层建筑必须适应经济基础发展要求的规律，这是人类社会发展的基本规律。按照这一规律，生产力的发展必然是思考"什么是社会主义，怎样建设社会主义"的逻辑起点，而"一大二公"的传统社会主义模式颠倒了生产力与生产关系、经济基础与上层建筑之间的关系，更多地是从生产关系、上层建筑去定义社会主义和发展社会主义。

党的十一届三中全会之后，我们在改革开放的实践摸索中进一步探究"什么是社会主义，怎样建设社会主义"的问题。邓小平同志始终强调，社会主义最根本的一点，那就是解放和发展生产力。他指出："什么叫社会主义，什么叫马克思主义？我们过去对这个问题的认识不是完全清醒的。马克思主义最注重发展生产力。"①
1984 年，邓小平同志在《中共中央关于经济体制改革的决定》中概括了"生产力标准"，即"全党同志在进行改革的过程中，应该紧紧地把握住马克思主义的这个基本观点，把是否有利于发展生产力作为检验一切改革得失成败的最主要标准"②。之后，他还强调："我们总结了几十年搞社会主义的经验。社会主义是什么，马克思主义是什么，过去我们并没有完全搞清楚……社会主义的任务很多，但根本一条就是发展生产力。"③"在坚持四项基本原则的基础上，集中力量发展社会生产力。这是最根本的拨乱反正。"④"生产力标准"思想的提出，是奠定在生产力的最终决定作用这一唯物史观原理基础上的，有效地实现了实践标准与唯物史观关于生产力基本原则的结合。如果说强调实践标准仅仅是恢复了马克思主义认识论的本来面目，"生产力标准"就是实践标准在社会历史发展中的运用。

相比"生产力标准"，"三个有利于"标准更加成熟、完整，它使评价社会历史的标准达到了价值尺度和科学尺度的统一。价值尺度是从主体的需要、利益能否

---

① 《邓小平文选》第 3 卷，人民出版社 1993 年版，第 63 页。

② 《中共中央关于经济体制改革的决定》，人民出版社 1984 年版，第 11 页。

③ 《邓小平文选》第 3 卷，人民出版社 1993 年版，第 137 页。

④ 《邓小平文选》第 3 卷，人民出版社 1993 年版，第 141 页。

得到满足以及满足的程度这个角度来评价客体，从而确定某种社会形式或体制是否进步，是否值得肯定。人民群众是历史的创造者，是社会发展的主体，发展社会主义生产力要符合人民群众的利益即提高人民的生活水平。满足人民群众的利益要求，首先要落实到物质利益上，否则就只是空谈，这是对计划经济社会主义模式的纠正。

二 中国化马克思主义哲学为破解改革开放中的重大难题、不断推进改革开放提供智慧

（一）"三个代表"重要思想深化发展了"三个有利于"的标准，将党的建设从旧的思想观念束缚中解放出来，推进了对社会主义市场经济下党的建设规律的认识

进入 21 世纪，国内外形势和时代又有了新的变化。随着中国社会主义市场经济的不断发展，中国新一轮的改革开放面临新的更为严峻的考验。其中，最重要的是生产力中新的活跃因素的涌现引发了中国共产党执政环境的变化。这种变化主要体现在两点：一是随着中国社会主义市场经济的发展，出现了权力腐败、贫富分化等一系列社会问题和矛盾；二是随着中国社会主义市场经济的快速发展，民营企业、外资企业以及股份制企业如雨后春笋般发展起来，新的社会阶层不断涌现。对此，中国共产党必须重新思考自身的群众基础和阶级基础问题。对这一问题的回答关乎中国共产党的执政基础，如果这一问题不解决，改革开放也就无法持续推进。与打

破市场经济"姓资""姓社"的思想束缚一样，党的建设面临要不要打破旧的党建思维模式的问题，也就是要不要在具有私有制经济成分的部门建立党的组织，在新的社会阶层中发展新党员，使之更好地为社会主义现代化建设服务。"三个代表"重要思想应运而生，深化了对党的建设规律的认识。

"三个代表"重要思想即中国共产党必须始终代表中国先进生产力的发展要求，代表中国先进文化的前进方向，代表中国最广大人民的根本利益。从生产关系一定要适合生产力发展状况这一社会发展的基本规律出发，中国共产党要始终代表中国先进生产力的发展要求；从上层建筑中文化的本质和功能出发，中国共产党要始终代表中国先进文化的前进方向；从"人民群众是历史的创造者"这一历史唯物主义原理出发，中国共产党要始终代表中国最广大人民的根本利益。"三个代表"重要思想的提出是中国共产党建设史上的一次思想解放，它打破了党的建设中旧的思想观念的束缚，为推动中国改革开放顺利进行和社会主义市场经济健康发展扫除了障碍。

中国共产党是中国改革开放的领导者和推动者，中国共产党的领导是中国特色社会主义最本质的特征。因此，中国共产党的发展标准应当与中国社会主义的发展标准相一致，"三个代表"重要思想是"三个有利于"标准在党的建设领域的运用。"三个有利于"解决"什么是社会主义，怎样建设社会主义"的问题，"三个代表"重要思想探索"建设什么样的党，怎样建设党"的问题，二者不仅在理论表述上极为相似，而且在内容上一脉相承、相互贯通。

（二）以"以人为本"为核心的科学发展观的提出，使人们从对物质利益片面追求的迷思中解放出来，深化了对发展理论的认识

党的十六大以来，随着中国社会主义市场经济的高速发展，出现了一系列新的突出问题，如片面追求经济效益，忽视了人的发展，带来了严重的环境和资源问题，人与自然的关系被破坏，贫富差距、城乡差别、区域发展差距加大以及经济与社会发展不协调更加突出等问题。一些人、一些做法在对物质利益的追逐中失去了方向。随着市场化、全球化、信息化、网络化的不断深化，当代社会形态发生深刻变革，人们的利益分化、思想分化日益严重。这些问题给中国共产党提出"发展为了什么，为了谁"之问。这一终极目的之问实际上就是一个哲学问题，也必然要用哲学的话语和范畴去回答。"以人为本"的科学发展观明确了人是发展的根本目的，要以人的发展统领经济社会发展。经济发展归根到底都是为了满足广大人民群众的物质文化需要，促进人的全面发展。

"以人为本"的科学发展观的提出，不仅是中国经济社会发展的现实需要，也是思想不断解放、理论研究不断深入的成果。

改革开放以来特别是 20 世纪 80—90 年代，中国马克思主义哲学的一个重要内容就是对教科书体系的反思

与改革探索，主要是对"以物为本"叙述逻辑的反思和批判。"主体性问题""人的问题""价值问题"成为中国马克思主义哲学界长期研究的主题，由此兴起了"实践唯物主义""人学""主体性哲学""价值哲学"等研究热点，这些研究成果成为哲学研究的主流形态，而传统教科书体系中的那些传统哲学观念越来越受到质疑。在实践层面，随着改革开放的深入和中国经济社会的发展，贫富差距拉大、人的生存环境恶化、人的利益诉求多样化和思想观念分化等诸多人的问题凸显。现实的需要和哲学理论上的深化，"以人为本"作为推进改革开放和现代化建设的指导思想被提出来就顺理成章了。

三 创造性运用和发展马克思主义哲学，形成指引新时代改革开放再出发的方法论

党的十八大以来，中国特色社会主义进入新时代，国际国内形势发生广泛而深刻的变化，改革发展面临着新形势新任务新挑战。破解新时代改革开放的难题，需要我们学好用好马克思主义哲学的看家本领，创造性地运用和发展马克思主义哲学，对深入推进改革开放作出战略布局。习近平总书记高度重视运用马克思主义立场、观点、方法解决新时代改革开放重大问题，他先后三次带领中共中央政治局全体同志集体分别学习了历史唯物主义、辩证唯物主义、当代世界马克思主义思潮及其影响。2013年12月3日，习近平总书记在中共中央政治局

第十一次集体学习时的讲话中指出："马克思主义哲学深刻揭示了客观世界特别是人类社会发展的一般规律，在当今时代依然有着强大生命力，依然是指导我们共产党人前进的强大思想武器。我们党自成立起就高度重视在思想上建党，其中十分重要的一条就是坚持用马克思主义哲学教育和武装全党。学哲学、用哲学，是我们党的一个好传统。"① 他还要求："党的各级领导干部特别是高级干部，要原原本本学习和研读经典著作，努力把马克思主义哲学作为自己的看家本领。"② 2015 年 1 月 23 日，习近平总书记在中共中央政治局第二十次集体学习时的讲话中指出："辩证唯物主义是中国共产党人的世界观和方法论，我们党要团结带领人民协调推进全面建成小康社会、全面深化改革、全面依法治国、全面从严治党，实现'两个一百年'奋斗目标、实现中华民族伟大复兴的中国梦，必须不断接受马克思主义哲学智慧的滋养，更加自觉地坚持和运用辩证唯物主义世界观和方法论，增强辩证思维、战略思维能力，努力提高解决我国改革发展基本问题的本领。"③ 2017 年 9 月 29 日下午，习近平总书记在中共中央政治局第四十三次集体学习时的讲话中强调："马克思主义对人类认识世界、改造世界、推

① 《推动全党学习和掌握历史唯物主义 更好认识规律更加能动地推进工作》，《人民日报》2013 年 12 月 5 日第 1 版。

② 《推动全党学习和掌握历史唯物主义 更好认识规律更加能动地推进工作》，《人民日报》2013 年 12 月 5 日第 1 版。

③ 《坚持运用辩证唯物主义世界观方法论 提高解决我国改革发展基本问题本领》，《人民日报》2015 年 1 月 25 日第 1 版。

动社会进步仍然具有不可替代的作用。"① 2016 年 5 月 17 日，习近平总书记在哲学社会科学工作座谈会上的讲话中阐述了马克思主义的基本内涵、鲜明特征和对待马克思主义的正确态度，强调了坚持马克思主义为指导的极端重要性。他指出："实践也证明，无论时代如何变迁、科学如何进步，马克思主义依然显示出科学思想的伟力，依然占据着真理和道义的制高点。"② 习近平总书记创造性地运用马克思主义哲学基本原理推动新时代改革开放主要体现在以下几点。

（一）坚持实事求是的思想路线，对新时代改革开放作出战略布局

实事求是是对辩证唯物主义和历史唯物主义世界观和方法论所作的高度概括，是我们党的基本思想方法、工作方法和领导方法。改革开放是由恢复党的实事求是的思想路线开始的，实事求是是中国改革开放成功的重要法宝，也是我们党解决好新时代改革开放重大问题的关键。2012 年 5 月 16 日，习近平在中央党校春季学期第二批入学学员开学典礼上专门就坚持实事求是的思想路线作重要讲话，他指出："我国已进入全面建设小康社会的关键时期和深化改革开放、加快转变经济发展方式的

---

① 《深刻认识马克思主义时代意义和现实意义　继续推进马克思主义中国化时代化大众化》，《人民日报》2017 年 9 月 30 日第 1 版。

② 习近平：《在哲学社会科学工作座谈会上的讲话》，人民出版社 2016 年版，第 10 页。

攻坚时期，我们面临的国内外形势更加复杂多变，新情况新问题新矛盾层出不穷。这些都对我们坚持和更好地贯彻实事求是的思想路线提出了新的要求。"① 他要求广大党员和领导干部要充分认识坚持实事求是的重大意义，真正把握坚持实事求是的基本要求，努力做坚持实事求是的表率。在中国共产党十八届六中全会上，习近平总书记还强调："坚持解放思想、实事求是、与时俱进、求真务实，坚持理论联系实际，一切从实际出发，在实践中检验真理和发展真理，既反对各种否定马克思主义的错误倾向，又破除对马克思主义的教条式理解。坚持从中国仍处于并将长期处于社会主义初级阶段这个基本国情出发，不断研究新情况、总结新经验、解决新问题，不断推进马克思主义中国化。"② 党的十八大以来，"五位一体"的总体布局和"四个全面"的战略布局都是基于贯彻实事求是的思想路线作出的，所取得的革命性变革也是贯彻实事求是的思想路线的成果。

（二）用社会基本矛盾原理准确把握中国社会主要矛盾的新变化

习近平总书记在党的十九大报告中阐述了党对中国社会主义主要矛盾新变化的判断："中国特色社会主义进入新时代，我国社会主要矛盾已经转化为人民日益增长

① 习近平：《坚持实事求是的思想路线》，《学习时报》2012 年 5 月 28 日第 1 版。

② 《〈关于新形势下党内政治生活的若干准则〉和〈中国共产党党内监督条例〉辅导读本》，人民出版社 2016 年版，第 25 页。

的美好生活需要和不平衡不充分的发展之间的矛盾。"[1]
这一科学判断是基于对新时代中国生产力与生产关系之间的矛盾的新变化作出的：从生产力的角度看，中国社会生产力水平总体上显著提高，很多商品的生产能力已进入世界前列，生产力发展的主要问题不是"落后"而是"不平衡不充分"，具体表现为经济结构不平衡、区域发展不平衡、城乡发展不平衡、环境污染等问题，一方面传统产业产能过剩，另一方面高端产品供给不足，核心技术缺乏；从人民的需求上说，人们的生活水平大幅提高，温饱问题已经解决，需求层次随之提高，不仅对物质文化生活提出了更高要求，而且在民主、法治、公平、正义、安全、环境等方面的要求不断提高，这是对新时代中国分配关系上贫富差距拉大、消费关系上层次不断提高、人们在生产中的关系上矛盾日益加剧等生产关系新特点作出的科学判断。把生产力发展新特点与人民需要变化联系起来看，生产力发展的不平衡不充分制约了人民日益增长的美好生活需求。对中国社会主要矛盾新变化的深刻认识，精准地把握了人民需求的变化，即人民群众在物质文化生活逐渐得到满足之后，对人的尊严、人格、自由、民主、正义等更高层次的精神需求日益提高。只有这些都满足了，才能实现人的全面发展。也正基于此，习近平总书记提出"以人民为中心"的发展思想。

---

[1] 习近平：《决胜全面建成小康社会 夺取新时代中国特色社会主义伟大胜利——在中国共产党第十九次全国代表大会上的报告》，人民出版社 2017 年版，第 11 页。

（三）坚持以人民为中心的发展思想，推进全面改革开放

党的十八大以来，以习近平同志为核心的党中央始终把"促进社会公平正义、增进人民福祉"作为改革的出发点和落脚点。一系列顶层设计、一项项改革措施，无不折射出大写的"人民"二字。习近平总书记提出，要坚持以人民为中心，把为人民谋幸福作为检验改革成效的标准，让改革开放成果更好惠及广大人民群众。他指出："要把促进社会公平正义、增进人民福祉作为一面镜子，审视我们各方面体制机制和政策规定，哪里有不符合促进社会公平正义的问题，哪里就需要改革；哪个领域哪个环节问题突出，哪个领域哪个环节就是改革的重点。"[①] "以人民为中心"回答了发展的价值观、价值立场问题，即"为谁发展"的问题，为少数人还是为大多数人发展的问题。"以人为本"的发展观是对应"以物为本"的发展模式提出的，以人民为中心的发展思想是从发展质量的角度提出的，更加注重人民群众更高层次的要求，如幸福感、获得感、民主、法治、公平、正义、安全、环境等，更加注重人的全面发展，因此，"以人民为中心"的提出是新时代中国经济社会发展跨上一个新台阶背景下我们党在发展理念认识上的一次重大提升和飞跃。"以人民为中心"的发展理念凸显人民的福祉、幸

---

① 习近平：《习近平谈治国理政》，外文出版社 2014 年版，第 97 页。

福感、获得感，把人具体化，避免把人抽象化。马克思主义哲学反对把人当作抽象的个人的观点，主张从"现实的人"开始考察人类历史。马克思提出，全部人类历史的第一个前提是"现实的人"，而"现实的人"包括他们的物质生产活动和物质生活条件。此外，"以人民为中心"在表述上更加贴近我们党"全心全意为人民服务"的宗旨，较"以人为本"更加科学、鲜明，"以人为本"的概念在中国古代和西方国家都曾被广泛使用。

（四）以辩证思维推进全面深化改革

党的十八大以来，改革进入深水区，党对改革的认识也在进一步深化。需要运用辩证法思维，处理好各领域、各方面、各环节之间的关系。"全面""深化"两个词赋予新时代的"改革"更加丰富的内涵，即向广度和深度拓展。全面深化改革涉及经济、政治、文化、社会、生态文明建设各个领域，要以辩证思维处理好改革的系统性、整体性、协同性。2018 年 10 月 25 日，习近平总书记在广东考察时强调："要掌握辩证唯物主义和历史唯物主义的方法论，以改革开放的眼光看待改革开放，充分认识新形势下改革开放的时代性、体系性、全局性问题，在更高起点、更高层次、更高目标上推进改革开放。"①

---

① 《高举新时代改革开放旗帜　把改革开放不断推向深入》，《人民日报》2018 年 10 月 26 日第 1 版。

（五）提出"人类命运共同体"思想，推进更深层次的开放

习近平总书记以和谐共生的哲学理念为基础提出"人类命运共同体"思想，为国际社会提供了共商共建共享的全球治理观。"人类命运共同体"思想是基于世界多极化、经济全球化、文化多样化和社会信息化，粮食安全、资源短缺、气候变化、环境污染、疾病流行、跨国犯罪等全球非传统安全问题层出不穷的人类实践新特点，以世界是一个"你中有我、我中有你"、相互联系的整体的哲学思维，提出的一个关于人类社会的新的理念，超越了相互敌对、"有你无我"的霸权思维，因此受到国际社会的欢迎。2017 年 3 月 23 日，联合国人权理事会第三十四次会议通过关于"经济、社会、文化权利"和"粮食权"两个决议，将"构建人类命运共同体"理念载入联合国人权理事会决议。"人类命运共同体"思想也为中国的进一步开放提供了新的指导，习近平总书记在博鳌亚洲论坛 2018 年年会上发表的主旨演讲中宣示："中国开放的大门不会关闭，只会越开越大！"①"一带一路"倡议创建对外开放的新格局，成为中国推动构建人类命运共同体的实践路径。

中国化马克思主义哲学是中国共产党的思想灵魂、看家本领，是 40 年来中国共产党带领中国人民推进改革开放的强大思想武器。习近平总书记指出："实践发展永

---

① 习近平：《开放共创繁荣　创新引领未来——在博鳌亚洲论坛 2018 年年会开幕式上的主旨演讲》，《人民日报》2018 年 4 月 11 日第 3 版。

无止境，解放思想永无止境，改革开放也永无止境，停顿和倒退没有出路，改革开放只有进行时、没有完成时。"① 改革开放 40 年的历次重大转折，都推动了马克思主义哲学中国化取得重大成果，中国化马克思主义哲学也正是在回答一系列时代矛盾之问中不断实现创新并引领中国改革开放不断取得胜利的。这也是中国改革开放40 年取得伟大成就的根本之道和根本经验。

（原载《社会科学战线》2018 年第 11 期）

---

① 习近平：《习近平谈治国理政》，外文出版社 2014 年版，第 71 页。

深圳经济特区：
中国特色社会主义的成功典范

　　2018 年 12 月 18 日，习近平总书记在庆祝改革开放 40 周年大会上的重要讲话中指出："40 年的实践充分证明，党的十一届三中全会以来我们党团结带领全国各族人民开辟的中国特色社会主义道路、理论、制度、文化是完全正确的，形成的党的基本理论、基本路线、基本方略是完全正确的。""40 年的实践充分证明，改革开放是党和人民大踏步赶上时代的重要法宝，是坚持和发展中国特色社会主义的必由之路，是决定当代中国命运的关键一招，也是决定实现'两个一百年'奋斗目标、实现中华民族伟大复兴的关键一招。"① 改革开放以来，深圳经济特区作为中国改革开放的"重要窗口""排头兵"和"试验田"，经济社会持续高速发展，取得举世瞩目的巨大成就，用事实证明了中国改革开放作为基本国策的正确性，印证了中国特色社会主义道路、理论、制度、

----

　　① 习近平：《在庆祝改革开放 40 周年大会上的讲话》，《人民日报》2018 年 12 月 19 日第 2 版。

文化的正确性，无愧为中国特色社会主义的成功典范。

1984 年 1 月，邓小平同志第一次视察深圳，充分肯定深圳的发展成就，指出："深圳的发展和经验证明，我们建立经济特区的政策是正确的。"[①] 党的十八大召开后，习近平总书记国内考察的第一站就是深圳，他在这里庄严宣誓：改革不停顿，开放不止步，将改革开放继续推向前进，发出改革开放再出发的号召。2018 年 10 月 24 日，改革开放 40 周年之际，习近平总书记再次来到深圳并再次强调："实践证明，我们走改革开放这条路是一条正确道路，只要锲而不舍、一以贯之、再接再厉，必然创造出新的更大奇迹。"[②]

一　深圳改革开放的巨大成就

1980 年，深圳经全国人大常委会批准，成为中国第一个经济特区。经过 40 年来的发展，深圳发生了翻天覆地的变化。特别是党的十八大以来，深圳经济特区在习近平新时代中国特色社会主义思想的指引下，深入贯彻"创新、协调、绿色、开放、共享"的新发展理念，推动高质量发展，取得十分优异的成绩，继续走在全国前列。

从边陲渔村发展为国际化大都市。40 年来，深圳从一个仅有 3 万多人口、两三条小街的边陲小镇，发展成

---

① 《邓小平文选》第 3 卷，人民出版社 1993 年版，第 239 页。

② 《习近平强调：经济特区成功经验要坚持并不断完善》，央广网，http://china.cnr.cn/gdgg/20181025/t20181025_524395223.shtml，2018 年 10 月 25 日。

为一座拥有 2000 多万人口，经济繁荣、创新时尚、社会和谐、功能完备、环境优美的创新型国际化都市，成为全国经济中心、科技创新中心、区域金融中心、商贸物流中心，在国际上知名度、影响力不断扩大。GDP 从1979 年的 1.97 亿元上升到 2017 年的 2.24 万亿元，仅次于北京、上海，与香港相当，跻身全球城市 30 强；人均GDP 从 1979 年的 606 元增长到 2017 年的 18.31 万元（约 2.71 万美元）；地方一般公共预算收入从 1721 万元增长到 2017 年的 3332.13 亿元；产业结构不断优化，三大产业产值比例从 1979 年的 37:21:42 调整为 2107 年的0.1:40.5:59.4，从过去以贸易、房地产和"三来一补"加工产业为主发展到今天以高新技术产业、金融业、现代物流业为支柱产业，现代服务业、战略性新兴产业和未来产业蓬勃发展。深圳凭借自身区位优势，充分利用国内国外两个市场，积极发展开放型经济。引进外资额逐年增大，从 1979 年引进 1537 万美元到 2017 年引进 74亿美元，不断助推深圳经济飞速发展。2017 年，深圳对外直接投资累计净额（存量）高达 1404.7 亿美元，占广东省对外直接投资存量的 74%，在五个计划单列市中稳居第一，领跑全国。深圳拥有全球第三大集装箱港、亚洲最大陆路口岸、中国五大航空港之一，拥有华为、招商、平安、腾讯、万科、正威、恒大七家世界 500 强企业，吸引 280 多家世界 500 强企业前来投资。进入新时代，深圳以更加开放的姿态迎接未来，认真贯彻落实习近平总书记第一次视察深圳的指示精神，加快前海深港现代服务业合作区和前海蛇口自贸片区建设。几年来，前海的变化"一年一个样"，经济总量迈上千亿能级，世界 500 强企业、内地上市公司共在此投资设立企业上千家，累计注册企业从 2012 年的 5215 家，增长至 16.86 万家。

科技创新成为深圳经济发展的重要动力。深圳深入践行"创新"发展理念，大力推动技术创新和制度创新成绩，建设国家创新型城市，并向全球"创新之都"迈进。2017 年，深圳全社会研发投入超过 900 亿元，占 GDP 的 4.13%，接近全球最高水平，如韩国、以色列；PCT 国际专利 2.04 万件，占全国的 43.1%，平均一天发明专利 55 件，连续 14 年居全国城市第一位；国家高新技术企业总量已超过 10988 家，占广东省的 49%，位居全国第二，仅次于北京，平均每平方千米有 5.6 家国家级高新技术企业。深圳高新技术产业增加值占 GDP 的比重达 32.8%，聚集了中国电子信息前十强的企业总部或区域总部，涌现出华为、腾讯、比亚迪、大疆、华大基因等一批具有国际竞争力的创新型龙头企业。世界知识产权组织（WIPO）等机构发布的《2017 全球创新指数报告》显示，50% 以上的国际专利申请发明人集中在全球 30 个热点地区，深圳—香港地区排名第二。近年来，深圳积极营造良好的创新综合生态，培育创新主体，激发创新活力。截至 2017 年年底，深圳累计建成创新载体 1688 家，共有 6 家诺贝尔奖科学家实验室，相继建成国家超级计算深圳中心、首个国家基因库等重大科技基础设施，成立南方科技大学，引入香港中文大学（深圳）、清华—伯克利深圳学院等高校。人才是深圳创新发展的第一资源，1979 年，深圳仅有 1 名工程师和 325 名技术人员，2018 年，各类人才总量超过 510 万人，全职院士 26 人。

民生建设成绩显著，人民生活幸福程度高。深圳坚持以人民为中心，注重提高人民群众的获得感、幸福感、安全感。2017 年，居民人均可支配收入 52938 元，用于教育、医疗等民生领域的支出占财政支出的七成，教育机构从改革开放初的 341 家增加到 2440 家，医疗卫生机构从 62 家增加到 3419 家。在全国首创"民生微实事"概念，由社区居民提出需求，政府通过项目实施，高效解决群众普遍关注的急事难事，提升教育、医疗、卫生、文化等各项民生福利水平。深圳是一个"移民"城市，"共享"发展理念深入人心，"来了就是深圳人"生动地表达了这一理念，给深圳的建设者以很强的归属感。对于原住居民，深圳建立社区股份公司，保障原住居民的利益。对于外来人口，深圳一方面积极推进外来人口向市民身份的转变，有层次地赋予全市居民社会福利待遇，如深化户籍制度改革，降低户籍门槛，技术、劳务人员都可以入户；有效解决非户籍职工基本养老保险、子女入学等问题。另一方面鼓励外来人口参与社会共治，激发社会主体活力。

生态环境优美宜居。深圳践行"绿色"发展理念，不断提升环境质量，优化生态格局，已成为一个生态优美宜居的城市，"深圳蓝""深圳绿"成为城市最亮色。深圳作为中国首批低碳试点和碳排放权交易试点城市，积极探索低碳环保发展模式，如基本完成对公交汽车和出租汽车新能源的替换，有效减少城市碳排放；严格控制工业能耗，单位工业增加值能耗近十年累计下降近60%，等等。在中国特大城市中，深圳的碳排放水平是最低的，碳排放增长也是最缓慢的。2005年，深圳在国内第一次提出了基本生态控制线的概念，全市面积的50%被划为生态保护区，森林覆盖率高达41.2%，2017年全市PM2.5平均浓度为28微克/立方米，是全国空气质量最好的十大城市之一；建成36条45段黑臭水体治理体系，基本消除黑臭；建成人才公园、香蜜公园和深圳湾滨海西段休闲带等一批精品公园；建有全国唯一一个位于城市腹地、面积最小的自然保护区——广东内伶仃—福田国家级自然保护区。深圳先后获得国际建协亚洲首个城市规划奖、国家园林城市、国际"花园城市"、联合国环境保护"全球500佳"以及"国家卫生城市""国家环境保护模范城市""全国绿化模范城市""全国优秀旅游城市""全国文明城市"等荣誉称号。

社会治理体系现代化水平和治理能力大幅提升。深圳始终坚持和加强党的领导，为改革开放提供强大的政治保障和强大动力。创新非公经济党建、互联网企业党建、园区党建、楼宇党建、社区党建和智慧党建等，建设法治政府，率先提出建设"法治中国示范城市"，最早建立法治政府指标体系和考核标准，率先进行政府审批制度改革，减少审批事项，推进"放管服"和强化放权改革，政府转变职能成效显著。大力培育社会组织，鼓励社会组织积极参与社会自治。做好特区立法权和设区的市立法权，充分发挥立法"试验田"作用，创造了诸多立法"第一",创造了大量的制度红利。为了建立和完善市场经济体制,深圳特区共制定了一系列配合市场经济建设的法规,包括规范市场主体、市场产品与服务质量、市场行为规则、要素市场等方面的条例,如股份有限公司条例、商事条例、企业破产条例、行业协会条例、房地产市场条例等,为特区改革开放和经济社会发展发挥了引领推动作用。深圳法院全面推行"繁简分流简案快办"机制,立案登记制改革为群众"找法院说理"敞开大门,司法责任制改革实现"让审理者裁判、由裁判者负责",以审判为中心的刑事诉讼制度改革筑牢防范冤假错案堤坝,阳光司法机制让公平正义看得见、摸得着。基本解决"执行难"问题,成为全国司法领域的楷模。推进标准化办案工程,统一案件裁判标准,坚持入额法官、检察官必须在一线办案,员额统筹上向基层倾斜,入额的院庭长带头办案三个导向,改革成效显著,法官人均办案量逐年增加。深圳国际仲裁院坚持走国际化的道路,实现仲裁治理机制国际化。在全国率先建成城市级社会治理大数据库,推动信息惠民,全面打造15分钟公共服务圈。探索基层社会治理新模式,建立起以社区综合党委为领导核心,以居委会、社区工作站、社区党群服务中心为依托,社区各类组织(如业主委员会、物业管理公司、驻区单位、股份公司)等多元主体多元互动、共建共享的"一核多元"新型城市治理格局。

从"文化沙漠"到"文化绿洲"。 40年来,深圳探索出了一条推动文化跨越式发展的全新路径,积淀出独特的城市文化内涵和精神气质:如形成了"深圳十大观念"，包括时间就是金钱，效率就是生命；空谈误国，实干兴邦；敢为天下先；改革创新是深圳的根、深圳的魂；让城市因热爱读书而受人尊重；鼓励创新，宽容失败；实现市民文化权利；送人玫瑰，手有余香；深圳，与世界没有距离；来了就是深圳人。积淀、凝练了城市的"精气神"即独具特色的"深圳精神"：包括敢闯敢试、敢为天下先的改革精神；海纳百川、兼容并蓄的开放精神；追求卓越、崇尚成功、宽容失败的创新精神；"时间就是金钱、效率就是生命"，"空谈误国、实干兴邦"的创业精神；不畏艰险、勇于牺牲的拼搏精神；团结互助、扶贫济困的关爱精神；顾全大局、对国家和人民高度负责的奉献精神。打造了深圳"十大文化品牌"，包括莲花山邓小平塑像、深圳义工、"深圳十大观念"、深圳读书月、中国（深圳）国际文化产业博览交易会（文博会）、设计之都、华侨城、大鹏所城、华为、腾讯。探索出中国文化产业发展之路，首创"文化＋科技""文化＋创意""文化＋金融"等崭新模式，文博会成为"中国文化产业第一展"。深圳文化创意产业持续快速增长，保持10％增长速度，2017年增加值达2243亿元，增长14.5％。深圳拥有6千多家设计较强的企业和6万多名专业设计师，成为中国第一个"设计之都"，全球"设计之都"之一，同时享有"时尚之城""创客之城"美誉。深圳读书月走过18个年头，被联合国授予"全球全民阅读典范城市"称号，连续三年被评为"中国十大数字阅读城市"。文艺精品获奖无数，2017年，深圳3件作品获中宣部"五个一工程"奖，占广东省获奖数的3/4；14

部作品获评广东省"五个一工程"奖，获奖数居全省第一。深圳连续五年荣获全国文明城市殊荣。638 家公共图书馆、284 家 24 小时自助图书馆、46 家博物馆、11 家公共美术馆、71 个文化馆（站）、380 多个文化广场，构建了覆盖全市的公共文化设施网络，公共文化服务较好地满足了市民的需要。

二 深圳改革开放的成就彰显了中国特色 社会主义"四个自信"

深圳经济特区是中国改革开放的窗口和桥头堡，在中国改革开放的伟大历程中始终扮演着"试验田""排头兵"的作用，为中国改革开放"杀出了一条血路"，为中国特色社会主义的开辟和发展提供了丰富的经验，做出了重大贡献。历史和实践充分表明，深圳是践行中国特色社会主义道路、理论和制度的成功典范，彰显了中国特色社会主义"四个自信"，主要体现在以下四个方面。

一是印证了中国特色社会主义道路的正确性。40 年来，中国通过改革开放，实现了计划经济向社会主义市场经济、传统社会主义向中国特色社会主义的成功转变，深圳始终是这两个转变过程的探路先锋。深圳用事实回答了中国改革开放关键阶段遇到的"姓资""姓社"的疑问，证明了中国社会主义市场经济的成功。中国共产党的领导是中国特色社会最本质的特征，是中国特色社会主义制度的最大优势。深圳用铁一般的事实诠释了科学社会主义在 21 世纪的中国焕发出的强大生机活力，印证了中国共产党领导的正确性，彰显了中国特色社会主义的道路自信。

二是诠释了中国特色社会主义理论的科学性。深圳的快速发展离不开邓小平理论、"三个代表"重要思想、科学发展观和习近平新时代中国特色社会主义思想的指导。深圳为中国特色社会主义理论的发展提供丰富的养料，同时，也自觉运用科学理论指导自身发展，让科学理论在这片改革开放的沃土上开花结果。可以说，深圳经济特区发展的巨大成就，彰显了中国特色社会主义理论的科学性和伟大力量，彰显了中国特色社会主义的理论自信。坚持解放和发展生产力，坚持共同富裕、人民幸福，坚持中国共产党的领导、加强党的建设等中国特色社会主义理论的每一条具体内容，都化为深圳改革开放的生动实践并取得巨大成就。特别是党的十八大以来，深圳以习近平新时代中国特色社会主义思想为指导，统筹推进"五位一体"总体布局，协调推进"四个全面"战略布局，大力实施五大发展理念，深化供给侧改革，实施创新驱动战略，践行以人民为中心的发展思想，深圳改革开放取得了新的巨大成就。

三是体现了中国社会主义制度的优越性。改革开放40年，中国社会主义市场经济的建立和发展需要改革传统计划经济体制下的一系列制度和体制，建立和完善符合社会主义市场经济规律的，促进解放和发展生产力的一系列制度和体制。深圳充分发挥市场在资源配置中的决定性作用，在土地使用权拍卖制度、商事登记制度、特区立法等方面作出诸多有益探索，为相关制度体制的改革和完善提供了丰富的经验，特别是为中国特色社会主义基本经济制度、分配制度、经济体制，法律制度、法律体系的不断完善做出了重要贡献。深圳经济特区是中国"举国体制"的产物，是中国共产党和全国人民"集中精力办大事"取得的成果，体现了中国特色社会主义制度的鲜明优势，彰显了中国特色社会主义的制度自信。

四是展现了中国特色社会主义文化的先进性。中国特色社会主义文化植根于中国特色社会主义的伟大实践，也就是改革开放的伟大实践，可以说，改革开放的精神是中国特色社会主义文化的鲜明特征，而改革开放的精神就是改革创新精神和开放包容精神。深圳精神和深圳观念特别是敢闯敢试、先行先试的精神和"来了就是深圳人"的开放包容态度，是对中国改革开放精神最生动的诠释。可以说，深圳独特的文化，展现了中华优秀传统文化的深厚底蕴，凸显了革命文化和社会主义先进文化的独特魅力，彰显了中国特色社会主义的文化自信。

深圳不仅是中国发展最好的经济特区，而且在世界经济特区中也是数一数二的。英国《经济学人》评价道："改革开放近 40 年，中国最引人瞩目的实践是经济特区。全世界超过 4000 个经济特区，头号成功典范莫过于'深圳奇迹'。"深圳用事实向世界展示了中国特色社会主义的勃勃生机和光明前景，论证了改革开放是坚持和发展中国特色社会主义的必由之路的正确性，诠释了中国特色社会主义优越性。深圳经济特区的成功经验正越来越为国际社会所重视，越来越成为国外特区建设的有益参考，深圳吸引越来越多的国外政要和专家前来"取经"，学习办经济特区的经验。同时，众多研究中国特色社会主义的海外人士也纷纷来到深圳这块"试验田"，寻求中国特色社会主义成功的密码，可以说，理解了深圳这片改革开放的热土，就能深刻理解中国特色社会主义蕴含的中国智慧和中国力量。

三　勇做新时代改革开放再出发的排头兵

改革开放 40 年再出发，中国特色社会主义这艘巨轮将朝着社会主义现代化国家的目标继续航行，深圳经济特区将继续扮演"先行者""尖兵"的角色，以习近平总书记考察广东、深圳时的重要讲话精神为根本遵循，在更高起点更高层次更高目标上推进改革开放，"朝着建设中国特色社会主义先行示范区的方向前行，努力创建社会主义现代化强国的城市范例"，续写中国特色社会主义的成功典范的美好篇章。

一是以粤港澳大湾区建设为契机，构建全面开放新格局。习近平总书记在 2018 年 10 月视察深圳时指出："深圳要扎实推进前海建设，拿出更多务实创新的改革举措，探索更多可复制可推广的经验，深化深港合作，相互借助、相得益彰，在共建'一带一路'、推进粤港澳大湾区建设、高水平参与国际合作方面发挥更大作用。"前海承担着自由贸易试验、粤港澳合作、创新驱动等 15 个国家战略定位，是"特区中的特区"，正成为带动深圳改革开放再出发的强劲引擎。构建"大前海"发展格局，大力拓展对外合作新通道，推动自贸片区加快建成高水平对外开放门户枢纽和粤港澳深度合作示范区。进一步加强深港合作，与香港共同推动落马洲河套地区开发，加快深港科技创新特别合作区建设。主动与澳门联手开拓葡语国家市场。构建"一带一路"交流合作新载体，拓展与"一带一路"沿线国家和地区经贸合作，完善企业"走出去"服务体系。

二是以高质量发展为导向，深入推进创新驱动发展战略。坚定不移贯彻以人民为中心的发展思想，落实新发展理念，建设现代化经济体系。进一步全面深化改革，着力在营商环境、前海开发开放等领域推出一批标志性、引领性的改革举措，深入推进自贸区改革试点、深化商事制度改革、推进知识产权综合管理改革、创新人才公共服务、减轻企业负担、完善社会信用体系等。特别是着力在创新驱动发展方面取得更大突破，强化产业、研发、市场、资本、人才等全要素协同，实施综合创新生态优化计划，坚定不移建设更具国际竞争力的创新之都。深圳提出："到 2020 年，基本建成现代化国际化创新型城市，到 2035 年，建成可持续发展的全球创新之都，到 21 世纪中叶，成为竞争力影响力卓著的创新引领型全球城市。"深化供给侧改革，打好防范化解重大风险攻坚战，逐步健全与供给侧结构性改革相适应的产业、投资、土地、财税、金融等制度供给和高质量的法治供给体系。深入推进深圳质量、深圳标准建设，全面提升产品、工程、服务、环境等各领域质量，打造更具时代引领性的深圳品牌，做强更具比较优势的深圳制造。持续开展发展成果惠民行动，出台政策鼓励更多社会资本参与教育、医疗、文化、养老等供给，努力为市民提供更多更优质的公共服务，率先构建全面共建共享共同富裕的民生发展格局。加快建设美丽深圳，打造更加和美宜居的城市环境。推动城乡、区域、物质文明和精神文明协调发展。扎实推进"文化创新发展2020"，增强城市文化软实力。

三是坚持和加强党的领导，进一步完善现代化治理体系和治理能力。要认真学习习近平新时代中国特色社会主义思想，特别是深刻领会习近平总书记考察广东、深圳时的重要讲话精神。牢固树立"四个意识"，坚定"四个自信"，坚决维护习近平总书记党中央的核心、全党的核心地位，坚决维护以习近平同志为核心的党中央权威和集中统一领导，充分发挥党的领导核心作用，确保特区新时代改革开放事业沿着正确的方向前进。要严明政治纪律和政治规矩，落实新形势下党内政治生活若干准则，涵养风清气正的政治生态。继续推进作风建设，规范政商交往行为，加快构建"亲""清"新型政商关系。深入推进"放管服"改革，进一步提高政府效率和依法行政水平，建设更高水平的法治政府。加强精细化管理，细化城市管理的法规规章、开展城中村环境综合治理、加强社会治理创新等，努力提升城市治理现代化水平，营造共建共治共享的社会治理格局。

四是以科学的世界观和方法论推动新时代改革开放。习近平总书记在考察广东、深圳时强调："要掌握辩证唯物主义和历史唯物主义的方法论，以改革开放的眼光看待改革开放，充分认识新形势下改革开放的时代性、体系性、全局性问题，在更高起点、更高层次、更高目标上推进改革开放。"① 他在庆祝改革开放 40 周年大会上的重要讲话中又强调："必须坚持辩证唯物主义和历史唯物主义世界观和方法论，正确处理改革发展稳定关系。改革开放 40 年的实践启示我们：我国是一个大国，决不能在根本性问题上出现颠覆性错误。我们坚持加强党的领导和尊重人民首创精神相结合，坚持'摸着石头过河'和顶层设计相结合，坚持问题导向和目标导向相统一，坚持试点先行和全面推进相促进，既鼓励大胆试、大胆闯，又坚持实事求是、善作善成，确保了改革开放行稳致远。前进道路上，我们要增强战略思维、辩证思维、创新思维、法治思维、底线思维……"② 马克思主义哲学是中国共产党的看家本领，要运用辩证唯物主义和历史唯物主义的方法论，在改革开放 40 年的基础上认识新时代改革开放，形成改革开放再出发的科学思想方法。既要不忘改革开放初心，总结改革开放 40 年成功经验，又要深刻把握新时代国际国内形势发生的广泛而深刻的变化，认清改革发展面临的新形势新任务新挑战。

（原载《中国社会科学报》2019 年 1 月 8 日）

---

① 《以改革开放的眼光看待改革开放——论学习贯彻习近平总书记广东考察重要讲话精神》，《人民日报》2018 年 10 月 30 日第 4 版。

② 习近平：《在庆祝改革开放 40 周年大会上的讲话》，《人民日报》2018 年 12 月 19 日第 2 版。

习近平外交思想的哲学基础探析

　　党的十八大以来，以习近平同志为核心的党中央准确把握时代发展大势和国内国际两个大局，以高瞻远瞩的视野和总揽全局的魄力，提出一系列富有中国特色、体现时代精神、引领人类发展进步潮流的新理念新主张新倡议，推进一系列波澜壮阔的外交实践，形成了习近平外交思想，为新时代中国对外工作提供了根本遵循和行动指南。作为习近平新时代中国特色社会主义思想的重要组成部分，习近平外交思想具有丰富的内涵，如构建新型国际关系、构建人类命运共同体、坚持正确义利观、推动"一带一路"建设、"亲诚惠容"的周边外交理念、"真、实、亲、诚"的对非政策理念、新发展观、新安全观、新合作观、新文明观和新型全球治理观等。习近平外交思想蕴含着辩证唯物主义和历史唯物主义的科学世界观和方法论，彰显了马克思主义哲学的时代光辉与中国哲学智慧，主要体现在对时代的历史方位与特征的准确把握、对全人类共同价值的深刻阐释、科学的哲学思维方法以及对中国特色社会主义道路历史规定性和文化规定性的把握等方面。

一 唯物史观视阈中的时代观

哲学的生命力在于反映时代精神和时代问题,外交思想来源于现实的国际关系和国际交往实践,反映了一定的时代内涵,科学的外交思想是以准确把握某一历史时期的时代内涵为基础的。时代是以一定的标准划分的某个历史时期,不同的标准划分出不同的时代,亦即依据的标准不同,把握时代内涵所得出的结论也不同。唯物史观是马克思创立的关于人类历史发展规律的科学认识,为我们划分历史时代、把握时代内涵提供了科学的方法论。习近平总书记运用唯物史观基本原理形成"大历史观"并以此把握当今时代的历史方位与特征,做出当今人类"依然处在马克思主义所指明的历史时代"、当今世界正面临着"百年未有之大变局"、中国特色社会主义进入新时代等一系列科学判断,形成系统科学的时代观,这是习近平外交思想的重要基础和科学依据。

(一) 历史大时代

准确把握当今国际形势,制定和实施科学的外交政策,首先要对当今整个人类所处的大时代做出准确判断。2017 年 9 月 29 日,习近平总书记在中共中央政治局集体学习时强调:"时代在变化,社会在发展,但马克思主义基本原理依然是科学真理。尽管我们所处的时代同马克思所处的时代相比发生了巨大而深刻的变化，但从世界社会主义 500 年的大视野来看，我们依然处在马克思主义所指明的历史时代。"① 他还指出："事实一再告诉我们，马克思、恩格斯关于资本主义社会基本矛盾的分析没有过时，关于资本主义必然消亡、社会主义必然胜利的历史唯物主义观点也没有过时。这是社会历史发展不可逆转的总趋势，但道路是曲折的。资本主义最终消亡、社会主义最终胜利，必然是一个很长的历史过程。我们要深刻认识资本主义社会的自我调节能力，充分估计到西方发达国家在经济科技军事方面长期占据优势的客观现实，认真做好两种社会制度长期合作和斗争的各方面准备。在相当长时期内，初级阶段的社会主义还必须同生产力更发达的资本主义长期合作和斗争，还必须认真学习和借鉴资本主义创造的有益文明成果，甚至必须面对被人们用西方发达国家的长处来比较我国社会主义发展中的不足并加以指责的现实。我们必须有很强大的战略定力，坚决抵制抛弃社会主义的各种错误主张，自觉纠正超越阶段的错误观念。最重要的，还是要集中精力办好自己的事情，不断壮大我们的综合国力，不断改善我们人民的生活，不断建设对资本主义具有优越性的社会主义，不断为我们赢得主动、赢得优势、赢得未来打下更加坚实的基础。"②

---

① 《习近平谈治国理政》第二卷，外文出版社 2017 年版，第 66 页。

② 习近平：《关于坚持和发展中国特色社会主义的几个问题》，《求是》2019 年第 7 期。

这些论述对当今时代问题做出了科学精辟的阐述。"我们依然处在马克思主义所指明的历史时代"是习近平总书记运用马克思主义关于人类历史发展规律基本原理即唯物史观分析当今时代特征和世界发展趋势做出的一个重大判断，这里的时代是马克思主义唯物史观中所阐述的大的"历史时代"，它的根本性质仍然是由占统治地位的生产关系所决定的。从时代的根本性质和人类历史发展现状来看，虽然当今资本主义发生了很大变化，但马克思主义经典作家对于人类所处的大的历史时代的判断并没有过时。当今人类依然处于资本主义占统治地位并逐步向社会主义过渡的大的历史时代，资本主义占统治地位的时代本质没有改变，从而决定了社会主义与资本主义两条道路、两种制度、两个前途、两种命运和两种意识形态的矛盾与斗争将长期存在，在一定条件下，这种斗争与博弈甚至会更加尖锐、更加激烈。

习近平总书记对当今整个人类历史发展阶段的科学判断为思考和把握重大国际问题和处理重大国际关系提供了科学依据。以中美关系为例，将当下的中美关系放在大的历史时代背景中，才能够更加透彻地理解当前其面临的一系列挑战的本质。中美之间的矛盾与斗争不仅仅是军备、海洋、贸易、金融或者高科技发展等某一个或几个领域的竞争，本质上是两条道路、两种制度竞争的反映，即在什么样的制度下能实现又好又快的发展。美国与一些西方国家不愿意看到中国强大，肆意以西方价值观攻击和歪曲污蔑中国的国家制度、国家治理体系与正常国际交往，通过发起贸易摩擦、制裁中国高新技术企业和限制人员往来等方式竭尽遏制、打压中国发展，攻击中国特色社会主义是"国家资本主义"①，试图颠覆中国共产党的领导与社会主义制度，迟滞乃至中断中华民族伟大复兴的历史进程。我们应当深刻地认识到这种斗争的长期性、复杂性与尖锐性，它是无法回避的。因此，新时代中国特色大国外交必须保持战略定力，在任何情况下都要坚定中国特色社会主义道路自信、理论自信、制度自信和文化自信，利用好一切机遇发展壮大自己，认真做好两种社会制度既长期合作又进行斗争的各方面准备。从大的历史时代意义上来看，无论世界如何变化，马克思主义依然显示出科学思想的伟力，依然占据着真理和道义的制高点，依然是具有重大国际影响的思想体系和话语体系。

（二）百年未有之大变局

在准确把握当今时代在人类历史上所处方位的基础上，习近平总书记对国际形势与世界格局的特点做了科学判断，即当今世界正处在大发展大变革大调整时期，正面临着百年未有之大变局，这为正确认识当今国际问题实质和做好外交工作提供了科学视角。"百年未有之大

---

① 有关"国家资本主义"论的进一步讨论，可参见秋石《认清"国家资本主义"问题的真相》，《求是》2018 年第 17 期。

变局"这一论断具有丰富的内涵①，笔者认为其中有两点最为显著。

第一，以中国为代表的新兴市场国家和发展中国家近年来快速发展，同时以美欧为代表的西方国家相对而言在走下坡路，综合实力在下降。整个世界"东升西降"的趋势逐渐凸显。其中，新时代中国的"强起来"是促成百年未有之大变局的主要力量。这是自近代以来世界格局从未发生的新现象和新变化。

第二，中国的进一步发展仍然面临着世界经济深度衰退、国际贸易和投资大幅萎缩、国际金融市场动荡、国际交往受限、经济全球化遭遇逆流、一些国家保护主义和单边主义盛行、地缘政治风险上升②等不利局面。就全球而言，国际形势的不稳定性、不确定性日益突出，世界经济增长动能不足、贫富分化加剧、非传统安全问题蔓延等全球性问题成为人类面临的共同挑战。一方面，西方发达资本主义国家日益受困于经济萎靡、恐怖主义、难民问题相互交织等难题，新自由主义在实践中四处碰壁，资本主义政治制度和社会治理遇到新的危机；另一

---

① 如何理解"百年未有之大变局"的科学判断近年来在中国学术界与思想界引起了热烈讨论，参见朱锋《近期学界关于"百年未有之大变局"研究综述》，《人民论坛·学术前沿》2019年第7期。相关研究对百年未有之大变局的内涵、中国的机遇与挑战等问题进行了讨论，可参见张宇燕《理解百年未有之大变局》，《国际经济评论》2019年第5期；黄仁伟《如何认识百年未有之大变局》，《东亚评论》2019年第1期。

② 《坚持用全面辩证长远眼光分析经济形势 努力在危机中育新机于变局中开新局》，《人民日报》2020年5月24日第1版。

方面，中国特色社会主义作为一种新的制度体系则使国家的综合国力与日俱增，"西方之乱"与"中国之治"形成了鲜明对比。特别是面对 2020 年的新冠肺炎疫情，以习近平同志为核心的党中央坚持"人民至上、生命至上"的理念，不惜一切代价保护人民生命安全和身体健康，迅速控制了疫情，交出了抗疫斗争的"中国答卷"，充分展示了中国力量、中国精神和中国效率，进一步彰显了中国国家制度和国家治理的显著优势，使"西方之乱"与"中国之治"的对比更加明显。可以说，新冠肺炎疫情加速了"百年未有之大变局"的进程，中国特色社会主义道路越走越宽广，使世界上正视和相信马克思主义和社会主义的人多了起来，使世界范围内两种意识形态、两种社会制度的历史演进及其较量，发生了有利于马克思主义、社会主义的深刻转变。① 历史与现实告诉我们，国家间竞争从表层上看是经济的竞争、科技的竞争和军事的竞争，而从深层上看则是制度的竞争。制度优势是一个国家的最大优势，制度竞争是国家间最根本的竞争。

（三）中国特色社会主义新时代

应对"百年未有之大变局"，做好与资本主义制度长期竞争的准备，我们需要对中国特色社会主义自身的发展阶段有清醒、科学的认识。习近平总书记在党的十九

---

① 参见中共中央宣传部编《习近平新时代中国特色社会主义思想学习纲要》，学习出版社、人民出版社 2019 年版，第 5 页。

大报告中指出中国特色社会主义进入了新时代。新时代具有十分丰富的内涵：它"是承前启后、继往开来、在新的历史条件下继续夺取中国特色社会主义伟大胜利的时代，是决胜全面建成小康社会、进而全面建设社会主义现代化强国的时代，是全国各族人民团结奋斗、不断创造美好生活、逐步实现全体人民共同富裕的时代，是全体中华儿女勠力同心、奋力实现中华民族伟大复兴中国梦的时代，是我国日益走近世界舞台中央、不断为人类作出更大贡献的时代"①。

新时代与历史大时代、"百年未有之大变局"是紧密关联的，只有把中国特色社会主义置于这两个大的时代刻度中，考量中国特色社会主义的"变"与"不变"，我们才能深刻理解中国特色社会主义进入新时代的内涵。其中的"变"表现在两个方面：第一，中国特色社会主义发展取得巨大成就，使社会主义与资本主义之间的力量对比发生变化，中国特色社会主义的世界意义和示范意义彰显。首先，近代以来久经磨难的中华民族迎来了从站起来、富起来到强起来的伟大飞跃，迎来了实现中华民族伟大复兴的光明前景；其次，使科学社会主义在21 世纪的中国焕发出强大的生机活力，在世界上高高举起了中国特色社会主义伟大旗帜；最后，中国特色社会主义道路、理论、制度和文化不断发展，拓展了发展中国家走向现代化的途径，给世界上那些既希望加快发展

---

① 参见习近平《决胜全面建成小康社会　夺取新时代中国特色社会主义伟大胜利——在中国共产党第十九次全国代表大会上的报告》，人民出版社 2017 年版，第 10—11 页。

又希望保持自身独立性的国家和民族提供了全新选择，为解决人类问题贡献了中国智慧和中国方案。第二，中国社会的主要矛盾发生了历史性变化，已经转化为人民日益增长的美好生活需要和不平衡不充分的发展之间的矛盾。而"不变"表现在三个方面：第一，我们仍处在马克思主义所指明的历史时代，即当今人类社会仍然是资本主义生产方式占统治地位，但资本主义必然灭亡、社会主义最终胜利是人类历史发展的必然趋势，在这个很长的历史过程中，资本主义与社会主义两种制度、两种道路的斗争与合作将长期存在。第二，从中国特色社会主义的发展阶段看，中国处于并将长期处于社会主义初级阶段的国情没有变。第三，从"百年未有之大变局"的时代尺度看，中国是世界上最大发展中国家的国际地位没有变。中国特色社会主义进入新时代，也意味着中国特色大国外交进入了新时代，这个新时代是中国日益走近世界舞台中央、不断为人类做出更大贡献的时代。中国人民历来把自己的前途命运同各国人民的前途命运紧密联系在一起，中国共产党始终把为人类做出新的更大的贡献作为自己的使命。在新时代，中国与世界的关系发生深刻变化，同国际社会的互动空前紧密，成为促进世界和平与发展的强大力量。因此，必须统筹国内国际两个大局，坚持和平发展道路，坚持推动构建人类命运共同体。归结起来，在纷繁复杂、风云变幻的国际形势下，中国特色大国外交实践就是要遵照习近平总书记指出的时代观观察时代、解读时代、引领时代，真正搞懂面临的时代课题，深刻把握世界历史的脉络与走向，准确把握新时代的"变"与"不变",立足中国特色社会主义新时代这一中国发展新的历史方位,坚持实事求是的思想路线,准确判断世界发展大势,做出有利于维护国家利益和世界和平发展的科学决策。

二 基于全人类共同价值提出构建人类命运共同体

党的十八大以来,习近平总书记站在人类历史发展进程的高度,正确把握国际形势的深刻变化,顺应和平、发展、合作、共赢的时代潮流,深入思考"建设一个什么样的世界、如何建设这个世界"等关乎人类前途命运的重大课题,对构建人类命运共同体的时代背景、重大意义、丰富内涵和实现途径等重大问题进行深刻阐述。笔者认为,构建人类命运共同体是一种新型的全球化观,是对人类未来社会形态的一种新构想。

坚持推动构建人类命运共同体是习近平外交思想的重要组成部分,而全人类共同价值是构建人类命运共同体的思想理论基础,也是人类共同发展进步的重要精神动力。站在全人类价值共识的制高点上,习近平主席在第七十届联合国大会一般性辩论时首次提出"和平、发展、公平、正义、民主、自由,是全人类的共同价值,也是联合国的崇高目标"①,向世界昭示了中国外交的价

① 《习近平谈治国理政》第二卷,外文出版社 2017 年版,第 522 页。

值追求。

全人类共同价值与西方"普世价值"有着本质区别。基于思想与文化上的优越心态，部分西方国家的政客和学者认为西方式的价值观念与制度设计是放之四海而皆准的，意图将其包装为"普世"模式。"普世价值论"的本质就是将西方制度模式化，并上升成向全世界输出西方价值理念和发展模式的理论基础与道德依据，是将自身的特殊价值普遍化。实际上，近年来伴随着民粹主义横行、治理效率低下、不平等加剧以及社会撕裂等内部治理问题纷至沓来，西方国家纷纷陷入了治理困境，西方"普世价值"的弊端已经不断暴露出来。从历史唯物主义观点看，西方文化只是文化中的一种，资本主义道路只是人类发展过程的一个重要阶段。[①] 与之相对，全人类共同价值基于马克思主义理论基础之上，是真正着眼全人类的发展和命运、符合人类社会历史发展规律的共同价值。[②] 全人类共同价值植根于马克思主义实现人的自由而全面的发展的崇高理想。正如习近平总书记指出的，这一崇高理想站在了人类道义制高点上，马克思主义以实现人的自由而全面的发展和全人类解放为己任，真正代表全世界被压迫者和被剥削者的根本利益。

全人类共同价值是全人类追求的共同利益的体现，

---

① 陈先达：《历史唯物主义与中国道路》，《光明日报》2016 年 9 月 7 日第 13 版。

② 对全人类共同价值的进一步讨论，可参见张宇燕主编《习近平新时代中国特色社会主义外交思想研究》，中国社会科学出版社 2019 年版，第 215—224 页。

超越了世界各国的差异与分歧，构成了构建人类命运共同体的价值基础。党的十八大报告强调，人类只有一个地球，各国共处一个世界，要倡导"人类命运共同体"意识。2013 年 3 月 23 日，习近平主席在俄罗斯莫斯科国际关系学院做了题为"顺应时代前进潮流促进世界和平发展"的演讲，提出人类越来越成为一个"你中有我、我中有你的命运共同体"①。2015 年 9 月 28 日，习近平主席在纽约联合国总部发表重要讲话指出："当今世界，各国相互依存、休戚与共。我们要继承和弘扬联合国宪章的宗旨和原则，构建以合作共赢为核心的新型国际关系，打造人类命运共同体。"② 2017 年 1 月，习近平主席在联合国日内瓦总部的演讲中集中系统阐释了人类命运共同体理念的内涵。③ 2017 年 10 月 18 日，习近平总书记在党的十九大报告中提出要"坚持和平发展道路，推动构建人类命运共同体"，呼吁"建设持久和平、普遍安全、共同繁荣、开放包容、清洁美丽的世界"。④ 此后，"构建人类命运共同体"被写入《中国共产党章程》与《中华人民共和国宪法》，成为中国积极参与和引领全球治理的重

---

① 《习近平谈治国理政》第一卷，外文出版社 2018 年版，第 272 页。

② 《习近平谈治国理政》第二卷，外文出版社 2017 年版，第 522 页。

③ 习近平：《共同构建人类命运共同体——在联合国日内瓦总部的演讲》，《人民日报》2017 年 1 月 20 日第 2 版。

④ 习近平：《决胜全面建成小康社会　夺取新时代中国特色社会主义伟大胜利——在中国共产党第十九次全国代表大会上的报告》，人民出版社 2017 年版，第 57—58 页。

要主张，其内涵得到不断丰富与发展，同时还多次被写入联合国相关决议和文件。构建人类命运共同体这一重大命题的提出，正是基于对我们所处的历史时代和所面临的世界百年未有之大变局判断基础上，将对马克思主义的继承发扬同中国优秀传统文化创造性地结合起来。首先，人类生活在一个全球化时代，全球化尤其是经济全球化将人类的命运紧紧地联系在一起，成为当代世界一股无法阻挡的时代潮流。世界各国之间相互联系、相互依存的程度空前加深，彼此利益交融、命运与共、一荣俱荣、一损俱损。与此同时，当前世界面临的不稳定性不确定性日益增强，逆全球化思潮涌动，各种形式的反全球化运动此起彼伏，推动经济全球化与深化国际合作遭遇了空前的阻力，全球发展正面临治理赤字、信任赤字、和平赤字和发展赤字四大挑战，全球性问题威胁着全人类的生存与发展，迫切需要通过新思维、新理念、新途径为解决这些问题指明方向。构建人类命运共同体正是立足于全球治理问题的高度复杂性和不确定性，对"建设一个什么样的世界、如何建设这个世界"这一关乎人类前途命运的重大课题给出的中国回答。人类命运共同体理念超越了西方资本主义经济全球化的一元道路，摆脱了自我优先的霸权思维对现行全球治理体系的束缚，为"包容""普惠""共赢"的新型全球化注入动力，让各国以平等的身份参与全球化与获得发展红利，真正把全人类的前途命运联系到一起，在人类共同发展的进程中实现每个成员的自由全面发展。无论是推动构建新型国际关系，还是基于"共商共建共享"的"一带一路"

倡议以及积极参与全球治理，都体现着中国外交关照全人类的前途命运的崇高追求。其次，构建人类命运共同体的理念植根于中国的文化基因之中，人类命运共同体的构想以中国传统文化与历史实践为基础，对中华传统文化进行了创造性的转化。中华文化追求"和为贵"，强调和谐统一、"和而不同"以及"各美其美、美美与共"的良性发展。习近平总书记在中国人民对外友好协会成立 60 周年纪念活动上深刻地指出："中华民族历来是爱好和平的民族。中华文化崇尚和谐，中国'和'文化源远流长，蕴涵着天人合一的宇宙观、协和万邦的国际观、和而不同的社会观、人心和善的道德观。在 5000 多年的文明发展中，中华民族一直追求和传承着和平、和睦、和谐的坚定理念。以和为贵，与人为善，己所不欲、勿施于人等理念在中国代代相传，深深植根于中国人的精神中，深深体现在中国人的行为上。"① 人类命运共同体理念与中国传统"义利观""和合文化""协和万邦""天下大同""亲仁善邻"等思想一脉相承，是中国人天下情怀和整体思维的时代创新，这些理念至今仍然体现在中国的外交工作实践中。同时，中华文明是在中国大地上产生的文明，也是同其他文明不断交流互鉴而形成的文明。"文明因交流而多彩，文明因互鉴而丰富。文明交流互鉴，是推动人类文明进步和世界和平发展的重要

---

① 习近平：《在中国国际友好大会暨中国人民对外友好协会成立 60 周年纪念活动上的讲话》，《人民日报》2014 年 5 月 16 日第 2 版。

动力。"① 推进人类各种文明交流交融、互学互鉴，是让世界变得更加美丽、各国人民生活得更加美好的必由之路。人类命运共同体理念在汲取中华优秀传统文化和哲学智慧的基础上，倡导以文明交流互鉴推动人类文明进步和世界和平发展，破解"文明冲突论"等世界文明发展进程中的种种矛盾困惑。最后，在人与自然的关系方面，人类命运共同体理念主张共同建设一个清洁美丽的世界，这蕴含着一种生命共同体意识。在全球化条件下，来自自然、经济、社会的多种凶恶风险挑战客观上决定了人类也是一个生命共同体。当前全球性问题正严重威胁着人类生存发展，追求人与自然的和谐发展事关全人类的命运与福祉。中国坚持践行绿色发展理念，积极推动世界各国遵守实施应对气候变化的《巴黎协定》，呼吁共同应对全球气候变化，并积极承担相应的责任义务，与世界各国携手应对全人类面临的共同挑战。这既是中华民族"天人合一"的哲学传统使然，也是在人与自然关系上遵循唯物辩证法的根本要求。2020 年突如其来的新冠肺炎疫情迅速演变成一场全球性的公共卫生危机，给世界各国人民的生命安全带来了巨大威胁。病毒不分国界，是全人类面临的共同挑战。任何国家都不能置身其外，独善其身。② 新冠肺炎疫情的"大流行"表明人类对自然仍有许多未知领域，病毒是全人类共同的敌人。

---

① 习近平：《文明交流互鉴是推动人类文明进步和世界和平发展的重要动力》，《求是》2019 年第 9 期。

② 《习近平同德国总理默克尔通电话》，《人民日报》2020年 3 月 26 日第 1 版。

在这场灾难面前，构建人类命运共同体的重要性与紧迫性空前彰显。正如习近平总书记所指出的："人类是命运共同体，团结合作是战胜疫情最有力的武器。"① 唯有团结协作、携手应对，国际社会才能战胜疫情。在中国积极不懈地推动下，增强团结合作以应对疫情成为国际社会大多数成员的普遍共识。在中国共产党的坚强领导与全国人民的共同努力下，中国在较短的时间内控制住了国内疫情，为各国防控疫情争取了宝贵时间，给全球抗疫提供了宝贵的经验，丰富与深化了人类命运共同体的内涵。"中国将秉持人类命运共同体理念，为全球疫情防控分享经验，提供力所能及的支持，同各国一道促进全球公共卫生事业发展，构建人类卫生健康共同体。"② 在全球抗击新冠肺炎疫情的关键时刻，习近平总书记提出了共同构建人类卫生健康共同体的全新倡议，并宣布一系列有力举措，对支持全球抗疫做出了庄重承诺，这一切充分体现了负责任大国的担当与作为，真正落实了人类命运共同体的理念。当前全球疫情形势仍然严峻，中国也将继续站在全人类共同命运的高度，继续坚持以多边主义应对全球挑战，为不确定的世界增加确定性。

---

① 习近平：《团结合作战胜疫情 共同构建人类卫生健康共同体——在第 73 届世界卫生大会视频会议开幕式上的致辞》，《人民日报》2020 年 5 月 19 日第 2 版。

② 《习近平同印尼总统佐科通电话》，《人民日报》2020 年 4 月 3 日第 1 版。

三　运用科学的哲学思维方法分析和解决复杂的国际问题

党的十八大以来，习近平总书记多次强调要把马克思主义哲学作为中国共产党人治国理政的看家本领，尤其提出要增强战略思维、历史思维、辩证思维、创新思维、法治思维和底线思维能力，[①] 形成了体大思精的改革方法论，这也为做好外交工作提供了科学的方法论指引。

（一）战略思维

战略问题是一个政党、一个国家的根本性问题。所谓战略思维能力，就是高瞻远瞩、统揽全局、善于把握事物发展总体趋势和方向的能力。中国共产党历来高度重视战略思维。毛泽东强调，作为领导干部一定要有"战略头脑"，即战略思维能力。邓小平曾告诫，"考虑任何问题都要着眼于长远，着眼于大局。许多小局必须服从大局"[②]。党的十八大以来，面对国内国际环境的深刻复杂变化，以习近平同志为核心的党中央做出中国发展仍处于重要战略机遇期的战略判断，多次强调在改革和发展的各项工作中要有战略思维。具体到外交工作中，

---

① 有关五种思维能力的充分讨论，可参见中共中央宣传部编《习近平新时代中国特色社会主义思想学习纲要》，学习出版社、人民出版社 2019 年版，第 244—246 页；王伟光主编《开辟当代马克思主义哲学新境界》，中国社会科学出版社 2019 年版，第 62—71 页。

② 《邓小平文选》第 3 卷，人民出版社 1993 年版，第 298 页。

习近平总书记深入把握时代发展大势，亲身运筹外交工作的顶层设计与战略谋划，将大国、周边、发展中国家和多边合作密切结合、通盘规划、整体推进，同时统筹国内国际两个大局，着力维护国家主权、安全与发展利益，为实现"两个一百年"奋斗目标与中华民族伟大复兴提供了有力保障。总体国家安全观的提出也是战略思维的重要体现，它统筹了外部安全与内部安全，对安全的内涵与外延做出了全方位的思考与界定，并且有效协调了发展与安全之间的关系，从而有助于从战略高度审时度势，系统回应我们面临的风险与挑战，切实维护好中国国家利益。①

（二）历史思维

历史思维能力，就是以史为鉴、知古鉴今，善于运用历史眼光认识发展规律、把握前进方向、指导现实工作的能力。"治理国家和社会，今天遇到的很多事情都可以在历史上找到影子，历史上发生过的很多事情也都可以作为今天的镜鉴。"② 外交工作需要对纷繁复杂的国际

---

① 对总体国家安全观的进一步讨论，可参见中共中央党史和文献研究院编《习近平关于总体国家安全观论述摘编》，中央文献出版社 2018 年版；张宇燕主编《习近平新时代中国特色社会主义外交思想研究》，中国社会科学出版社 2019 年版，第 63—71 页。

② 《习近平在中共中央政治局第十八次集体学习时强调　牢记历史经验历史教训历史警示　为国家治理能力现代化提供有益借鉴》，《人民日报》2014 年 10 月 14 日第 1 版。

形势做出正确的判断与把握，善于运用历史眼光认识发展规律、把握前进方向。正如习近平总书记所指出的："不仅要看现在国际形势什么样，而且要端起历史望远镜回顾过去、总结历史规律，展望未来、把握历史前进大势。"①"'明镜所以照形，古事所以知今。'我们回顾历史，是要以史为鉴，不让历史悲剧重演。"②只有尊重历史规律、顺应时代潮流，才能跟上历史的脚步、把握人类发展的共同诉求。一些西方国家固守零和博弈与冷战思维的框架，打压、围堵中国的和平发展，注定不会成功，应当正确认识新时代中国特色大国外交的历史方位，充分汲取历史经验和智慧应对这些挑战。

（三）辩证思维

辩证思维是人们自觉运用唯物辩证法分析问题和解决问题的科学思维方式，就是承认矛盾、分析矛盾、解决矛盾，善于抓住关键、找准重点、洞察事物发展规律的能力。学习与运用辩证唯物主义的要点之一就是掌握唯物辩证法的根本方法，不断增强辩证思维能力，提高驾驭复杂局面、处理复杂问题的本领。③在外交工作中，

---

① 《习近平谈治国理政》第三卷，外文出版社 2020 年版，第 427 页。

② 习近平：《同舟共济创造美好未来——在亚太经合组织工商领导人峰会上的主旨演讲》，《人民日报》2018 年 11 月 18 日第 2 版。

③ 参见中共中央宣传部编《习近平新时代中国特色社会主义思想学习纲要》，学习出版社、人民出版社 2019 年版，第 242 页。

一方面就是要厘清世界上各个国家和地区在中国外交中的地位，抓住主要矛盾和矛盾的主要方面，避免在林林总总、纷纭多变的国际乱象中迷失方向。例如，当前的外交工作将共建"一带一路"作为重要抓手，为特色大国外交提供了广阔的平台，为中国与世界各国共同发展提供了新的动力。另一方面也应该利用矛盾，将外交工作中的风险与挑战转化为机遇，例如利用好美俄矛盾、美欧矛盾、俄欧矛盾、英欧矛盾以及美国与其盟国之间的矛盾，扩大外交的转圜空间，从而掌握主动性。

（四）创新思维

创新思维就是破除迷信、超越过时的陈规，善于因时制宜、知难而进、开拓创新的能力。习近平总书记指出，"惟创新者进，惟创新者强，惟创新者胜"[1]。提高创新思维能力，就是要从根本上破除因循守旧、思想僵化、形式主义和无所作为，转变思维习惯、突破思维定式，在把握事物发展客观规律基础上实现变革和创新。习近平外交思想将马克思主义基本原理同当代中国实际紧密结合，孕育了一系列外交理论与实践创新。例如习近平主席在 2014 年亚洲相互协作与信任措施会议第四次峰会上提出的亚洲安全观，正是中国在周边外交和国际安全观上的重要创新，它反映了地区安全现状和普遍诉求，为各国维护共同安全、化解矛盾风险、构建区域安全架构提供了新思路。"一带一路"与构建人类命运共同体等

---

① 《习近平谈治国理政》第一卷，外文出版社 2018 年版，第 59 页。

国际倡议的提出也都是创新思维的产物。

（五）法治思维

法治思维是基于法治的固有特性和以法治的信念来认识事物、判断是非、解决问题的思维方式。法治精神及法治思维同样贯穿整个外交活动领域，在具体外交实践中尊重国际法、坚持运用和发展国际法。中国的外交政策是和平的外交政策，中国提出的和平共处五项原则也是与其他国家共同努力而缔造的一项国际法基本原则。在当前的全球新冠肺炎疫情中，可以看到一些国外政客、商人乃至法律界人士试图在病毒溯源工作尚未完成的情况下"甩锅"中国，发起多场"向中国索赔"的滥诉闹剧。这些诉讼没有事实、法理和法律上的根据，实质是为污名化中国进行舆论炒作。在对待这些滥诉时，应当充分运用法治思维，坚持基于科学精神、事实与国际法法理，冷静予以揭露和应对。

（六）底线思维

底线思维是以底线为导向的一种科学思维方法。底线思维能力，就是客观地设定最低目标，立足最低点，争取最大期望值的一种积极的思维能力。习近平总书记强调："要善于运用'底线思维'的方法，凡事从坏处准备，努力争取最好的结果。"① 底线思维在外交工作中相当重要，

---

① 中共中央宣传部编：《习近平系列重要讲话读本》，学习出版社、人民出版社 2016 年版，第 288 页。

中国倡导全人类共同价值、主张构建人类命运共同体，但同时中国与其他国家的合作是有底线的：在涉及国家核心利益的问题上，中国始终注重划出红线、亮明底线，把坚决维护国家主权、安全和发展利益作为外交工作的基本出发点和落脚点。在整个中美经贸谈判过程中，中方不卑不亢、坚守底线思维，保持战略定力，坚决捍卫了中国国家利益。

四　新时代中国外交实践的历史规定性和文化规定性

习近平总书记深刻阐释了中国特色社会主义道路的历史规定性和文化规定性，这一阐释深刻揭示了中国选择社会主义发展道路、不走西方列强的霸权主义老路的根本缘由，是习近平外交思想的重要哲学基础之一。

新中国成立 70 年来，中国共产党领导人民在艰辛探索中走出了一条适合中国国情的社会主义发展道路，也就是中国道路，创造了"两个奇迹"[①]。在笔者看来，中国道路成功的根本原因在于三点：一是中国共产党不断推动马克思主义的中国化、时代化和大众化；二是作为执政党的中国共产党执政理念的人民性，它没有自身私

[①]　新中国成立 70 年来，我们党领导人民创造了世所罕见的经济快速发展奇迹和社会长期稳定奇迹，中华民族迎来了从站起来、富起来到强起来的伟大飞跃。参见《中共中央关于坚持和完善中国特色社会主义制度　推进国家治理体系和治理能力现代化若干重大问题的决定》，《人民日报》2019 年 11 月 6 日第 1 版。

利，而是为人民谋幸福、为民族谋复兴，这就使得中国的治理体系更加科学合理；三是形成了中国特色社会主义制度体系。当今中国走上中国特色社会主义发展道路绝不是懵懵懂懂的选择，不是历史的偶然："中国特色社会主义是在改革开放四十多年的伟大实践中得来的，是在新中国成立七十年的持续探索中得来的，是在我们党领导人民进行伟大社会革命九十多年的实践中得来的，是在近代以来中华民族由衰到盛一百七十多年的历史进程中得来的，是在世界社会主义五百年波澜壮阔的发展历程中得来的，是在对中华文明五千多年的传承发展中得来的。搞清楚世界社会主义思想的源头及其演进，搞清楚中国特色社会主义的历史发展，就能明白，中国共产党在推进革命、建设、改革的进程中，是怎样经过反复比较和总结，历史地选择了马克思主义、选择了社会主义道路；是怎样把马克思主义基本原理同中国实际和时代特征结合起来，独立自主走自己的路，迎来了中国特色社会主义从创立、发展到完善的伟大飞跃。"[1]

历史规定性和文化规定性决定了中国所选择的发展道路。正如习近平总书记指出的："中国今天所走的中国特色社会主义道路，是与五千年的中华文明分不开的，也是中国人民历经艰难困苦奋斗摸索出来的，是马克思主义基本原理同中国实际与当今时代特征相结合的产物，它是历史的必然，人民的选择。人间正道是沧桑。不管有多少艰难

---

[1] 中共中央宣传部编：《习近平新时代中国特色社会主义思想学习纲要》，学习出版社、人民出版社 2019 年版，第 25 页。

险阻，我们都将沿着这条道路坚定不移地走下去。中国发展起来了，将为世界和平和人类进步作出重大贡献。"① 中国共产党的领导是历史和人民的选择，党领导我们开辟的中国特色社会主义道路是唯一正确的道路，这是中国外交的根本底色和最大优势。② 中国特色大国外交的根本立场是要坚定地维护与发展国家核心利益。中国在短短 70 年特别是改革开放 40 多年里实现了西方资本主义国家需要一两百年才能达到的工业化成就，经济社会发展成就辉煌，人民生活水平显著提高，国家综合实力大大提升，成为在当今世界具有巨大影响力的经济政治大国，这是因为我们坚持走自己的发展道路，即坚持中国共产党的领导，坚持以马克思主义为指导，坚持继承中华优秀传统文化，弘扬革命精神，发展社会主义先进文化，发展社会主义市场经济的中国特色社会主义发展道路。发展道路问题对中国核心利益的实现具有根本意义。中国特色社会主义道路也是实现社会主义两个百年目标和中华民族伟大复兴的必由之路、科学之路。因此，中国特色大国外交应当为捍卫中国发展道路对于中国发展的合理性和正当性创造良好的外部环境，为中国发展争取最大的国际支持。一切有损或阻碍中国发展和中华民族伟大复兴的外部因素，都必须坚决予以反对。事实上，近些年来，以美国为首的西方资本主义国家基于狭隘的"普世价值"观和冷战思维，

---

① 《习近平同希腊总统帕夫洛普洛斯会谈》，《人民日报》2019 年 5 月 15 日第 1 版。

② 杨洁篪：《在习近平外交思想指引下奋力推进中国特色大国外交》，《求是》2018 年第 18 期。

一再诟病与妖魔化中国的发展道路、中国制度和中国特色社会主义意识形态，企图影响与改变中国的道路与发展方向。当中国没有走它们的道路、未按照它们的设计去发展，而是用事实雄辩地证明了中国特色社会主义道路的正确性时，它们又妄图以新的抹黑攻势来遏制中国的发展，包括在高科技领域渲染中国的经济和安全"威胁"、在香港和新疆等问题上持续抹黑中国维护国家统一的努力以及在"一带一路"建设上污蔑中国"经济渗透""制造债务陷阱"等，甚至抛出"改造中国失败"的谬论，试图全盘否定改革开放以来中国融入国际体系、积极参与全球治理的实践。① 这些做法完全忽视了中国发展道路的历史规定性与文化规定性，反映了西方国家居高临下的文化傲慢心态。中国特色大国外交的重要使命之一，就是直面与破解充满西方偏见与误解的中国政治叙事，构建中国特色大国外交话语体系，捍卫中国特色社会主义发展道路与制度体系。

中国特色社会主义道路也打破了西方对现代化道路解释权的垄断，拓展了发展中国家走向现代化的途径，给世界上那些既希望加快发展又希望保持自身独立性的

---

① 王毅在中美智库媒体论坛上强调："任何势力都没有资格去否定其他国家选择的道路，任何国家也都不会按照别人的好恶来改造自己的制度。归根到底，制度和道路是对还是错，应该由本国人民来决定。"参见《守正不移，与时俱进 维护中美关系的正确方向——王毅国务委员在中美智库媒体论坛上的致辞》，中华人民共和国外交部网，http://new.fmprc.gov.cn/web/wjbzhd/t1796282.shtml，2020 年 7 月 9 日。

国家和民族提供了全新选择，这是中国道路世界意义的集中体现。中国不"输入"外国模式，也不"输出"中国模式，不会要求别国"复制"中国的做法，尊重每个国家根据历史、文化、传统和国情自主选择自己的发展道路。党的十八大以来的中国外交实践和成就证明，中国共产党和中国人民不仅有信心、有能力建设好自己的国家，而且有信心、有能力带动各国共同发展；不仅能够为人类探索更好的社会制度提供中国智慧，也能够为发展中国家走向现代化提供新的路径。① 这些才是中国特色大国外交最本质也是最有意义的成果。未来，习近平外交思想引领下的新时代中国特色大国外交必将继续推动更多国家和人民理解和认同中国特色社会主义道路，继续为世界和平与发展做出重要贡献。

中国共产党是为中国人民谋幸福的政党，也是为人类进步事业而奋斗的政党。② 中国道路在外交政策上的具体反映就是坚持走和平发展道路。中国选择和平发展道路，同样具有内在的历史规定性与文化规定性。鸦片战争之后，中华民族陷入积贫积弱、任人宰割的悲惨境地。中国近代史的屈辱经历让中国人民更加热爱和平，更加意识到和平发展的重要性。没有和平的外部环境，发展就无从谈起，我们不能让历史重演。"建设富强民主文明

---

① 《王毅在中国共产党第十九次全国代表大会中央国家机关代表团开放式讨论时发言》，《世界知识》2017 年第 21 期。

② 习近平：《决胜全面建成小康社会 夺取新时代中国特色社会主义伟大胜利——在中国共产党第十九次全国代表大会上的报告》，人民出版社 2017 年版，第 57 页。

和谐的社会主义现代化国家，是我们的目标，也是我们的责任，是我们对中华民族的责任，对前人的责任，对后人的责任。"① 从文化上来看，不同民族、不同国家由于其自然条件和发展历程不同，产生和形成的核心价值观也各有特点。一个民族、一个国家的核心价值观必须同这个民族、这个国家的历史文化相契合，同这个民族、这个国家的人民正在进行的奋斗相结合，同这个民族、这个国家需要解决的时代问题相适应。中华文明绵延数千年，有其独特的价值体系。比如，中华文化强调"民惟邦本""天人合一""和而不同"，强调"天行健，君子以自强不息""大道之行也，天下为公"；强调"天下兴亡，匹夫有责"，主张以德治国、以文化人；强调"君子喻于义""君子坦荡荡""君子义以为质"；强调"言必信，行必果""人而无信，不知其可也"；强调"德不孤，必有邻""仁者爱人""与人为善""己所不欲，勿施于人""出入相友，守望相助""老吾老以及人之老，幼吾幼以及人之幼""扶贫济困""不患寡而患不均"，等等。像这样的思想和理念，不论过去还是现在，都有其鲜明的民族特色，都有其永不褪色的时代价值。这些思想和理念，既随着时间推移和时代变迁而不断与时俱进，又有其自身的连续性和稳定性。我们生而为中国人，最根本的是我们有中国人的独特精神世界，有百姓日用而不觉的价值观。这些价值观不仅仅是我们处理人与人

①《习近平谈治国理政》第一卷，外文出版社 2018 年版，第 169—170 页。

之间、人与社会之间，也是处理民族国家间关系的重要准则。[1] 中国道路的历史规定性和文化规定性决定了中国在发展起来之后不会走上"国强必霸"的老路，自古以来中国人民都推崇"己所不欲，勿施于人"的理念，中华民族的血液中没有侵略他人、称霸世界的基因。中国重视"达己达人"，中国特色大国外交不仅把和平与发展视为不可分割的有机整体，还推动中国发展与世界和平的深度融合，[2] 在谋求自身发展的同时，积极参与全球治理并合理兼顾他国利益，强调合作共赢的"共商共建共享"理念下的中国方案和中国智慧，中国的和平发展道路必将在世界上得到更广泛的认同与支持。

五　结论

作为习近平新时代中国特色社会主义思想的重要组成部分，习近平外交思想贯穿着辩证唯物主义和历史唯物主义的立场、观点和方法，是新时代中国对外工作的根本遵循和行动指南。开拓中国特色大国外交，必须学懂弄通做实习近平外交思想，而深刻理解习近平外交思想的哲学基础对于理解和把握习近平外交思想的核心与实质具有重要意义。对时代问题的准确把握、关照全人类的共同价值追求、运用科学的哲学方法观察与分析国

---

① 《习近平谈治国理政》第一卷，外文出版社 2018 年版，第 170—171 页。

② 吴志成、吴宇：《习近平外交思想析论》，《世界经济与政治》2020 年第 2 期。

际问题以及深刻阐释中国特色社会主义道路的历史规定性和文化规定性，都是习近平外交思想对马克思主义哲学的运用与发展，贯穿于当今中国外交实践中。可以说，习近平外交思想是马克思主义基本原理同中国特色大国外交实践相结合的重大理论结晶，是马克思主义世界历史理论在新时代的创新，同时也是马克思主义占据真理和道义的制高点这一根本理论特征在外交领域的创造性运用和展现。

（原载《世界经济与政治》2020 年第 8 期）

百年中国共产党为什么能的哲学密码

中国共产党已走过一百年的峥嵘岁月，一百年来，中国共产党从一个最初 50 多名党员逐步发展到现在具有 9500 多万党员的世界第一大执政党，无数次从失败中奋起，从困境中走出，付出了巨大的流血牺牲和代价，最终带领中国人民成功走出了一条中国革命道路和"中国式"现代化新道路[1]，"中华民族迎来了从站起来、富起来到强起来的伟大飞跃，实现中华民族伟大复兴进入了不可逆转的历史进程"[2]。学史明理。百年党史苦难而辉煌的历程，告诉人们一个根本道理，"不断推进马克思主义中国化时代化，指导中国人民不断推进伟大社会革命"[3]。"中国共产党为什么能，中国特色社会主义为什么

---

[1] 习近平：《在庆祝中国共产党成立 100 周年大会上的讲话》，人民出版社 2021 年版，第 14 页。

[2] 习近平：《在庆祝中国共产党成立 100 周年大会上的讲话》，人民出版社 2021 年版，第 7 页。

[3] 习近平：《在庆祝中国共产党成立 100 周年大会上的讲话》，人民出版社 2021 年版，第 13 页。

好，归根到底是马克思主义行！"① 习近平总书记的这些精辟论断揭示了中国共产党为什么能，中国道路为什么成功的根本奥秘，这就是：一百年来，中国共产党始终坚持以马克思主义为指导，不断推进马克思主义中国化，以中国化马克思主义指导中国革命、建设和改革发展。马克思主义中国化实质上是一个哲学命题，包含着丰富的哲学内涵，它体现了主观与客观、理论与实践、一般性与特殊性相结合的马克思主义哲学基本原理。从马克思主义哲学的视角回首百年党史的伟大历程，认识中国共产党为什么能、中国道路为什么成功的深刻原因，我们认为主要有以下几点内容。

一 不断推进马克思主义中国化，坚持实事求是的思想路线

2021 年 2 月 20 日，习近平总书记在党史学习教育动员大会上的重要讲话指出："我们党的历史，就是一部不断推进马克思主义中国化的历史，就是一部不断推进理论创新、进行理论创造的历史。""一百年来，我们党坚持解放思想和实事求是相统一、培元固本和守正创新相统一，不断开辟马克思主义新境界，产生了毛泽东思想、邓小平理论、'三个代表'重要思想、科学发展观，产生了新时代中国特色社会主义思想，为党和人民事业发展

① 习近平：《在庆祝中国共产党成立 100 周年大会上的讲话》，人民出版社 2021 年版，第 13 页。

提供了科学理论指导。"① 从党的非凡历程中我们可以深刻领会马克思主义中国化是如何深刻改变中国、改变世界的，感悟中国化马克思主义的真理力量和实践力量，深化对中国化马克思主义既一脉相承又与时俱进的理论品质的认识。

马克思主义中国化的哲学内涵就是坚持主观与客观相结合、理论与实践相统一；就是坚持一切从实际出发，理论联系实际，实事求是，在实践中检验真理和发展真理的思想路线。百年来，中国共产党领导中国革命、建设、改革开放的伟大实践所取得伟大历史性成就，首先是不断推进马克思主义中国化、坚持正确思想路线的胜利，马克思主义中国化的历史就是一部坚持实事求是思想路线的历史。

实事求是思想路线的确立是党付出了无数流血牺牲和巨大代价得来的，是党与各种"左"的和右的错误思想路线进行多次斗争总结出来的，是通过伟大斗争得来的。实事求是首先是毛泽东同志的伟大创造。1927 年大革命失败后，在党内曾发生了多次"左"、右倾的偏向。以陈独秀为代表的一小部分人对革命前途悲观失望，犯了右倾投降主义错误，给党造成重大损失，大量共产党人遭到国民党反对派的屠杀。"八七会议"纠正和结束了陈独秀的右倾投降主义，毛泽东同志提出："以后要非常注意军事。须知政权是由枪杆子中取得的。"② 但是，"八

---

① 习近平：《在党史学习教育动员大会上的讲话》，人民出版社 2021 年版，第 12 页。

② 《毛泽东文集》第 1 卷，人民出版社 1993 年版，第 47 页。

七会议"也容许和助长了冒险主义和命令主义的倾向，为"左"倾错误开辟了道路。1927 年 11 月党中央的扩大会议，"左"倾的盲动主义（即冒险主义）路线形成，使"左"倾路线第一次在党中央的领导机关内取得统治地位。面对强大的敌人和革命失败后的群众情况，"左"倾主义者不但不组织有秩序的退却，反而命令少数党员和群众在全国组织毫无胜利希望的地方起义，给党带来许多损失。这一错误路线一开始就引起毛泽东同志和在白区工作的许多同志的批评和制止，只持续了半年左右。1929 年下半年至 1930 年上半年，"左"倾错误又发展起来，形成第二次"左"倾路线即立三路线。蒋冯战争爆发给革命带来有利条件，李立三等中央领导制定了组织全国中心城市武装起义和集中全国红军进攻中心城市的冒险计划，通过了《新的革命高潮与一省或数省的首先胜利》决议案。毛泽东提出的创造农村根据地，以农村包围城市，以根据地来推动全国革命高潮的思想，被污蔑为"极端错误的""农民意识的地方观念与保守观念"。毛泽东同志坚决反对立三路线，及时纠正红一方面军中的"左"倾错误，使江西革命根据地不仅没有遭到损失，还成功地粉碎了敌人的第一次"围剿"。1930 年 5 月，毛泽东撰写《反对本本主义》一文，提出"没有调查，没有发言权""中国革命斗争的胜利要靠中国同志了解中国情况"等重要论断，第一次提出并深刻阐明了马克思主义的思想路线，指出马克思主义必须同中国的实际情况相结合的极端重要性。

党的六届三中全会纠正了立三路线，但对党内的

"左"倾错误并未加以清算。1931 年召开的党的六届四中全会上，王明"左"倾路线在党内占据统治地位，给党带来灾难性的损失。王明"左"倾路线脱离"敌强我弱"的革命实际，坚持"城市中心"论，在军事上主张全线出击，与敌人打阵地战、堡垒战，直接导致第五次反"围剿"失败。红军由此被迫长征。在实行突围和战略转移的时候，又犯了退却中的逃跑主义错误，王明"左"倾主义错误路线使红军数量锐减，使中国革命陷入绝境。以毛泽东同志为代表的中国共产党人与王明"左"倾错误路线进行了长期的斗争。1937 年夏，为了从马克思主义认识论和辩证法的高度清算党内长期存在的主观主义尤其是教条主义错误，认真总结中国革命的经验教训，对中国革命实践的独创性经验作出哲学概括和创新，毛泽东同志在延安撰写了著名的《矛盾论》和《实践论》，这两部毛泽东哲学思想的代表性著作，是马克思主义哲学中国化的奠基之作。《实践论》主要研究和论述了认识与实践的统一问题，《矛盾论》主要研究和论述了矛盾的普遍性与特殊性的统一问题。这两个统一的论证解决了马克思主义基本原理和中国革命实践统一的哲学基础问题，也就是阐明了党的思想路线的哲学基础。

20 世纪 40 年代初，为进一步反思和批判王明"左"倾错误路线，毛泽东带领全党开展了一场普遍的马克思主义思想教育运动即延安整风运动。在整风运动中，全党围绕怎样以从实际出发的观点来对待马克思主义原理，怎样使马克思主义的基本原理与中国革命的实际相结合，以及怎样对待党的历史中一些重大问题展开了大讨论。

1941 年毛泽东在延安高级干部会议上作《改造我们的学习》的报告，在这篇报告中他指出："'实事'就是客观存在着的一切事物，'是'就是客观事物的内部联系，即规律性，'求'就是我们去研究。我们要从国内外、省内外、县内外、区内外的实际情况出发，从其中引出其固有的而不是臆造的规律性，即找出周围事变的内部联系，作为我们行动的向导。而要这样做，就须不凭主观想象，不凭一时的热情，不凭死的书本，而凭客观的指导下，从这些材料中引出正确的结论。"[①] 毛泽东借用我国古代成语"实事求是"概括和阐释了马克思主义与中国实际相结合的科学态度，并把这种科学态度确立为实事求是的思想路线。1942 年，毛泽东先后作《整顿党的作风》《反对党八股》的讲演，指出整风运动的主要任务是反对主观主义以整顿学风，反对宗派主义以整顿党风，反对党八股以整顿文风。目标就是发扬理论联系实际的马克思主义的学风，一切从实际出发，实事求是。整风运动彻底清算了王明"左倾"错误路线，使实事求是的马克思主义思想路线在全党深入人心。在实事求是思想路线的指引下，以毛泽东同志为代表的中国共产党人领导中国人民取得了新民主主义革命的胜利。实事求是的重要性，正如毛泽东在 1958 年 7 月会见黑非洲青年代表团时所指出的："长征中我们走了很多路，用两条腿走的，全部路程等于地球的轴心，从中国钻进去，从美国出来，

---

① 《毛泽东选集》第 3 卷，人民出版社 1991 年版，第 801 页。

有一万二千五百公里。那时我们犯了错误，蒋介石就逼着我们走这么多路，走到北方来了。这以后我们就得到了教训，知道马列主义的普遍真理是应该相信的，但是要同中国革命的实际情况相结合。后来一结合就灵了，就打胜仗了。"①

在社会主义建设时期，中国共产党对社会主义建设规律进行了艰辛探索，获得了许多重要的有益认识。但在相当长的一段时间里，"左"倾错误在理论和实践上不断累积发展，导致社会主义建设脱离中国实际、超越社会主义初级阶段而急于求成、急躁冒进，具体表现为大跃进、人民公社化运动和持续十年之久的"文化大革命"的严重错误，使党和国家事业以及人民生活遭受重大损害。1978 年 5 月，关于实践是检验真理的唯一标准问题的大讨论开启了思想解放的大幕，邓小平旗帜鲜明地支持这场大讨论。在中央工作会议闭幕会上，邓小平同志做《解放思想，实事求是，团结一致向前看》的重要讲话，指出，目前进行的关于实践是检验真理的唯一标准问题的讨论，实际上也是要不要解放思想的争论。"一个党，一个国家，一个民族，如果一切从本本出发，思想僵化，迷信盛行，那它就不能前进，它的生机就停止了，就要亡党亡国。"② 邓小平同志还指出："解放思想，就是使思想和实际相符合，使主观和客观相符合，就是实事

①《毛泽东文集》第 7 卷，人民出版社 1999 年版，第 383页。

②《邓小平文选》第 2 卷，人民出版社 1994 年版，第 143 页。

求是。"①"实事求是是马克思主义的精髓。"②"毛泽东思想的基本点就是实事求是，就是把马列主义的普遍原理同中国革命的具体实践相结合。毛泽东同志在延安为中央党校题了'实事求是'四个大字，毛泽东思想的精髓就是这四个字。毛泽东同志所以伟大，能把中国革命引导到胜利，归根到底，就是靠这个。"③1978年12月18日至23日召开的党的十一届三中全会冲破长期"左"的错误的严重束缚，彻底否定"两个凡是"的错误方针，重新把"实事求是"作为马克思主义、毛泽东思想的精髓，确立为党的思想路线，实现了从"以阶级斗争为纲"到以社会主义现代化建设为中心，实行改革开放的伟大历史转折。之后，邓小平在党的十二大开幕词中精辟指出："我们的现代化建设，必须从中国的实际出发。无论是革命还是建设，都要注意学习和借鉴外国经验。但是照抄照搬别国经验、别国模式，从来不能得到成功。这方面我们有过不少教训。把马克思主义的普遍真理同我国的具体实际结合起来，走自己的道路，建设有中国特色的社会主义，这就是我们总结长期历史经验得出的基本结论。"④正是从解放思想、实事求是的思想路线出发，以邓小平同志为核心的党中央清醒认识中国所处的发展

---

① 《邓小平文选》第2卷，人民出版社1994年版，第364页。

② 《邓小平文选》第3卷，人民出版社1993年版，第382页。

③ 《邓小平文选》第2卷，人民出版社1994年版，第126页。

④ 《邓小平文选》第3卷，人民出版社1994年版，第2—3页。

阶段，即中国还处于并将长期处于社会主义初级阶段。从这一基本国情和基本特点出发，对"什么社会主义，怎样建设社会主义"的问题进行再思考和系统回答，深刻揭示社会主义本质，形成党在社会主义初级阶段的基本路线即"一个中心，两个基本点"和社会主义市场经济理论，开辟了中国特色社会主义道路。

党的十三届四中全会以后，以江泽民同志为主要代表的中国共产党人在解放思想、实事求是的基础上，同时把与时俱进确立为党的思想路线的内容，进一步丰富和发展了党的实事求是思想路线，在国内外形势十分复杂多变，世界社会主义出现严重曲折的严峻考验面前，确立了社会主义市场经济体制的改革目标和基本框架，确立了社会主义初级阶段的基本经济制度，开创全面改革开放新局面，推进党的建设新的伟大工程，加深了对什么是社会主义、怎样建设社会主义和建设什么样的党、怎样建设党的认识，积累了治党治国新的宝贵经验，形成了"三个代表"重要思想，成功把中国特色社会主义推向 21 世纪。

党的十六大以后，以胡锦涛同志为主要代表的中国共产党人，进一步丰富和发展实事求是思想路线，在解放思想、实事求是、与时俱进的基础上，将求真务实确立为党的思想路线的内容，根据新的发展要求，深刻认识和回答了新形势下实现什么样的发展、怎样发展等重大问题，形成了以人为本、全面协调可持续发展的科学发展观，推进党的执政能力建设和先进性建设，成功在新的形势下坚持和发展了中国特色社会主义。

习近平同志一直高度重视坚持实事求是的思想路线。2012 年 5 月 16 日，习近平同志在中央党校做《坚持实事求是的思想路线》的重要讲话，他指出："我国已进入全面建设小康社会的关键时期和深化改革开放、加快转变经济发展方式的攻坚时期，我们面临的国内外形势更加复杂多变，新情况新问题新矛盾层出不穷。这些都对我们坚持和更好地贯彻实事求是的思想路线提出了新的要求。"① 党的十八大以来，以习近平同志为核心的党中央坚持实事求是思想路线，作出我国社会主要矛盾发生变化、中国特色社会主义进入新时代的科学判断。同时针对一段时间内治党管党"宽松软"问题，以钢铁般意志推动全面从严治党；针对我国经济社会发展的新特征、新问题和复杂多变的国际形势，统筹推进"五位一体"总体布局、协调推进"四个全面"战略布局，坚持和完善中国特色社会主义制度、推进国家治理体系和治理能力现代化，坚持依规治党、形成比较完善的党内法规体系，推动建设新型国际关系，推动构建人类命运共同体，战胜一系列重大风险挑战，胜利实现第一个百年奋斗目标，明确实现第二个百年奋斗目标的战略安排，使党和国家事业取得历史性成就、发生历史性变革。

中国共产党的百年历史证明，每当我们党坚持实事求是思想路线的时候，党的事业就会顺利推进、取得胜利；每当我们党偏离实事求是思想路线，把马克思主义

---

① 习近平：《坚持实事求是的思想路线》，《学习时报》2012 年 5 月 28 日。

教条化，偏离马克思主义中国化的方向，我们就会犯错误，党的事业就会遭受重大挫折。坚持解放思想、实事求是、与时俱进、求真务实，坚持理论联系实际，一切从实际出发，在实践中检验真理和发展真理，既反对各种否定马克思主义的错误倾向，又破除对马克思主义的教条式理解，坚持从中国仍处于并将长期处于社会主义初级阶段这个基本国情出发，不断研究新情况、总结新问题、解决新问题，不断推进马克思主义中国化[①]，这是总结党的历史得出的最根本、最重要的经验。

二 坚持马克思主义立场和价值观，坚守 "为人民谋幸福，为民族谋复兴" 的 初心和使命，坚持一切为了人民，一 切依靠人民的群众路线

实现人的自由全面发展是马克思、恩格斯构想的人类未来理想社会——共产主义社会最根本的特征，是马克思主义立场和价值观的核心内涵。《共产党宣言》鲜明地指出："共产党人不是同其他工人政党相对立的特殊政党。他们没有任何同整个无产阶级的利益不同的利益。"[②]《中国共产党章程》明确规定："党除了工人阶级和最广

---

① 参见《关于新形势下党内政治生活的若干准则》，载《十八大以来重要文献选编》（下），中央文献出版社 2018 年版，第 423 页。

② 马克思、恩格斯：《共产党宣言》，人民出版社 2018 年版，第 41 页。

大人民群众的利益，没有自己特殊的利益。"① 习近平总书记在哲学社会科学工作座谈会上说："马克思主义坚持实现人民解放、维护人民利益的立场，以实现人的自由而全面的发展和全人类解放为己任，反映了人类对理想社会的美好憧憬。"② 新时代，习近平总书记把马克思主义立场和价值观概括为坚守"为人民谋幸福，为民族谋复兴"的初心和使命。习近平总书记说："我们党的百年历史，就是一部践行党的初心使命的历史，就是一部党与人民心连心、同呼吸、共命运的历史。大革命失败后，30多万牺牲的革命者中大部分是跟随我们党闹革命的人民群众；红军时期，人民群众就是党和人民军队的铜墙铁壁；抗日战争时期，我们党广泛发动群众，使日本侵略者陷入了人民战争的汪洋大海；淮海战役胜利是靠老百姓用小车推出来的，渡江战役胜利是靠老百姓用小船划出来的；社会主义革命和建设的成就是人民群众干出来的；改革开放的历史伟剧是亿万人民群众主演的。历史充分证明，江山就是人民，人民就是江山，人心向背关系党的生死存亡。赢得人民信任，得到人民支持，党就能够克服任何困难，就能够无往而不胜。反之，我们将一事无成，甚至走向衰败。"③ 人民群众是历史的创造者，是社会变革的决定性力量，群众观点是马克思主义

---

① 《中国共产党党章》，人民出版社2017年版，第10页。

② 习近平：《在哲学社会科学工作座谈会上的讲话》，人民出版社2016年版，第8—9页。

③ 习近平：《在党史学习教育动员大会上的讲话》，人民出版社2021年版，第15页。

的基本观点。我们党在领导中国人民进行革命、建设和改革开放事业中牢固树立群众观点，践行"一切为了群众，一切依靠群众和从群众中来，到群众中去"的群众路线和全心全意为人民服务的宗旨。

马克思主义认为，实现无产阶级和全人类的解放就是要把人从对物的依赖和人的依赖关系中解放出来，消除"人存在的异化状态"。新民主主义革命时期，中国共产党领导的中国人民革命把贫穷的劳苦大众从被剥削被奴役中解放出来，实现了人民在政治上的解放，在政治权利上的人人平等，使中国人民站起来，翻身做主人。"中国人民革命的胜利，在辽阔的中国大地上结束了100多年来中华民族遭受资本—帝国主义同封建统治阶级联合压迫与剥削的历史，结束了国家战乱频仍、四分五裂的局面，实现了梦寐以求的民族独立和人民解放。受压迫、受奴役的中国人民从此成了新国家、新社会的主人。"①

改革开放时期，邓小平同志指出，"贫穷不是社会主义"，共同富裕是社会主义的本质特征之一。解决人民群众的温饱问题，使人民群众富起来就成为中国共产党肩负的使命。经过40多年的改革开放，党带领人民以经济建设为中心，通过改革解放和发展生产力，不仅解决了人民群众的温饱问题，而且使人民群众富了起来。40年多来，我国国内生产总值由3679亿元增长到2020年的超过100万亿元，发展速度远高于同期的世界经济。我

---

① 《中国共产党的九十年（新民主主义革命时期）》，中共党史出版社、党建读物出版社2016年版，第353页。

国还建立了全世界最完整的现代工业体系，科技创新和重大工程捷报频传，我国外汇储备连续多年位居世界第一。可以说，中国人民在富起来、强起来的征程上迈出了决定性的步伐。40 年多来，中国共产党始终坚持在发展中保障和改善民生，全面推进幼有所育、学有所教、劳有所得、病有所医、老有所养、住有所居、弱有所扶，不断改善人民生活、增进人民福祉。全国居民人均可支配收入由 171 元增加到 2020 年的 32189 元，中等收入群体持续扩大。教育事业全面发展，九年义务教育巩固率达 95.2%。我国建成了包括养老、医疗、低保、住房在内的世界最大的社会保障体系，基本养老保险覆盖近 10 亿人，医疗保险覆盖超过 13 亿人，常住人口城镇化率超过 60%。居民预期寿命由 1981 年的 67.8 岁提高到 2019 年的 77.3 岁。正如习近平总书记指出："粮票、布票、肉票、鱼票、油票、豆腐票、副食本、工业券等百姓生活曾经离不开的票证已经进入了历史博物馆，忍饥挨饿、缺吃少穿、生活困顿这些几千年来困扰我国人民的问题总体上一去不复返了！"①

党的十八大刚刚闭幕，习近平总书记就强调，人民对美好生活的向往就是中国共产党的奋斗目标。满足人民群众美好生活需求，增强人民群众的幸福感、获得感和安全感，实现中华民族伟大复兴成为新时代党的价值追求。为此，以习近平同志为核心的党中央提出和实施

① 习近平：《在庆祝改革开放 40 周年大会上的讲话》，人民出版社 2018 年版，第 15 页。

一系列促进共同富裕的重大举措。首先提出"精准扶贫"的思想，推动实施脱贫攻坚工程，因人因地施策，满足贫困地区、贫穷人群的物质生活需求，共享改革开放的发展成果。党的十八大以来，在习近平总书记亲自部署、亲自抓落实下，我国脱贫攻坚战取得了全面胜利，现行标准下9899万农村贫困人口全部脱贫，832个贫困县全部摘帽，12.8万个贫困村全部出列，区域性整体贫困得到解决，完成了消除绝对贫困的艰巨任务，创造了又一个彪炳史册的人间奇迹，谱写了人类反贫困史上的辉煌篇章。其次增加公共服务供给，坚持普惠性、均等化、可持续原则，加强义务教育、就业服务、社会保障、基本医疗和公共卫生、公共文化、环境保护等基本公共服务。完善分配制度。再次更好地处理按劳分配为主体和实行多种分配方式的关系，完善劳动、资本、技术和管理等生产要素按贡献参与分配的机制。规范初次分配，加大再分配调节力度。减小收入差别，增加低收入劳动者收入，扩大中等收入者比重，构建和谐稳定的"橄榄型社会"。最后逐步建立以权利公平、机会公平、规则公平为主要内容的社会公平保障体系，从法律上、制度上、政策上努力营造公平的社会环境，维护好个人权利。此外，中国的社会治理能力大大提高，大力抓平安中国建设，社会秩序稳定，人民群众的安全感大大提升。改革开放40多年来，我们党不仅创造了经济快速发展的奇迹，而且还创造了社会长期稳定的奇迹。这一切实践成就都是我们党长期坚持"一切为了人民""一切以人民为中心"的根本价值追求的结果。

三 坚持马克思主义认识论，善于总结经验教训，坚持真理，修正错误，勇于自我革命，加强自身建设，使中国共产党永葆生机活力

马克思主义认识论认为：实践是认识的源泉，实践是不断变化发展的，社会生活是变动不居的，认识也需要不断创新。毛泽东在《实践论》中分析和阐明了认识与实践的辩证关系，提出认识的辩证发展过程（认识运动），即"实践、认识、再实践、再认识，这种形式，循环往复以至无穷，而实践和认识之每一循环的内容，都比较地进到了高一级的程度"。1963年5月，毛泽东在《人的正确思想是从哪里来的?》一文中又精辟地指出："一个正确的认识，往往需要经过由物质到精神，由精神到物质，即由实践到认识，由认识到实践这样多次的反复，才能够完成。这就是马克思主义的认识论，就是辩证唯物论的认识论。"毛泽东同志对马克思主义认识论的创新性阐释，成为我们党不断总结经验，屡次从困境中走出、取得胜利的哲学基础。

习近平总书记在党史学习教育动员大会上的讲话指出："要坚持用唯物史观来认识历史，坚持实事求是的思想路线，分清主流和支流，坚持真理，修正错误，发扬经验，吸取教训。"① "我们党一步步走过来，很重要的一

① 习近平：《在党史学习教育动员大会上的讲话》，人民出版社2021年版，第4页。

条就是不断总结经验、提高本领，不断提高应对风险、迎接挑战、化险为夷的能力水平。"① 不断总结经验、化险为夷的过程，既是不断提高认识、把握事物发展规律的过程，也是一个不断自我革命、推动理论创新与实践创新的过程。理论与实践的统一是一个历史的动态的过程，坚持真理，修正错误，是人的认识发展的规律。自我革命是我们党克服自身缺点，解决存在问题，不断进步发展的修复完善机制，是我们党自我净化、自我完善、自我革新、自我提高、革故鼎新的过程。

革命时期，党的每次重大错误都将中国革命置于十分危险的境地。比如，大革命失败后，年轻的中国共产党遭受到建党以后从未遇到过的严峻考验，1927 年 8 月 7 日，中共中央秘密召开紧急会议即"八七会议"，批判右倾投降主义路线，确定土地革命和武装反抗国民党反动派的总方针，提出整顿队伍、纠正错误而"找着新的道路"的任务，为挽救党和革命作出了巨大贡献。随后党发动南昌起义、秋收起义、广州起义等一系列武装起义，创建革命根据地，探索土地革命、农村包围城市、武装夺取政权的革命道路，革命队伍迅速壮大。由于王明等的"左"倾主义错误，即不了解中国革命实际，照搬俄国革命的方法，使党的事业和红军遭受重大损失。在危急关头，党中央召开遵义会议，纠正了王明、李德等的错误军事路线，事实上确立了毛泽东同志在党中央

---

① 习近平：《在党史学习教育动员大会上的讲话》，人民出版社 2021 年版，第 16—17 页。

和红军的领导地位，开启了党独立自主解决中国革命实际问题的新阶段。为纠正和清算党内长期存在的"左"倾和右倾错误思想，之后，毛泽东又领导开展了延安整风运动。通过整风运动，彻底解决了党的思想和政治路线问题，使全党全军在确立毛泽东思想的指导地位上达到团结统一，使中国共产党在关于如何进行中国革命问题上趋于成熟，为党领导人民取得新民主主义革命的胜利奠定了坚实基础。

1978 年，在党和国家面临何去何从的重大历史关头，党的十一届三中全会坚持真理、修正错误，重新确立了实事求是的思想路线，开启了改革开放这场关系当代中国命运的伟大社会革命。在改革开放之初，党的建设遇到了许多新情况、新问题。为此，1983 年 10 月，党的十二届二中全会作出了关于整党的决定。这次整党是进入新时期后，党在改革开放条件下为加强自身建设而进行的一次重要探索和实践。邓小平同志告诫全党，发现和纠正党自身的错误伴随整个改革开放过程，他说："在改革开放的整个过程中都要反腐败，把端正党风和加强廉政建设作为一件大事，下决心抓出成效，取信于民。"[①]"中国要出问题，还是出在共产党内部。"[②]"我们党经历过多次错误，但是我们每一次都依靠党而不是离开党纠

---

① 《中国共产党第十四次全国代表大会文件汇编》，人民出版社 1992 年版，第 50 页。
② 《邓小平文选》第 3 卷，人民出版社 1993 年版，第 380 页。

正了自己的错误。"① 在推进改革开放的过程中，我们党始终重视对党员的思想政治教育，坚持用马克思主义理论最新成果武装全党，先后开展了"三讲"教育、先进性教育活动、学习实践科学发展观活动等，同时坚持不懈抓反腐败斗争。

党的十八大以来，以习近平同志为核心的党中央以强烈的使命担当，提出党的自我革命思想。习近平总书记指出："勇于自我革命，是我们党最鲜明的品格，也是我们党最大的优势。"② "中国共产党的伟大不在于不犯错误，而在于从不讳疾忌医，敢于直面问题，勇于自我革命，具有极强的自我修复能力。"③ 他要求全党要以自我革命的政治勇气，着力解决党自身存在的突出问题，不断增强党自我净化、自我完善、自我革新、自我提高能力，经受"四大考验"、克服"四种危险"，确保党始终成为中国特色社会主义事业的坚强领导核心。"四个自我"形成了依靠党自身力量发现问题、纠正偏差、推动理论创新和实践创新、实现执政能力整体性提升的良性循环。党的十八大以来，以习近平同志为核心的党中央以巨大的政治勇气、强烈的责任担当、顽强的意志品质坚决改变管党治党"宽""松""软"的状况。以猛

---

① 《邓小平文选》第 2 卷，人民出版社 1994 年版，第 170 页。

② 《以解决突出问题为突破口和主抓手　推动党的十八届六中全会精神落到实处》，《人民日报》2017 年 2 月 14 日。

③ 习近平：《论坚持全面深化改革》，中央文献出版社 2018 年版，第 325 页。

药去痈、重典治乱、刮骨疗伤的决心勇气，推动全面从严治党向纵深发展，"打虎""拍蝇"雷霆万钧，正风肃纪驰而不息，深化国家监察体制改革，完善党内法规体系，形成了反腐败斗争压倒性态势，消除了党和国家内部存在的严重隐患，党内政治生活气象更新，党内政治生态明显好转，党的创造力、凝聚力、战斗力显著增强，党的团结统一更加巩固，党群关系明显改善，党在革命性锻造中更加坚强，焕发出新的强大生机活力，为党和国家事业发展提供了坚强政治保证。这些伟大历史性成就都是因为我们党坚持马克思主义认识论，勇于坚持真理、修正错误，勇于自我革命，不断加强自身建设而取得的。

四 重视意识对物质的反作用，构筑中国共产党人的精神谱系

正确认识和处理物质与意识之间的辩证关系，在坚持物质第一性的前提下，重视意识对物质的反作用，这是辩证唯物主义的基本观点。在长期残酷的革命斗争和艰难困苦环境中淬炼而成的中国共产党人的精神特质是其带领中国人民革命、建设和改革事业不断取得胜利的强大动力。我们党历来重视发挥理想、信仰、信念等精神因素对于推动党和国家事业的重要作用。毛泽东精辟指出："人是要有一点精神的……"[1] 邓小平同志提出

---

[1] 《毛泽东文集》第7卷，人民出版社1999年版，第162页。

"五种革命精神"，即"革命和拼命精神，严守纪律和自我牺牲精神，大公无私和先人后己精神，压倒一切敌人、压倒一切困难的精神，坚持革命乐观主义、排除万难去争取胜利的精神"①。习近平总书记总结出中国共产党人的精神谱系："在一百年的非凡奋斗历程中，一代又一代中国共产党人顽强拼搏、不懈奋斗……形成了井冈山精神、长征精神、遵义会议精神、延安精神、西柏坡精神、红岩精神、抗美援朝精神、'两弹一星'精神、特区精神、抗洪精神、抗震救灾精神、抗疫精神等伟大精神，构筑起了中国共产党人的精神谱系。我们党之所以历经百年而风华正茂、饱经磨难而生生不息，就是凭着那么一股革命加拼命的强大精神。"② 在庆祝中国共产党成立一百周年大会上，习近平总书记又提出伟大建党精神，并强调其是中国共产党的精神之源。

一百年来，从石库门到天安门，从兴业路到复兴路，从小小红船到巍巍巨轮，一个个伟大精神成为党成长道路上的坐标，激励着党由幼小走向强大，由幼稚走向成熟。湘江战役，中央红军从 8.6 万人锐减至 3 万多人，烈士鲜血染红了湘江。在红一方面军二万五千里的征途上，平均每 300 米就有一名红军牺牲。同敌人进行了 600 多次战役战斗，跨越近百条江河，攀越 40 余座高山险峰，其中海波 4000 米以上的雪山就有 20 余座，穿越被

---

① 《邓小平经济理论学习纲要》，人民出版社 1997 年版，第 120 页。

② 习近平：《在党史学习教育动员大会上的讲话》，人民出版社 2021 年版，第 19 页。

称为"死亡陷阱"的茫茫草地。"革命理想高于天"。长征路上的苦难、曲折、死亡，检验了中国共产党人的理想信念，伟大的长征精神向世人证明了中国共产党人的理想信念是坚不可摧的。① 在探索社会主义建设道路的伟大历程中，保持彻底的革命精神是中国共产党人所崇尚的。新中国成立后，毛泽东同志要求全党保持"过去革命战争时期的那么一股劲，那么一股革命热情，那么一种拼命精神，把革命工作做到底"②。在伟大的抗美援朝战争中，英勇的中国人民志愿军不怕牺牲，彰显了蕴含在民族血性中的磅礴力量。毛泽东曾说，志愿军打败了美国佬，靠的是一股气，美军不行，钢多气少。习近平总书记指出：这一战，拼来了山河无恙、家国安宁，充分展示了中国人民不畏强暴的钢铁意志。这一战，打出了中国人民的精气神，充分展示了中国人民万众一心的顽强品格。这一战，让全世界对中国刮目相看，充分展示了中国人民维护世界和平的坚定决心。这一战，人民军队战斗力威震世界，充分展示了敢打必胜的血性铁骨。③ 伟大抗美援朝精神跨越时空、历久弥新，必须永续传承、世代发扬。这告诉中国人民，无论时代如何发展，我们都要砥砺不畏强暴、反抗强权的民族风

---

① 参见《中国共产党简史》，人民出版社、中共党史出版社 2021 年版，第 63—64 页。

② 《毛泽东文集》第 7 卷，人民出版社 1999 年版，第 285 页。

③ 习近平：《在纪念中国人民志愿军抗美援朝出国作战 70 周年大会上的讲话》，人民出版社 2020 年版，第 6 页。

骨，汇聚万众一心、勠力同心的民族力量，锻造舍生忘死、向死而生的民族血性，激发守正创新、奋勇向前的民族智慧。新中国成立后，面对帝国主义核垄断、核威慑、核讹诈，我国老一辈科学家响应党中央的号召，淡泊名利、至诚报国，潜心研究，自主完成原子弹和氢弹爆炸、导弹飞行和人造卫星发射。他们隐姓埋名、甘当无名英雄，在茫茫无际的戈壁荒原、在人烟稀少的深山峡谷，不计报酬、不畏艰辛，默默奉献自己的青春乃至生命，形成了"热爱祖国、无私奉献，自力更生、艰苦奋斗，大力协同、勇于登攀"的"两弹一星"精神。"两弹一星"精神，是中国人民在社会主义建设时期为中华民族创造的宝贵精神财富。在中国特色社会主义进入新时代的今天，2020 年初，面对突如其来的严重疫情，中国共产党和中国人民风雨同舟、众志成城，迅速打响疫情防控的人民战争、总体战、阻击战，很快控制了疫情，交出了抗疫战斗的最合格的答卷，为世界各国作出了榜样。在这场同严重疫情的殊死较量中，中国人民和中华民族以敢于斗争、敢于胜利的大无畏气概，铸就了生命至上、举国同心、舍生忘死、尊重科学、命运与共的伟大抗疫精神，彰显了强大的中国精神和中国自信。抗击新冠肺炎疫情斗争取得重大战略成果，充分展现了中国共产党领导和我国社会主义制度的显著优势，充分展现了中国人民和中华民族的伟大力量，充分展现了中华文明的深厚底蕴，充分展现了中国负责任大国的自觉担当，极大增强了全党全国各族人民的自信心和自豪感、凝聚力和向心力，必将激励我们在新时代新征程上披荆斩棘、奋勇前进。习近平总书记指出："我们的国家，我们的民族，从积贫积弱一步一步走到今天的发展繁荣，靠的就是一代又一代人的顽强拼搏，靠的就是中华民族自强不息的奋斗精神。"① 中国共产党人的精神谱系丰富了中华民族的精神宝库，是中国精神的当代形态，是中国力量的不竭源泉。

五　正确处理人民群众决定作用与历史人物特殊作用之间的关系，马克思主义执政党必须有一个坚强领导核心

马克思主义群众史观认为，人民群众是历史的创造者，是社会变革的决定性力量；但也绝不否定历史人物（伟大领袖）的特殊作用和贡献，要正确看待和处理两者之间的辩证关系。没有领袖人物发挥中流砥柱作用，人民群众也易随波逐流。当然，也不能极端强调历史人物的作用，不能搞个人崇拜。唯物史观强调人民群众创造历史的决定作用的同时，也肯定领袖人物作为人民群众的杰出代表在推动社会变革、历史发展和文明进步中发挥的开创性、引领性作用，为我们正确认识党的领导核心的形成和作用提供了理论基础。

党的百年历程充分证明，马克思主义执政党必须有一个坚强领导核心，并且全党要拥护这个核心。建党和

---

① 《习近平总书记系列重要讲话读本》，学习出版社、人民出版社 2014 年版，第 34 页。

革命初期，陈独秀、李立山、瞿秋白、向忠发等中央领导更换频繁，没有形成一个坚强的正确的核心，表明我党还很幼稚、不成熟，所以事业发展常遇挫折，付出巨大代价。后来，遵义会议后，逐步确立毛泽东同志为党的领导核心，党的革命事业不断走向胜利。但领导核心的形成也是通过伟大斗争形成的，比如长征路上张国焘另立中央搞分裂，王明以共产国际执委自居，拉帮结派，挑战毛泽东的领导地位，毛泽东等中央和军队领导都与他们做了坚决的斗争。党的扩大的六届六中全会基本上结束了王明"左"倾和右倾错误，牢固确立了毛泽东在全党和军队的领导核心地位，自此以后我们党的事业沿着正确的航向胜利前进。正如习近平同志指出："遵义会议后，全党真正深刻认识到维护党中央权威和集中统一领导的重大意义并成为自觉行动还经历了一个过程。长征途中，在我们党最需要团结的时候，张国焘挟兵自重、另立中央，公然走上分裂党和红军的道路。抗战初期，王明在党内拉帮结派、我行我素，不听党中央指挥，再次从反面教育了全党。"①

邓小平同志指出："任何一个领导集体都要有一个核心，没有核心的领导是靠不住的。"②"四人帮"被粉碎后，邓小平同志被恢复职务，并被逐渐确立为党的领导核心。在邓小平同志的领导下，把全党工作着重点从以阶级斗争为纲转移到社会主义现代化建设上来，实行改

---

① 习近平：《在党史学习教育动员大会上的讲话》，人民出版社 2021 年版，第 22 页。

② 《邓小平文选》第 3 卷，人民出版社 1993 年版，第 310 页。

革开放的历史性决策，实现了新中国成立以来党的历史上具有深远意义的伟大转折，开启了改革开放和建设中国特色社会主义的新局面。20世纪80年代末90年代初，随着苏联解体、东欧剧变，社会主义在世界范围内的实践陷入低潮。中国国内发生"八九风波"，以美国为首的一些西方国家掀起反华浪潮，国际上唱衰中国的论调不绝于耳。面对这种不利局面，邓小平同志反复强调："西方国家向中国施压，根本点就是要中国放弃社会主义，对这股逆流要旗帜鲜明地坚决顶住。"① 在世界社会主义处于低潮，"历史终结论"甚嚣尘上，西方列强制裁封锁中，社会主义中国稳住了阵脚。之后一段时间，面对国内有人对社会主义前途缺乏信心，对改革开放产生怀疑的不利局面，邓小平同志与1992年1月18日至2月21日，以88岁高龄先后到武昌、深圳、珠海、上海等地考察，发表一系列重要谈话即南方谈话。南方谈话力挽狂澜，回答了姓"资"姓"社"的问题，阐释了社会主义的本质，进一步推动了解放思想，把改革开放和现代化建设继续推向前进。

党的十八大之前的一段时期，党的领导核心概念被淡化，党的领导涣散软弱。党的十八大后，以习近平同志为核心的党中央提出全面从严治党，加强党的全面领导，重新强调党的领导的"核心"作用，坚决做到"两个维护"：坚决维护习近平总书记党中央的核心、全党的

---

① 《中国共产党历史二十八讲》，人民出版社2006年版，第436页。

核心地位，坚决维护党中央权威和集中统一领导。习近平同志指出："我们这么大一个党、这么大一个国家，如果没有党中央定于一尊的权威，公说公有理，婆说婆有理，争论不休，不仅会误事，而且要乱套。"① "如果党中央没有权威，党的理论与路线方针政策可以随意不执行，大家各自为政、各行其是，想干什么就干什么，想不干什么就不干什么，党就会变成一盘散沙，就会成为自行其是的'私人俱乐部'，党的领导就会成为一句空话。"② 这是完全符合无产阶级政党执政的历史经验，完全符合新时代全面从严治党的客观需要的。以习近平同志为核心的党中央以巨大的政治勇气和强烈的责任担当，提出一系列新理念新思想新战略，出台一系列重大方针政策，推出一系列重大举措，推进一系列重大工作，解决了许多长期想解决而没有解决的难题，办成了许多过去想办而没有办成的大事，挽狂澜于既倒，推动党和国家事业发生历史性变革，取得全方位的、开创性的、历史性的成就。改变了党的领导弱化、管党治党宽松软等状况，使党经历了革命性锻造，消除了党和国家、军队内部存在的严重隐患，政治生态和社会风气明显好转，校正了党和国家事业的航向。中国共产党百年历史的经验表明，中国这样一个大国，在一些西方资本主义国家长期封锁制裁和遏制打压下，在生产力比较落后的社会条件下，

---

① 《十八大以来重要重要文献选编》下，人民出版社 2018 年版，第 587 页。

② 《十八大以来重要重要文献选编》下，人民出版社 2018 年版，第 585 页。

要实现赶超发展，必须要有坚强的执政党领导，其中最重要的是要有一个坚强的领导核心，这是被历史与现实的经验教训所证明了的。

六　坚持和运用唯物辩证法观察
　　问题、解决问题

唯物辩证法是马克思主义哲学的重要组成部分，以自然界、人类社会和思维发展最一般规律为研究对象，是辩证法思想发展的高级形态。唯物辩证法主张客观、全面、系统、发展、普遍联系地而非主观、片面、零散、静止、孤立割裂地分析和解决问题。对立统一规律、质量互变规律和否定之否定规律是唯物辩证法的三大基本规律；联系和发展是唯物辩证法的总特征；矛盾规律又称对立统一规律，是唯物辩证法的实质和核心。唯物辩证法为中国共产党提供了科学思维方式和工作方法。坚持唯物辩证法，反对形而上学，是党的一贯主张。毛泽东同志指出："教条主义和右倾机会主义都是片面性，都是用形而上学的思想方法去片面地孤立地观察问题和了解问题。当然，要完全避免片面性也很难。思想方法上的片面性，同没有好好学习马克思主义有关系。我们要用十年八年的时间来努力学习马克思主义，逐步抛弃形而上学的思想方法。"①

中国共产党善于正确运用矛盾思维解决问题，推动事

---

① 《毛泽东文集》第7卷，人民出版社1999年版，第261页。

业发展。矛盾是事物发展的内在动力。《矛盾论》开篇写道："事物的矛盾法则，即对立统一的法则，是唯物辩证法的最根本的法则。"《矛盾论》阐释的对立统一规律，在中国革命、建设和改革发展事业中发挥了重要作用。独立自主是毛泽东思想三大活的灵魂之一；党的统一战线是毛泽东思想三大法宝之一。坚持独立自主与党的统一战线的辩证统一是以毛泽东同志为核心的党中央领导中国人民取得新民主主义革命的一个重要经验。我们党总结第一次大革命失败给的教训指出："党不但要建立革命的统一战线，而且要始终保持自身的独立性，实行'又团结又斗争'的方针，争取无产阶级在革命中的领导权。"① 在第二次国共合作时，中共驻共产国际代表、共产国际执委王明主张"一切经过统一战线""一切服从抗日"，遭到毛泽东等中央领导的坚决抵制。党的六届六中全会强调，我们的方针是统一战线中的独立自主，既统一，又独立。党坚持抗战、团结、进步的方针，连续打退和制止国民党顽固派三次反共高潮，以斗争求团结，有力促进了全国抗日。又比如，正确处理改革与开放的关系是坚持和发展中国特色社会主义的重要基础。改革是处理好中国内部的事情，是内因，是矛盾的主要方面，开放是外因，是矛盾的不可分割的另一方面。两者是相辅相成的关系，改革是开放的基础和条件，开放是改革的外部推动力。"八九风波"后，面对世界社会主义的低潮和中国改革开

---

① 《中国共产党简史》，人民出版社、中共党史出版社 2021 年版，第 34 页。

放的不利局面，邓小平同志指出："要保持稳定和坚持改革开放，做好一件事，我们自己的事。关键是自己要搞好"①"国际舆论压我们，要泰然处之，维护我们独立自主、不信邪、不怕鬼的形象。只要沿着自己选择的社会主义道路走到底，谁也压不垮我们。"②同时，党为了扭转不利局面，争取主动，党和政府积极开展外交活动，坚持扩大开放的方针，打破西方国家的"制裁"，赢得有利的国际环境。再比如，面对百年未有之大变局，根据我国发展阶段、环境、条件变化和国际合作与竞争的新形势，习近平总书记提出的"推动形成以国内大循环为主体、国内国际双循环相互促进的新发展格局"的思想，也体现了运用对立统一规律和内因外因辩证关系原理的哲学智慧。坚持对立统一关系还体现在：正确处理人民内部矛盾；运用社会矛盾分析法，准确把握我国社会主要矛盾及其发生的变化；坚持问题导向，承认矛盾的普遍性、客观性等。

系统思维是人类思维的高级形式，是中国共产党人的一种十分重要的科学思维方法。系统思维坚持从普遍联系的观点观察和处理问题，坚持从整体或全局出发思考和处理系统内部之间的关系。习近平总书记指出："我们全面深化改革，不能东一榔头西一棒子，而是要突出

---

① 《中国共产党简史》，人民出版社、中共党史出版社2021年版，第274页。

② 《中国共产党简史》，人民出版社、中共党史出版社2021年版，第274页。

改革的系统性、整体性、协同性。"① 1956 年，毛泽东同志撰写《论十大关系》，从普遍联系的观点出发，对重工业和轻工业、农业的关系、沿海工业和内地工业的关系、经济建设和国防建设的关系、国家生产单位和生产者个人的关系、中央和地方的关系、汉族和少数民族的关系、党和非党的关系、革命和反革命的关系、是非关系、中国和外国的关系进行系统分析，探索社会主义建设道路。作为改革开放的总设计师，邓小平同志始终把建设有中国特色的社会主义作为一个巨大的系统工程来考察，把社会作为一个复杂有机体来认识。"一个中心、两个基本点"的基本路线的确立，改革、发展、稳定方针的形成，"两手都要抓，两手都要硬"的提出，沿海与内地、东部与西部、先富与共富关系的处理，都充分体现了他缜密的系统思维。邓小平说："改革开放以来，我们立的章程并不少，而且是全方位的。"② "我们制定了两个开放的政策，即对外开放和对内开放。搞社会主义现代化建设，没有这两个开放不行。同时，还要使人民有更多的民主权利，特别是要给基层、企业、乡村中的农民和其他居民以更多的自主权。在发扬社会主义民主的同时，还要加强社会主义法制，做到既能调动人民的积极性，又能保证我们有领导有秩序地进行社会主义建设。这是一整套相互关联的方针政策。"③ 党的十八大以来，习近平总

---

① 《辩证唯物主义是中国共产党人的世界观和方法论》，《求是》2019 年第 1 期。

② 《邓小平文选》第 3 卷，人民出版社 1993 年版，第 371 页。

③ 《邓小平文选》第 3 卷，人民出版社 1993 年版，第 210 页。

书记科学运用系统思维，提出"五位一体"总体布局和"四个全面"战略布局，抓住了改革发展稳定的关键，确立了新时代党和国家各项工作的顶层设计、战略方向，充分体现了新时代共产党人的全局视野和战略眼光。

善于运用战略思维是中国共产党人的优良传统。战略思维就是从全局角度、以长远眼光看问题，从整体上把握事物发展趋势和方向，体现了丰富的辩证法思想。毛泽东是世界伟大的战略家，他一再强调：作为一个领导人一定要有"战略头脑"。关于军事战略问题，他指出："战略问题是研究战争全局的规律的东西。"[①] "拿战略方针去指导战役战术方针，把今天联结到明天，把小的联结到大的，把局部联结到全体，反对走一步看一步。"[②] "农村包围城市，武装夺取政权"、建立抗日统一战线、解放战争三大战役、抗美援朝等无不是毛泽东同志高超的战略思维的重要体现。邓小平同志以高瞻远瞩的战略思维、开拓创新的政治勇气，推动改革开放的历史进程。习近平同志指出："我们要学习邓小平同志'放眼世界，放眼未来，也放眼当前，放眼一切方面'的世界眼光和战略思维……。"[③] 他强调："战略问题是一个政党、一个国家的根本性问题。战略上判断得准确，战略上谋划得科学，战略上赢得主动，党和人民事业就大有希望。"[④] 党的十八大以来，以

---

① 《毛泽东选集》第1卷，人民出版社1991年版，第175页。

② 《毛泽东文集》第1卷，人民出版社1993年版，第381页。

③ 习近平：《在纪念邓小平同志诞辰110周年座谈会上的讲话》，人民出版社2014年版，第19页。

④ 《习近平关于协调推进"四个全面"战略布局论述摘编》，中央文献出版社2015年版，第9页。

习近平同志为核心的党中央高瞻远瞩、统揽全局，注重运用战略思维治国理政，提出中华民族伟大复兴的战略愿景，作出"百年未有之大变局"的战略判断，提出"四位一体"的战略布局，促进"一带一路"合作，构建以国内大循环为主体、国内国际双循环相互促进的新发展格局，环环相扣，形成科学系统的战略思想，对推动中国特色社会主义发生伟大历史性变革，取得历史性成就，开创新局面起到了重大作用。

曲折而辉煌的百年党史表明，马克思主义哲学是指导中国共产党人战胜一切艰难险阻，坚持正确前进方向的强大思想武器，中国共产党之所以能由小到大、由弱到强，披荆斩棘，不断取得新胜利，成为实现中华民族伟大复兴的主心骨和中流砥柱，坚持和创造性运用马克思主义哲学无疑发挥了基础性、引领性作用。面向未来，要赢得优势、赢得主动，必须把马克思主义哲学作为我们党的看家本领。在全面建设社会主义现代化强国、努力实现中华民族伟大复兴的新征程中，我们党必须不断接受马克思主义哲学智慧的滋养，在理论创新与实践创新的互动中不断推动马克思主义中国化，运用中国化马克思主义最新成果解决新的重大理论和现实问题，战胜各种艰难险阻，取得更大胜利。

（原载《马克思主义研究》2021 年第 8 期，收入时有改动）

共同富裕视域下精神生活富裕的
时代内涵及实现路径

    党的十八大以来，以习近平同志为核心的党中央把握发展阶段新变化，把逐步实现全体人民共同富裕摆在更加重要的位置上，并且在共同富裕视域下强调了精神生活富裕的重要性。习近平总书记指出："实现中华民族伟大复兴的中国梦，物质财富要极大丰富，精神财富也要极大丰富。"[①] 2021 年 8 月 17 日，习近平总书记在中央财经委员会第十次会议上强调："我们说的共同富裕是全体人民共同富裕，是人民群众物质生活和精神生活都富裕。"[②]

    深入理解共同富裕视域下精神生活富裕的时代内涵，扎实推进精神生活共同富裕对于推动新时代中国特色社会主义发展具有十分重要的意义。

---

    ① 《习近平谈治国理政》第 2 卷，外文出版社 2017 年版，第 323 页。

    ② 习近平：《扎实推动共同富裕》，《求是》2021 年第 20 期。

一 共同富裕视域下精神生活富裕的 时代内涵

在共同富裕中实现精神生活富裕有其特定的时空背景，即中国特色社会主义进入新时代。习近平总书记在党的十九大报告中指出，中国特色社会主义的新时代是不断创造美好生活，逐步实现全体人民共同富裕的时代。[①] 关于人的精神生活、精神生产，马克思、恩格斯更多是从扬弃资本逻辑所产生的人的全面异化，实现人的自由而全面发展角度进行阐述的。我们党历代领导人则更多从物质文明与精神文明协调发展的角度强调精神文明建设的重要性。习近平总书记除了从理论上阐述精神生活、精神生产的重要性之外，更重视在实践层面，在"扎实推进""取得实质性进展"的语境中思考精神生活富裕问题，把精神富裕建设作为新时代中国特色社会主义这一发展阶段的主题之一。我们可以从人的全面发展、民族与国家的发展和人类文明的发展三个视角来具体阐释共同富裕视域下精神生活富裕的具体内涵，即精神生活富裕是促进人的全面发展，满足人民群众对美好生活向往的内在要求；是实现中华民族伟大复兴的内在要求；是全面建设社会主义现代化国家，开创中国式现代化道路和

---

① 参见《习近平谈治国理政》第 3 卷，外文出版社 2020 年版，第 9 页。

建构人类文明新形态的内在要求。

（一）共同富裕视域下精神生活富裕是人的全面发展、满足人民群众美好生活需要的内在要求

人的自由而全面发展是马克思、恩格斯构想的人类未来理想社会——共产主义社会最根本的特征。马克思在《资本论》中把共产主义描述为"一个更高级的、以每一个个人的全面而自由的发展为基本原则的社会形式"①。2018 年 4 月 23 日，习近平总书记在十九届中央政治局第五次集体学习时强调："《共产党宣言》确立了马克思主义政党的最高目标是实现共产主义，并把实现人的自由而全面的发展作为共产主义的本质特征。这一崇高理想站在了人类道义制高点，成为一代又一代共产党人忠贞不渝、坚强不屈的坚定信仰和不惧任何风险、战胜一切困难的精神支柱，成为马克思主义政党团结广大人民砸碎旧世界、创造新世界的精神旗帜。"② 他在哲学社会科学工作座谈会上又说："马克思主义坚持实现人民解放、维护人民利益的立场，以实现人的自由而全面的发展和全人类解放为己任，反映了人类对理想社会的美好憧憬。"③ 他还强调："促进共同富裕与促进人的全面发

① 《马克思恩格斯全集》第 44 卷，人民出版社 2001 年版，第 683 页。

② 习近平：《学习马克思主义基本理论是共产党人的必修课》，《求是》2019 年第 11 期。

③ 习近平：《在哲学社会科学工作座谈会上的讲话》，人民出版社 2016 年版，第 8—9 页。

展是高度统一的。"① 满足人民群众美好生活需要就是从人的全面发展角度提出的，是人的全面发展在中国特色社会主义新时代这一发展阶段的具象表达。

党的十九大报告明确提出，中国社会主要矛盾已经转化为人民日益增长的美好生活需要和不平衡不充分的发展之间的矛盾。这是我们党对新时代我国社会主要矛盾发生转化的深刻把握和科学认识。习近平总书记指出："我国稳定解决了十几亿人的温饱问题，总体上实现小康，不久将全面建成小康社会，人民美好生活需要日益广泛，不仅对物质文化生活提出了更高要求，而且在民主、法治、公平、正义、安全、环境等方面的要求日益增长。"② 习近平总书记任浙江省委书记时曾指出："人，本质上就是文化的人，而不是'物化'的人；是能动的、全面的人，而不是僵化的、'单向度'的人。人类不仅追求物质条件、经济指标，还要追求'幸福指数'；不仅追求自然生态的和谐，还要追求'精神生态'的和谐；不仅追求效率和公平，还要追求人际关系的和谐与精神生活的充实，追求生命的意义。"③ 这些论断表明，人民对美好生活的需求不仅表现在在物质生活方面，而且表现在精神文化生活、民主法治、公平正义、生态环境等方面。发展不平衡不充分的问题除了区域发展不平衡、城

---

① 习近平：《扎实推动共同富裕》，《求是》2021 年第 20 期。
② 参见《习近平谈治国理政》第 3 卷，外文出版社 2020 年版，第 9 页。
③ 习近平：《之江新语》，浙江人民出版社 2007 年版，第 150 页。

乡发展不平衡之外，还表现为物质生活与精神生活以及物质文明与精神文明、社会文明发展的不平衡，精神文化发展不充分。只有着力解决好这些发展不平衡不充分问题，才能更好满足人民在经济、政治、文化、社会、生态等方面日益增长的需要，更好地推动人的全面发展、社会全面进步。因此，不断满足人民的精神生活需要，实现人民群众的精神生活富裕成为新时代满足人民美好生活需要的内在要求，只有从共同富裕视域下精神生活富裕的视角理解满足人民美好生活向往，才能准确把握其促进人的全面发展的深刻意蕴。

当前，我国已经全面建成小康社会，人民群众的物质生活水平大大提高，当人们的基本生存需要得到满足后，物质生活的提高对幸福感的边际效益会逐渐减小。随着需求层次的不断提高，人民对美好生活的向往就更加侧重精神方面的需求，如信仰、情感、尊重、自我实现、娱乐等。实践反复验证这样一个道理：物质丰富是精神生活富裕的基础，但是物质生活富裕并不一定催生精神生活富裕，反而也有可能导致精神贫乏。马克思提出的"异化劳动""商品拜物教"概念，卢卡奇提出的"物化"概念，马尔库塞提出的"单向度的人"概念以及鲍德里亚提出的"消费社会"概念等从不同角度体现了这一逻辑。孔子说："德不配位，必有灾殃。"[1] 其实，人只有精神生活富裕，才能更好地驾驭物质生活富裕，否则就可能成为物质的奴隶。马克思认为，人的本

---

① 《周易·系辞下》。

质是从事自由自觉的劳动，而不是片面追求物质利益的物质"需求者"，从精神生活富裕的角度满足人民群众美好生活向往就是对物质主义、金钱逻辑至上倾向的纠偏。

（二）共同富裕视域下精神生活富裕是中华民族伟大复兴的重要表征

中国特色社会主义新时代是实现中华民族伟大复兴的时代，而民族的复兴、国家的富强最根本地体现为精神生活富裕、文化自信。习近平总书记指出："实现中国梦，是物质文明和精神文明均衡发展、相互促进的结果。没有文明的继承和发展，没有文化的弘扬和繁荣，就没有中国梦的实现。"[①] 他还指出："没有中华文化繁荣兴盛，就没有中华民族伟大复兴。一个民族的复兴需要强大的物质力量，也需要强大的精神力量。没有先进文化的积极引领，没有人民精神世界的极大丰富，没有民族精神力量的不断增强，一个国家、一个民族不可能屹立于世界民族之林。"[②]

从精神文化层面来说，中华民族的复兴史就是一部中华民族重新找回自信、自尊，重生强大精神力量，构建强大文化软实力，充分彰显中华民族精气神的历史，即一部精神文化复兴史。中国近代史是一部屈辱史，中

[①] 中共中央文献研究室：《习近平关于社会主义文化建设论述摘编》，中央文献出版社 2017 年版，第 4—5 页。

[②] 习近平：《在文艺工作座谈会上的讲话》，人民出版社 2015 年版，第 5 页。

国人民对民族生存危机原因的追问，经历了"器"不如人到制度落后，最后归结到精神文化不如人的基本逻辑。中国的落后最终归因于中国人的麻木、愚昧，缺乏斗争和反抗精神，归因于民族文化自信的消解，整个民族因缺乏凝聚力而成为一盘散沙。马克思主义传入中国并在不断中国化的过程中与中华民族优秀传统文化相结合，在革命、建设和改革开放的实践中实现马克思主义中国化的历史性飞跃，产生了毛泽东思想、中国特色社会主义理论体系和习近平新时代中国特色社会主义思想，并在继承中华优秀传统文化的基础上形成了革命文化和社会主义先进文化，成为中国人民生存和发展的文化主线，唤醒了沉睡的中国人民，彻底激发了中国人民的精神力量，改变了中国人民的精神面貌，将亿万同胞的精神力量紧紧地聚集在一起，掌握了历史主动，爆发出越来越强烈的中国声音。中华优秀传统文化蕴含着丰富的治理智慧和人生智慧，以中国共产党伟大建党精神和一系列精神谱系为内核的革命文化是中国人民战胜一切艰难险阻的精神财富，社会主义先进文化彰显了中国改革创新的时代精神，这些精神支撑中华民族在革命、建设和改革开放中不断取得胜利，实现了从站起来、富起来到强起来的巨大飞跃，迎来了中华民族伟大复兴的光明前景。在即将实现中华民族伟大复兴的关键阶段——中国特色社会主义新时代，在共同富裕中实现精神生活富裕既是民族复兴的内在要求，又是强大的精神支撑。

（三）共同富裕视域下精神生活富裕是人类文明新形态的重要标志

习近平总书记在庆祝中国共产党成立 100 周年大会上指出："我们坚持和发展中国特色社会主义，推动物质文明、政治文明、精神文明、社会文明、生态文明协调发展，创造了中国式现代化新道路，创造了人类文明新形态。"① 中国式现代化有五个特征：第一，我国的现代化是人口规模巨大的现代化。第二，我国的现代化是全体人民共同富裕的现代化。第三，我国的现代化是物质文明和精神文明相协调的现代化。第四，我国的现代化是人与自然和谐共生的现代化。第五，我国的现代化是走和平发展道路的现代化。② 从第二、第三个特征的表述可以自然地推知：在共同富裕中实现精神生活富裕，是中国式现代化开创的人类文明新形态的重要标志。

习近平总书记强调，现代化的本质是人的现代化。中国式现代化开创的人类新文明形态是以人民的发展为中心的，是以解放人、实现人的自由全面发展为宗旨的，而共同富裕视域下的精神生活富裕是人的发展的重要方面，它表征着与资本主义文明形态不同的价值观念和道路选择，它意味着对社会主义精神文化产品的真正占有，它要扬弃资本主义现代化下人在物化关系中的种种异化、不平等、不公正等精神匮乏与失衡的状态。人类历史上

---

① 习近平：《在庆祝中国共产党成立 100 周年大会上的讲话》，人民出版社 2021 年版，第 13—14 页。

② 参见习近平《论把握新发展阶段、贯彻新发展理念、构建新发展格局》，中央文献出版社 2021 年版，第 9—10 页。

实现现代化的国家除了苏联（最后苏联维持 70 年也解体了），几乎走的都是西方资本主义现代化的道路，西方资本主义现代化道路代表的是资本主义文明形态，而中国式现代化道路代表的是社会主义文明形态，更准确地表达应该是中国特色社会主义文明形态。以马克思主义为指导，以中华优秀传统文化、革命文化和社会主义先进文化为内核的意识形态、思想观点、价值观念、知识体系是对西方资本主义精神文化的超越，如新发展理念、全过程人民民主、人与自然和谐共生即人与自然生命共同体、人类命运共同体等先进观念引领物质文明、政治文明、精神文明、社会文明和生态文明协调发展，扬弃以资产阶级意识形态为标识的资本主义文明形态，构建人类文明新形态，为世界其他发展中国家提供新的选择。

综上可知，共同富裕视域下的精神生活富裕是中国特色社会主义在新时代、新的发展阶段人的精神生活状态—精神生活共同富裕状态的一种描述，它是指向人的自由全面发展的。共同富裕下的精神生活富裕不是少数人的精神生活富裕，而是全体人民的精神生活富裕；不是整齐划一的平均主义式的精神生活富裕，而是保护个人主动能动性的、包容式的精神生活富裕。

共同富裕下的精神生活富裕是一个不断生成的过程。2016 年 1 月 18 日，习近平总书记在省部级主要领导干部学习贯彻党的十八届五中全会精神专题研讨班上的讲话中指出："我国正处于并将长期处于社会主义初级阶段，我们不能做超越阶段的事情，但也不是说在逐步实现共同富裕方面就无所作为，而是要根据现有条件把能做的事情尽量做起来，积小胜为大胜，不断朝着全体人民共同富裕的目标前进。"① 根据党中央的部署，共同富裕视域下的精神生活富裕要在"十四五"末迈出坚实步伐；到 2035 年取得更为明显的实质性进展；到本世纪中叶基本实现。

从内涵上分析，精神生活富裕主要包括：自觉坚定的理想信仰；科学和谐的价值观念；丰厚的科学与人文素质；健康向上、积极进取的精神状态（情感、意志）；良好的道德品行和社会风尚；丰富的文化娱乐生活；以及实现精神生活富裕所需要的完善的公共文化服务体系、美丽的生态环境、公平正义平等的社会秩序、稳定而安全的社会环境等重要条件。如何在共同富裕中实现精神生活富裕，是当代哲学研究者的理论使命。

二　共同富裕视域下精神生活富裕的实现路径

（一）以坚定的理想信念构筑精神生活富裕的精神支柱

理想信念是共同富裕视域下精神生活富裕的精神支柱，失去这一支柱，精神生活富裕将无从谈起。习近平总书记指出："对马克思主义的信仰，对社会主义和共产主义的信念，是共产党人的政治灵魂，是共产党人经受住任何考验的精神支柱。"② "马克思主义是我们立党立国

---

① 《习近平谈治国理政》第 2 卷，外文出版社 2017 年版，第 214—215 页。

② 《习近平谈治国理政》第 1 卷，外文出版社 2018 年版，第 15 页。

的根本指导思想。背离或者放弃马克思主义，我们党就会失去灵魂、迷失方向。"① "革命理想高于天。共产主义远大理想和中国特色社会主义共同理想，是中国共产党人的精神支柱和政治灵魂，也是保持党的团结统一的思想基础。"② 在推动实现精神生活共同富裕的道路上，要坚持马克思主义在意识形态领域的指导地位，坚持共产主义远大理想与中国特色社会主义共同理想，用社会主义先进文化丰富人民精神生活，不断巩固全党全国各族人民团结奋斗的共同思想基础，否则就会陷入迷失方向甚至失去灵魂的困境。要学习研究阐释马克思主义经典理论和党的创新理论，特别是习近平新时代中国特色社会主义思想，推动这一思想入脑、入心、入行，实现由被动学习到主动接受、由自发到自觉的转变，切实做到用先进思想武装人民群众的头脑。传承红色基因，用中国共产党人的精神谱系激励广大人民群众投身中华民族伟大复兴的光辉事业。

（二）以社会主义核心价值观为引领，引导人们树立正确的历史观、民族观、国家观、文化观

精神生活富裕并不完全是一个自发形成的过程，需要自觉地引导与建构。社会主义核心价值观是全体中国人民价值观的最大公约数，深入回答了建设什么样的国家、建

---

① 习近平：《在庆祝中国共产党成立 95 周年大会上的讲话》，《人民日报》2016 年 7 月 2 日第 3 版。

② 《习近平谈治国理政》第 3 卷，外文出版社 2020 年版，第 49 页。

设什么样的社会、培育什么样的公民的重大问题，是当代中国精神的集中体现，凝结着全体人民共同的价值追求，因此是共同富裕视域下精神生活富裕的核心内容。要以社会主义核心价值观引领人民的精神追求，引导人们树立正确的历史观、民族观、国家观、文化观，以社会主义核心价值观涵养人民对于党、国家、民族的情感认同和心理认同，提升人的精神品格和精神境界，用社会主义核心价值观凝聚各族人民的价值共识和社会共识，积聚社会力量。正如习近平总书记指出，要使社会主义核心价值观的影响像空气一样无所不在、无时不有，要把社会主义核心价值观融入精神生活富裕建设的全过程，如国民教育、精神文明创建、精神文化生产、道德文明建设等。

（三）以中华优秀传统文化涵养当代中国人的精神家园

党的十八大以来，以习近平同志为核心的党中央，站在历史与时代相结合的高度，十分重视中华优秀传统文化的历史传承和创新发展。早在 2013 年 12 月，习近平总书记在十八届中央政治局第十二次集体学习时的讲话中指出："让收藏在禁宫里的文物、陈列在广阔大地上的遗产、书写在古籍里的文字都活起来。"[①] 2020 年 9 月 28 日，习近平总书记在十九届中央政治局第二十三次集体学习时的讲话中强调："在历史长河中，中华民族形成

---

① 《习近平谈治国理政》第 1 卷，外文出版社 2018 年版，第 161 页。

了伟大民族精神和优秀传统文化，这是中华民族生生不息、长盛不衰的文化基因，也是实现中华民族伟大复兴的精神力量，要结合新的实际发扬光大。"①

2022年5月27日，习近平总书记在主持十九届中共中央政治局第三十九次集体学习所发表的重要讲话中指出："中华优秀传统文化是中华文明的智慧结晶和精华所在，是中华民族的根和魂，是我们在世界文化激荡中站稳脚跟的根基。"②

在五千多年漫长文明发展史中，中国人民创造了璀璨夺目的中华文明，为人类文明进步事业做出了重大贡献。要研究阐释中华文明讲仁爱、重民本、守诚信、崇正义、尚和合、求大同的精神特质和发展形态，阐明中国道路的深厚文化底蕴。对中华传统文化，要坚持古为今用、推陈出新，继承和弘扬其中的优秀成分。

要坚持守正创新，推动中华优秀传统文化同社会主义社会相适应，展示中华民族的独特精神标识，更好构筑中国精神、中国价值、中国力量。

习近平总书记强调，文物和文化遗产承载着中华民族的基因和血脉，是不可再生、不可替代的中华优秀文明资源。要让更多文物和文化遗产活起来，营造传承中华文明的浓厚社会氛围。要积极推进文物保护利用和文

---

① 习近平：《建设中国特色中国风格中国气派的考古学 更好认识源远流长博大精深的中华文明》，《求是》2020年第23期。

② 习近平：《把中国文明历史研究引向深入 推动增强历史自觉坚定文化自信》，《人民日报》，2022年5月29日第1版。

化遗产保护传承，挖掘文物和文化遗产的多重价值，传播更多承载中华文化、中国精神的价值符号和文化产品。

2021 年 3 月 22 日下午，习近平总书记在福建武夷山市考察，来到朱熹园，了解朱熹生平及理学研究等情况，并指出："我们走中国特色社会主义道路，一定要推进马克思主义中国化。如果没有中华五千年文明，哪里有什么中国特色？如果不是中国特色，哪有我们今天这么成功的中国特色社会主义道路？我们要特别重视挖掘中华五千年文明中的精华，把弘扬优秀传统文化同马克思主义立场观点方法结合起来，坚定不移走中国特色社会主义道路。"①

这里习近平总书记所讲的"活起来"就是讲好中华优秀传统文化故事，根据当今时代和中国实际，充分挖掘、阐释、展示、普及文物知识、文化遗产、古籍等优秀传统文化，让大众去学习和认识；就是讲好考古、历史文化的故事。文化传承要多些"烟火气"，打破那些"良药苦口"的老生常谈模式，让传统文化活起来，将传统文化的思想核心和丰富内涵如勤劳、勇毅、智慧、仁义、诚信、团结、忠孝等，通过生动的故事"飞入寻常百姓家"，润物无声地融入日常生活的酸甜苦辣咸中，涵养人民群众的精神世界。

---

① 《习近平谈治国理政》第 4 卷，外文出版社 2022 年版，第 315 页。

（四）以创建中国自主知识体系为立足点，提升人民群众的文化自信和思想文化素质

在共同富裕中实现精神生活富裕，必须提升人民群众的文化素质。要提升人民群众的文化素质，首先要加快建构中国特色哲学社会科学，创建中国自主知识体系。2022 年 4 月 25 日，习近平总书记在中国人民大学考察时指出："加快构建中国特色哲学社会科学，归根结底是建构中国自主的知识体系。要以中国为观照、以时代为观照，立足中国实际，解决中国问题，不断推动中华优秀传统文化创造性转化、创新性发展，不断推进知识创新、理论创新、方法创新，使中国特色哲学社会科学真正屹立于世界学术之林。"① 文化沙漠、历史虚无主义文化或殖民文化，是不能为人民群众精神生活富裕提供优秀精神食粮的。要在坚定文化自信的基础上，把继承优秀传统文化基因、反映中国发展实践经验以及借鉴国外优秀成果三者结合起来，努力做到历史与当下、理论与实践、共性与个性的结合，着力提炼自主性、原创性、标识性的新概念、新范畴、新表述，建构体现中国特色、中国风格、中国气派的知识体系和话语体系，形成真正自主的中国思想、中国理论、中国学术。

要推动中国自主知识体系和话语体系的大众化和普及化，优秀思想理论、自然科学技术知识与方法的大众化、普及化是文化建设和推动精神生活共同富裕的一项

---

① 《习近平在中国人民大学考察时强调 坚持党的领导传承红色基因扎根中国大地 走出一条建设中国特色世界一流大学新路》，《人民日报》2022 年 4 月 26 日第 1 版。

十分重要的内容。在此方面，广大哲学社会科学工作者和科技工作者肩负着重要使命。要将中国自主知识体系和话语体系融入国民教育体系中，提高广大人民群众的文化素养，以中国自主知识体系和话语体系夯实文化自信、精神生活富裕的基石。要以中国自主知识体系和话语体系为依据修订完善教材。要推出更多彰显中国自主知识体系和话语体系的大众读物、科普读物，把中国自主知识体系和话语体系融入为人民群众的日常话语，为人民群众精神生活共同富裕提供科学基础和支撑。

（五）推动文化事业和文化产业高质量发展，为人民群众提供更多形态多样的优秀文化艺术产品

深化文化体制改革、创新文化管理体制，完善把社会效益放在首位、社会效益和经济效益相统一的体制机制，推动文化事业、文化产业高质量发展。要以中国自主知识体系和话语体系为基础，坚持以人民为中心的创作导向，在深入生活、扎根人民中创造通俗易懂、喜闻乐见的精神文化产品，让人民群众在享受丰富精神产品后获得精神的满足和提升。提高文化产品的精神高度、文化内涵、艺术价值，用生动的故事、栩栩如生的作品形象引导人民树立正确的世界观人生观价值观，用生动的语言和感人的艺术形象描绘祖国的秀美山河、中华民族的卓越风华、中国人民的勤劳智慧，反映中国特色社会主义事业的蓬勃发展，展现各族人民团结一心、朝气蓬勃、积极向上的精神风貌。尊重和遵循文艺规律，尊重文艺工作者的创作个性和创造性劳动，让他们成为先

进文化的践行者、社会风尚的引领者，引导他们在为祖国、为人民立德立言中成就自我、实现价值。要适应人民群众对产品形态的需要的变化，创新文化产品的载体和表达形式。

（六）完善公共文化服务体系，为人民群众多样化、多层次、多方面的精神文化需求提供物质支撑，营造良好的社会环境

以满足人民群众文化需求为出发点和落脚点，以实现人民群众精神生活共同富裕为要求推进公共文化基础设施建设。建设更多文化广场、电影城、书城、博物馆、图书馆、体育馆等文化基础设施，形成多级公共文化设施网络。同时，深入实施文化惠民工程，积极组织开展各类文化活动，保护传承文化遗产、民间传统艺术等。

人民群众的精神生活富裕是多方面的，除了对精神产品的需要外，还包括对公平正义的要求，对安全的要求，对生态环境的要求，要推动司法公正公平建设，加强社会治安管理，营造公平正义的社会风气，让人民群众在增强幸福感、获得感的同时，还要有安全感。只有在平安的环境中，人才能实现精神生活富裕。要努力建设天蓝、地绿、水清的生态环境，让人民群众在优美的生态环境中精神愉悦，提升审美情趣。

（七）持续深化社会主义思想道德建设，提高人的道德素质

公民良好的道德修养和高尚的社会道德素养是精神

生活富裕的重要象征。着力加强思想道德规范建设,深入实施公民道德建设工程,推进社会公德、职业道德、家庭美德、个人品德建设,激励人们向上向善、孝老爱亲,忠于祖国和人民。积极开展群众性文明创建活动,让人民群众在活动中移风易俗、弘扬时代新风,以社会主义先进文化弘扬真善美、抵制假恶丑,形成和谐友爱的良好社会风尚。

(八) 发展健康向上的网络文化

随着数字化和虚拟化技术的发展,互联网作为文化传播和日常交流的空间,在人们的精神生活中占据越来越重要的地位,网络文化的发展对共同富裕视域下精神生活富裕建设发挥越来越重要的作用。一方面要净化网络空间,发展健康向上的网络文化,传播正能量,宣扬正气;另一方面要利用互联网技术特别是移动互联网技术创新文化产品形态,如有声书、音视频等,传播更多能为广大读者喜爱的优秀传统文化、中华文明以及革命文化和社会主义文化的故事,传播中国共产党、中国人民不畏艰险、艰苦创业、敢于胜利的故事,传播新时代以来发生的伟大历史性变革和取得的历史性成就的故事,传播好中国精神、中国价值、中国力量的故事。

(九) 发挥人民群众的主动创造精神,从单纯的接受者与享受者转变为参与者和创造者,让人民群众在精神文化产品创造中实现精神生活富裕

马克思有一句名言:人既是历史的剧中人,又是剧作

者。精神生活富裕不仅是指主体享受精神产品后的满足和享受的精神状态，也包含主体创造精神财富的能力、意愿以及创造性活动中自我实现的精神满足。因此，要搭建各种平台，鼓励人民群众自发组织开展文化活动，创造接地气的精神文化产品。

（原载《马克思主义哲学》2022 年第 4 期）

学习和把握习近平新时代
中国特色社会主义思想的
世界观和方法论

习近平总书记在党的二十大报告中指出："只有把马克思主义基本原理同中国具体实际相结合、同中华优秀传统文化相结合，坚持运用辩证唯物主义和历史唯物主义，才能正确回答时代和实践提出的重大问题，才能始终保持马克思主义的蓬勃生机和旺盛活力。"① 继续推进实践基础上的理论创新，学习贯彻党的创新理论，"首先要把握好新时代中国特色社会主义思想的世界观和方法论，坚持好、运用好贯穿其中的立场观点方法"②。坚持人民至上，坚持自信自立，坚持守正创新，坚持问题导向，坚持系统观念，坚持胸怀天下。"六个坚持"是以习近平同志为核心的党中央从世界观和方法论的高度对新时代坚持和发展

---

① 习近平：《高举中国特色社会主义伟大旗帜　为全面建设社会主义现代化国家而团结奋斗——在中国共产党第二十次全国代表大会上的报告》，人民出版社 2022 年版，第 17 页。

② 习近平：《高举中国特色社会主义伟大旗帜　为全面建设社会主义现代化国家而团结奋斗——在中国共产党第二十次全国代表大会上的报告》，人民出版社 2022 年版，第 18—19 页。

中国特色社会主义伟大实践经验的哲学概括，是习近平新时代中国特色社会主义思想的哲学基础和思想精髓，是马克思主义世界观和方法论中国化时代化的最新表达，是马克思主义中国化时代化的最新成果，也是对习近平新时代中国特色社会主义思想的进一步丰富和发展。这一精辟论述为全党全国各族人民在全面建设社会主义现代化国家新征程上，继续推进实践基础上的理论创新、制度创新、实践创新和文化创新，夺取以中国式现代化全面推进中华民族伟大复兴的新胜利提供了科学指引。

一　坚持人民至上，丰富和发展了马克思主义的历史观、认识论和价值观

人民性是马克思主义的本质属性，是习近平新时代中国特色社会主义思想的本质特征，坚持人民至上是马克思主义人民性这一本质属性在新时代的新表达。习近平总书记指出："党的理论是来自人民、为了人民、造福人民的理论，人民的创造性实践是理论创新的不竭源泉。一切脱离人民的理论都是苍白无力的，一切不为人民造福的理论都是没有生命力的。我们要站稳人民立场、把握人民愿望、尊重人民创造、集中人民智慧，形成为人民所喜爱、所认同、所拥有的理论，使之成为指导人民认识世界和改造世界的强大思想武器。"[①] 这一论述是对

---

① 习近平：《高举中国特色社会主义伟大旗帜 为全面建设社会主义现代化国家而团结奋斗——在中国共产党第二十次全国代表大会上的报告》，人民出版社 2022 年版，第 19 页。

马克思主义历史观、认识论和价值观的丰富和发展。

坚持人民至上，丰富和发展了马克思主义历史观。马克思主义历史观认为，人民群众的物质生产实践是人类社会存在和发展的基础，人民群众是历史的创造者，是社会变革和进步的决定性力量。坚持人民历史主体地位，是马克思主义历史观的根本政治立场。习近平总书记多次强调人民群众的主体地位，鲜明指出"人民是创造历史的动力，我们共产党人任何时候都不要忘记这个历史唯物主义最基本的道理"①。要在唯物史观的基础上，始终坚持马克思主义政党的政治立场，习近平总书记指出："这一鲜明的政治立场，充分肯定了人民的历史主体地位，充分体现了马克思主义政党的根本性质和宗旨。"②

坚持人民的历史主体地位，最根本的是坚持民心是最大的政治，把人民群众作为答卷人、最高裁决者和最终评判者。习近平总书记强调："江山就是人民、人民就是江山，打江山、守江山，守的是人民的心。中国共产党根基在人民、血脉在人民、力量在人民。"③"时代是出卷人，我们是答卷人，人民是阅卷人。"④ 人民是党的工

---

① 《习近平总书记系列重要讲话读本》，人民出版社 2016 年版，第 128 页。

② 《学习马克思主义基本理论是共产党人的必修课》，载《求是》2019 年第 22 期。

③ 习近平：《在庆祝中国共产党成立 100 周年大会上的讲话》，人民出版社 2021 年版，第 11 页。

④ 《习近平谈治国理政》第 3 卷，人民出版社 2020 年版，第 70 页。

作的最高裁决者和最终评判者，在中国共产党百年奋斗历程中，党始终以"赶考"的心态前行，坚持把人民拥护不拥护、赞成不赞成、高兴不高兴、答应不答应作为衡量一切工作得失的根本标准，努力向人民交出更加优异的答卷。这些思想观点把人民群众的历史主体地位的内涵具体化了，而且把执政党与人民群众的关系更加明确化了。

坚持人民主体地位，必须要相信群众，依靠群众，尊重人民群众的主动性和创造性；必须要深刻认识人民群众是历史发展和社会进步的主体力量。习近平总书记强调，要坚持人民主体地位，必须充分调动广大人民群众的积极性、主动性和创造性。人民群众有着无尽的智慧和力量，"在人民面前，我们永远是小学生"[①]。要充分尊重人民所表达的意愿、所创造的经验、所拥有的权利、所发挥的作用，充分尊重人民群众的首创精神；要紧紧依靠人民群众，动员人民群众的力量；要自觉拜人民为师，向能者求教、向智者问策，不断从人民群众中汲取智慧和力量。党的十八大以来，习近平总书记带领全党开展党的群众路线教育实践活动，坚决遏制党内存在的形式主义、官僚主义、享乐主义和奢靡之风，大大提升了党在人民群众中的形象，密切了党与人民群众的血肉联系。以习近平同志为核心的党中央号召全党不忘初心，牢记使命，全面从严治党，勇于自我革命，坚决割除一切滋生在党的肌体

[①] 《习近平谈治国理政》第 1 卷，人民出版社 2018 年版，第 27 页。

上的毒瘤，保持党的先进性、纯洁性，永葆党与人民群众的血肉联系。

坚持人民至上，丰富和发展了马克思主义认识论。理论来源于实践，而社会生活是变动不居的，人的实践活动是动态发展的。因此，认识必须随着实践的发展而发展，同时又要回到实践，指导实践，在实践中检验其真理性，而实践和认识的主体就是人民群众。党的理论来源于人民群众的实践，人民的创造性实践是党的理论创新源泉，脱离人民群众实践的党的理论是苍白无力的。同时，党的理论又要回到人民群众的实践，指导人民群众的实践，成为人民群众认识世界和改造世界的强大思想武器。马克思指出："批判的武器当然不能代替武器的批判，物质力量只能用物质力量来摧毁；但是理论一经掌握群众，也会变成物质力量。"① 习近平总书记突出强调人民群众的实践活动与理论创新的关系。因此，做深入细致的调查研究，倾听人民群众的呼声，总结提炼人民群众的实践经验与智慧，是马克思主义理论创新的基本途径。马克思主义的理论创新不是无本之木或无源之水的主观遐想和逻辑推断，而是对实践创新经验的提炼与概括。同时，人民群众的实践也是检验真理、发展真理的根本标准。因此，理论创新必须尊重人民群众的实践首创精神及实践成果。坚持人民至上，是习近平新时代中国特色社会主义思想保持强大生命力的

①《马克思恩格斯文集》第 1 卷，人民出版社 2009 年版，第 11 页。

根源所在。

坚持人民至上，丰富和发展了马克思主义价值观。马克思、恩格斯在创立科学社会主义理论时，明确提出了无产阶级的价值观，即共产主义的奋斗目标是实现人的自由而全面的发展。习近平总书记对马克思主义理论体系及本质特征有着全面、系统、深刻的把握，他指出："马克思主义坚持实现人民解放、维护人民利益的立场，以实现人的自由而全面的发展和全人类解放为己任，反映了人类对理想社会的美好憧憬。"① "马克思主义博大精深，归根到底就是一句话，为人类求解放。"② 马克思主义之所以占据道义的制高点，首先是因为它是关于人的解放和人的自由而全面的发展的思想体系。坚持人民在历史发展中的主体地位，维护人民群众的根本利益，追求人的自由而全面的发展，是马克思主义历史观和价值观的基本观点。

全心全意为人民服务是中国共产党的根本宗旨。习近平总书记曾深情地说："我的执政理念，概括起来说就是：为人民服务，担当起该担当的责任。"③ 民之所忧，我必念之；民之所盼，我必行之。我将无我，不负人民。习近平总书记自觉把马克思主义执政党的价值追求和本

---

① 习近平：《在哲学社会科学工作座谈会上的讲话》，人民出版社 2016 年版，第 8—9 页。

② 习近平：《在纪念马克思诞辰 200 周年大会上的讲话》，人民出版社 2018 年版，第 8 页。

③ 《习近平谈治国理政》第 1 卷，人民出版社 2018 年版，第 101 页。

质特征内化于心。"治国有常，利民为本。为民造福是立党为公、执政为民的本质要求。必须坚持在发展中保障和改善民生，鼓励共同奋斗创造美好生活，不断实现人民对美好生活的向往。"① 党的二十大报告把实现全体人民共同富裕作为中国式现代化的主要特色之一，意味着在新时代新征程上，我们党将始终坚持把实现人民对美好生活的向往作为现代化建设的出发点和落脚点，着力维护和促进社会公平正义，着力促进全体人民共同富裕，这是对马克思主义价值观的坚定践行。

二　坚持自信自立，走自己的路，揭示了中国发展的精神气质

习近平总书记在党的二十大报告中指出："中国人民和中华民族从近代以后的深重苦难走向伟大复兴的光明前景，从来就没有教科书，更没有现成答案。党的百年奋斗成功道路是党领导人民独立自主探索开辟出来的，马克思主义的中国篇章是中国共产党人依靠自身力量实践出来的，贯穿其中的一个基本点就是中国的问题必须从中国基本国情出发，由中国人自己来解答。"② 这一重

---

① 习近平：《高举中国特色社会主义伟大旗帜　为全面建设社会主义现代化国家而团结奋斗——在中国共产党第二十次全国代表大会上的报告》，人民出版社 2022 年版，第 46 页。

② 习近平：《高举中国特色社会主义伟大旗帜　为全面建设社会主义现代化国家而团结奋斗——在中国共产党第二十次全国代表大会上的报告》，人民出版社 2022 年版，第 19 页。

要论断是总结中华民族发展史特别是近代以来中国发展史得出的根本经验。

唯物辩证法认为，矛盾的普遍性与特殊性是统一的，人类社会发展具有普遍的规律性即共性，同时，每个国家和民族的具体实际和历史文化传统不同，其发展的具体形式和具体道路不同，即人类社会发展又具有多样性。所以说，世界上既不存在定于一尊的发展道路，也不存在放之四海而皆准的发展模式，每个国家都必须根据自己的国情开创自己的发展道路。唯物辩证法还认为，事物的内部矛盾（内因）是事物自身运动的源泉和动力，是事物发展的根本原因。外部矛盾（外因）是事物发展、变化的第二位的原因。内因是变化的根据，外因是变化的条件，外因通过内因而起作用。习近平总书记强调，要坚持把国家和民族发展放在自己力量的基点上，坚持中国的事情必须由中国人民自己作主张、自己来处理，把中国发展进步的命运牢牢掌握在自己手中。可以说，从中国基本国情出发，牢牢掌握发展主动权，坚持走自己的路，是自信自立的精髓。

坚持独立自主，走自己的路，是党的百年奋斗历程的经验总结。新民主主义革命时期，照搬苏联首先占领中心城市争取胜利的革命路线屡遭失败，事实证明，在当时敌我力量十分悬殊的历史条件下，俄国革命的具体路线在中国走不通，我们党迫切需要找到一条适合中国国情的革命道路。以毛泽东同志为代表的中国共产党人坚持从中国农民占大多数，以及几省边界交汇之地离中心城市较远，是国民党统治的薄弱地区等国情出发，开创农村包围城市、武装夺取政权的正确革命路线。1935 年，党中央在长征途中召开遵义会议，开始确立以毛泽东同志为主要代表的马克思主义正确路线在党中央的领导地位，开启了党独立自主解决中国革命实际问题的新阶段，最终领导中国人民取得新民主主义革命的胜利。社会主义建设时期，以毛泽东同志为主要代表的中国共产党人探索中国社会主义建设道路，尝试"走自己的路"，提出了一系列独创性理论成果。遗憾的是，党的八大形成的正确路线未能完全坚持下去，照搬苏联高度集中的计划经济体制使社会主义建设陷入困境。改革开放和社会主义现代化建设时期，以邓小平同志为主要代表的中国共产党人作出把党和国家工作中心转移到经济建设上来、实行改革开放的历史性决策，深刻揭示了社会主义本质，确立了社会主义初级阶段的基本路线，明确提出了"走自己的路，建设中国特色社会主义"，这是我们党总结长期以来历史经验的根本结论，并成功开创了中国特色社会主义道路；以江泽民同志为主要代表的中国共产党人成功把中国特色社会主义推向 21 世纪；以胡锦涛同志为主要代表的中国共产党人在新形势下成功地坚持和发展了中国特色社会主义。中国特色社会主义新时代，面对之前党内和社会上一些人在道路问题上动摇、对中国特色社会主义政治制度自信不足等问题，以习近平同志为主要代表的中国共产党人果敢抉择、攻坚克难，以超高的智慧和莫大的勇气推动理论创新和实践创新，回答中国之问、世界之问、人民之问、时代之问，开创新时代中国特色社会主义新局面，党和国家事业取得历史性成就、发生历史性变革，成功推进和拓展中国式现代化，推动我国迈上全面建设社会主义现代化国家新征程。

坚持独立自主，走自己的路，是我们党从中国具体实际出发、依靠人民力量进行革命、建设、改革的必然结论，也是中华民族赖以生存、发展的巨大精神支柱和推动力量。独立自主的探索和实践精神，坚持走自己的路的坚定信心和决心，是我们党全部理论和实践的立足点，是党和人民事业不断从胜利走向胜利的根本保证。实践证明，中国既不能走封闭僵化的老路，也不能走改旗易帜的邪路，而要坚信自己开创的正确道路，以自信自立的精神状态推进实践发展和理论创新。习近平总书记在党的二十大报告中指出："我们要坚持对马克思主义的坚定信仰、对中国特色社会主义的坚定信念，坚定道路自信、理论自信、制度自信、文化自信，以更加积极的历史担当和创造精神为发展马克思主义作出新的贡献，既不能刻舟求剑、封闭僵化，也不能照抄照搬、食洋不化。"[①] 这一重要论述指出了我们党推动实践发展和理论创新应有的精神状态，即自信自立。

当今中国共产党和中国人民的自信首先来自对一百年多来所走过的道路及其奋斗成就的历史自信。习近平总书记指出："一百年来，我们党致力于为中国人民谋幸福、为中华民族谋复兴，致力于为人类谋进步、为世界谋大同，天下为公，人间正道，这是我们党具有历史自信的最大底气，是我们党在中国执政并长期执政的历史

① 习近平：《高举中国特色社会主义伟大旗帜 为全面建设社会主义现代化国家而团结奋斗——在中国共产党第二十次全国代表大会上的报告》，人民出版社 2022 年版，第 19 页。

自信，也是我们党团结带领人民继续前进的历史自信。"①
百年来，我们党带领中国人民进行波澜壮阔的伟大斗争，
彻底摆脱了1840年以来被西方资本主义列强欺辱、压迫
的命运，成为自己命运的主人，创造了世所罕见的经济
快速发展奇迹和社会长期稳定奇迹，历史性地解决了绝
对贫困问题，14亿多人口实现全面小康，人民对美好生
活的向往不断变为现实，中华民族迎来了从站起来、富
起来到强起来的伟大飞跃。我们成功开创了中国式现代
化道路，创造了人类文明新形态，拓展了发展中国家走
向现代化的途径，为世界上那些既希望加快发展又希望
保持自身独立性的国家和民族提供了全新选择。因此，
习近平总书记指出："当今世界，要说哪个政党、哪个国
家、哪个民族能够自信的话，那中国共产党、中华人民
共和国、中华民族是最有理由自信的！"② 我们的奋斗成
就归结起来，最根本的是开辟了中国特色社会主义道路，
形成了中国特色社会主义理论体系，确立了中国特色社
会主义制度，发展了中国特色社会主义文化。因此，中
国共产党和中国人民有充足的理由坚定道路自信、理论
自信、制度自信、文化自信，有充足的理由坚持对中国
特色社会主义的坚定信念。

　　中国共产党人的自信最根本地体现于文化自信，坚

① 《弘扬伟大建党精神坚持党的百年奋斗历史经验 增加历
史自信增进团结统一增强斗争精神》，载《人民日报》2021年12
月29日第1版。

② 习近平：《在党史学习教育动员大会上的讲话》，人民出
版社2021年版，第9页。

定中国特色社会主义道路自信、理论自信、制度自信，说到底是要坚定文化自信，文化自信是更基础、更广泛、更深厚的自信。

文化自信首先体现为对自己的信仰即马克思主义的坚定。党的百年奋斗历程展现了马克思主义的强大生命力，诠释了马克思主义、中国化时代化的马克思主义救中国和发展中国的道理。十月革命一声炮响，给中国送来了马克思列宁主义，为正在黑暗中摸索的中国人民和中华民族送来了一盏明灯。一百多年来，我们党坚持把马克思主义写在自己的旗帜上，坚持把马克思主义基本原理同中国具体实际相结合，同中华优秀传统文化相结合，不断推进马克思主义中国化时代化，用博大胸怀吸收人类创造的一切优秀文明成果，用马克思主义中国化的科学理论引领革命、建设和改革发展的伟大实践，取得令世人瞩目的伟大成就。习近平总书记指出："马克思主义的科学性和真理性在中国得到充分检验，马克思主义的人民性和实践性在中国得到充分贯彻，马克思主义的开放性和时代性在中国得到充分彰显。"① 历史和实践充分证明，马克思主义没有辜负中国，中国也没有辜负马克思主义。马克思主义中国化时代化不断取得成功，使马克思主义以崭新形象展现于世界。马克思主义揭示了人类社会发展规律，是无产阶级认识世界和改造世界的科学真理和强大思想武器。同时，坚持和发展马克思

① 《中共中央关于党的百年奋斗重大成就和历史经验的决议》，人民出版社 2021 年版，第 63 页。

主义，从理论到实践都不是轻而易举的，需要全世界的马克思主义者进行极为艰巨、极具挑战性的努力。中国共产党和中国人民对马克思主义的坚定信仰，既是对真理的信仰，也是对不断推动马克思主义中国化时代化、牢牢占据真理制高点和价值制高点所展示出的伟大力量和魅力的自信。

文化自信其次体现为对中华优秀传统文化的自信。"周虽旧邦，其命维新。"中华文明历史悠久，是世界上唯一没有中断并延续发展至今的文明。在五千多年中华文明发展史上，中国人民艰苦奋斗，创造了博大精深、灿烂辉煌的中华优秀传统文化——不仅因地制宜地创造了独树一帜的服饰、饮食、建筑等物质文化，百花齐放的文学艺术；还创造了与时俱进的思想文化，从诸子到经学再到理学，为中华民族的发展壮大提供了丰厚滋养。在波澜壮阔的人类历史中，和而不同的中华文化，既坚守本根又不断交流互鉴，面对民族融合、中外交流甚至内忧外患，表现出海纳百川、自我革新、自我丰富的坚强韧性和生命力。历史上，从佛教东传、"伊儒会通"到"西学东渐"，中华文明始终在兼容并蓄中发展，在交流互鉴中形成了独特的文化体系。同时，中华文明深刻影响了周边国家和民族，是世界多元文明的重要组成部分，为人类文明进步作出了不可磨灭的卓越贡献。中国人民在长期历史斗争中形成的天下为公、民为邦本、为政以德、革故鼎新、任人唯贤、天人合一、自强不息、厚德载物、讲信修睦、亲仁善邻等宇宙观、天下观、社会观、道德观，根植于中国人的内心，成为人民群众日用而不觉的共同价值观念。这不仅是维系中华民族生生不息的精神支柱，更同科学社会主义主张具有高度契合性，是我们在世界文化激荡中站稳脚跟的坚实根基，为马克思主义中国化时代化提供了丰富的思想资源和强大的精神力量。马克思指出："人们自己创造自己的历史，但是他们并不是随心所欲地创造，并不是在他们自己选定的条件下创造，而是在直接碰到的、既定的、从过去承继下来的条件下创造。"① 习近平总书记指出："泱泱中华，历史悠久，文明博大。中华民族在几千年历史中创造和延续的中华优秀传统文化，是中华民族的根和魂。"② 悠久的民族发展史、灿烂的文明成果、兼容并包的开放胸怀，是中华民族自信自立的历史根源，是今天中国共产党带领中国人民实现社会主义现代化和中华民族伟大复兴所拥有的丰富的文化遗产、精神条件以及强大的精神力量。

文化自信最后体现为对伟大奋斗精神的自信，即对以伟大建党精神为源头的中国共产党人精神谱系的自信。在党的二十大报告中，习近平总书记提出弘扬以伟大建党精神（坚持真理、坚守理想，践行初心、担当使命，不怕牺牲、英勇斗争，对党忠诚、不负人民）为源头的中国共产党人精神谱系。在党史学习教育动员大会上的讲话中，他总结了中国共产党人的精神谱系："在一百年的非凡奋斗历程中，一代又一代中国共产党人顽强拼搏、不懈奋

---

① 《马克思恩格斯选集》第 1 卷，人民出版社 2012 年版，第 669 页。

② 《习近平谈治国理政》第 2 卷，人民出版社 2017 年版，第 426 页。

斗……形成了井冈山精神、长征精神、遵义会议精神、延安精神、西柏坡精神、红岩精神、抗美援朝精神、'两弹一星'精神、特区精神、抗洪精神、抗震救灾精神、抗疫精神等伟大精神，构筑起了中国共产党人的精神谱系。我们党之所以历经百年而风华正茂、饱经磨难而生生不息，就是凭着那么一股革命加拼命的强大精神。"① 以伟大建党精神为源头的中国共产党人精神谱系是中国共产党人与前进道路上一切艰难险阻进行艰苦卓绝、不屈不挠的斗争而形成的，是中国共产党人的宝贵精神财富，是中国共产党人的"精气神"。它丰富了中华民族的精神宝库，是中国精神的当代形态，也是当今中国人民在实现中华民族伟大复兴新征程上战胜一切风险挑战和困难、展现中国力量的不竭源泉。近代以来，中华民族从积贫积弱一步一步走到今天的发展繁荣，靠的就是一代又一代人的顽强拼搏，靠的就是自强不息的奋斗精神。

一个具有 14 亿多人口的多民族国家，一个经济发展还具有很强的不平衡性和差异性的国家，一个拥有五千多年文明史和文化传统的国家，怎样搞现代化，只有它自己才最有发言权。人类历史上没有一个民族、一个国家可以通过依赖外部力量、照搬外国模式、跟在他人后面亦步亦趋而实现强盛和振兴，任何来自外域的指手画脚都不能成为中国发展的依据。因此，必须在发展道路上保持自主性，在文化上坚持自身的主体性，在粮食、能源、关键核心技

① 习近平：《在党史学习教育动员大会上的讲话》，人民出版社 2021 年版，第 19 页。

术等关系国计民生的重大问题上保持自足自立。同时，还要清醒地认识到，独立自主不是闭关自守，自力更生不是盲目排外，我们不能封闭僵化，关起门来自己搞现代化。在新时代新征程上，我们要将独立自主和对外开放相统一，将坚持自我与学习他人相结合，善于学习别的国家、民族的长处或先进经验，不断吸收人类一切优秀文明成果，以丰富、壮大自己。中华民族伟大复兴不是轻轻松松、敲锣打鼓就能实现的，必须坚持发扬斗争精神。百年来，党带领中国人民取得的重大历史成就改变了中国命运，深刻影响了世界，这极大地增强了中国人民的志气、骨气、底气。在历史进程中积累的强大精神力量充分爆发出来，焕发出前所未有的历史主动精神、伟大斗争精神和创造精神。今天，中国人民更加自信、自立、自强，信心百倍地书写着新时代新征程的新篇章。

三 坚持守正创新，揭示了理论创新的根本逻辑

中国特色社会主义新时代体现了历史继承性和人民群众实践创造性的统一。中国历史、中华文明发展到今天，是中国共产党人带领中国人民既传承弘扬中华优秀传统文化，又顺应人类历史发展规律，把握中国近代以来发展的逻辑，实现马克思主义基本原理同中国具体实际相结合，同中华优秀传统文化相结合的结果。习近平总书记在党的二十大报告中指出："我们要以科学的态度对待科学、以真理的精神追求真理，坚持马克思主义基

本原理不动摇，坚持党的全面领导不动摇，坚持中国特色社会主义不动摇，紧跟时代步伐，顺应实践发展，以满腔热忱对待一切新生事物，不断拓展认识的广度和深度，敢于说前人没有说过的新话，敢于干前人没有干过的事情，以新的理论指导新的实践。"① 这一重要论述阐释了对待马克思主义理论的科学态度——守正创新。

中国共产党从事的是前无古人的伟大事业，必须坚持"我以为我"的根本之道。习近平总书记以上讲的"三个坚持"，就是这样的"根本之道"。这是我们党百年奋斗历程根本经验的总结，任何时候都必须牢牢坚持，不能松懈，不能偏离，只有这样，才能在前进的道路上不迷失方向，不犯颠覆性错误。

坚持马克思主义的基本原理不动摇。马克思主义是中国共产党立党立国、兴党兴国的根本指导思想，是中国共产党坚定信仰信念、把握历史主动的根本所在。"根本所在"是指，马克思主义是我们党和人民事业不断发展的参天大树之根本，是我们党和人民不断奋进的万里长河之泉源。近代以来，中华民族追求伟大复兴，筚路蓝缕，艰苦卓绝，付出巨大牺牲，是人类历史上一部可歌可泣的悲壮史诗。历史实践告诉我们，中国共产党为什么能，中国特色社会主义为什么好，归根到底是马克思主义行，是中国化时代化的马克思主义行。因此，任何时候都必须真学真懂真信真用马克思主义基本原理，

① 习近平：《高举中国特色社会主义伟大旗帜 为全面建设社会主义现代化国家而团结奋斗——在中国共产党第二十次全国代表大会上的报告》，人民出版社 2022 年版，第 20 页。

并在运用和指导实践中不断推进理论创新。习近平总书记指出:"中国特色社会主义理论体系归根到底是以马克思主义基本理论为指导的,是把这些基本理论同中国具体实际相结合的结果。马克思主义就是我们共产党人的'真经','真经'没念好,总想着'西天取经',就要贻误大事!不了解、不熟悉马克思主义基本原理,就不可能真正了解和掌握中国特色社会主义理论体系。"① 习近平总书记高度重视学习马克思主义理论,党的十八大以来,他不仅主持中央政治局集体学习历史唯物主义、辩证唯物主义、马克思主义政治经济学、当代世界马克思主义思潮及其影响、《共产党宣言》等,还在哲学社会科学工作座谈会和马克思诞辰 200 周年大会上对马克思主义理论的主题、基本原理、体系和基本特征等进行系统深刻的阐释。习近平总书记强调:"马克思主义思想理论博大精深、常学常新。新时代,中国共产党人仍然要学习马克思,学习和实践马克思主义,不断从中汲取科学智慧和理论力量。"②

坚持党的全面领导不动摇。中国共产党在百年奋斗历程中始终践行自己的初心使命,团结带领全国各族人民书写了中华民族几千年来最恢宏的史诗,中华民族展现出前所未有的光明前景。近代以来的中国历史表明,正是以马克思主义为指导思想的中国共产党带领中国人

① 习近平:《在全国党校工作会议上的讲话》,人民出版社2016 年版,第 15 页。

② 《十九大以来重要文献选编》上,中央文献出版社 2019年版,第 428 页。

民取得了新民主主义革命、社会主义革命和建设的伟大胜利，推进了改革开放，开辟了中国特色社会主义道路。党的十八大以来，以习近平同志为核心的党中央团结带领全党全国各族人民锐意进取，攻坚克难，撸起袖子加油干，风雨无阻向前行，义无反顾地进行了具有许多新的历史特点的伟大斗争，经受住了来自政治、经济、意识形态、自然界等多方面的风险挑战的考验，使党和国家事业取得历史性成就，发生历史性变革，推动我国迈上全面建设社会主义现代化国家新征程，使中华民族伟大复兴进入了不可逆转的历史进程。坚持党的全面领导，要坚定不移推进全面从严治党，使党同人民群众始终保持血肉联系，使党在世界形势深刻变化的历史进程中始终走在历史前列，永葆先进性和纯洁性。中国共产党的先进性，不是一劳永逸的。过去先进不等于现在先进，现在先进不等于永远先进。所以中国共产党一直高度重视自身建设，特别是党的十八大以来，以习近平同志为核心的党中央以前所未有的勇气与力度推进全面从严治党，以党的政治建设为统领，全面推进党的思想建设、组织建设、作风建设、纪律建设，把制度建设贯穿其中，大力推进党风廉政建设和反腐败斗争，以党的自我革命引领伟大的社会革命，永葆党的先进性和纯洁性，使我们党始终成为坚持和发展中国特色社会主义、实现中华民族伟大复兴的坚强领导核心。

　　坚持中国特色社会主义不动摇。中国特色社会主义是中国共产党和中国人民历经千辛万苦、付出巨大代价取得的根本成就，是实现中华民族伟大复兴的必由之路。

中国特色社会主义道路是符合中国实际、反映中国人民意愿、顺应时代发展要求的，不仅走得对，走得通，而且走得稳，越走越宽广。

守正不是"守成"，既不能刻舟求剑，封闭僵化；也不能照抄照搬，食洋不化。无论对于现成实践方式还是科学理论，都要以科学的态度对待、以真理的精神追求。要坚持在守正的基础上不断创新，创新才是科学理论保持生命力的根本所在。推动马克思主义理论创新就是推动马克思主义理论中国化时代化，坚持把马克思主义基本原理同中国具体实际相结合，同中华优秀传统文化相结合。"两个结合"是我们党推进马克思主义中国化时代化的根本途径，是习近平总书记对马克思主义理论创新基本逻辑和方法的最新概括，深化了对坚持和发展马克思主义的规律性认识。

中国共产党自成立以来，便在实践中不断推进马克思主义基本原理同中国具体实际相结合，围绕重大问题，推动理论创新和实践创新。以毛泽东同志为主要代表的中国共产党人把马克思列宁主义同中国革命和建设相结合，回答了争取民族独立、人民解放、进行社会主义革命、推进社会主义建设等重大问题，创立了毛泽东思想，实现了马克思主义中国化的第一次历史性飞跃。以邓小平同志为主要代表的中国共产党人围绕什么是社会主义、怎样建设社会主义这一根本问题，创立了邓小平理论，成功开创了中国特色社会主义。以江泽民同志为主要代表的中国共产党人，加深了对什么是社会主义、怎样建设社会主义和建设什么样的党、怎样建设党的认识，形成了"三个代表"重要思想，成功把中国特色社会主义推向 21 世纪。以胡锦涛同志为主要代表的中国共产党人，深刻认识和回答了新形势下实现什么样的发展、怎样发展等重大问题，形成了以人为本、全面协调可持续发展的科学发展观，在新形势下成功地坚持和发展了中国特色社会主义。我们党形成了中国特色社会主义理论体系，实现了马克思主义中国化新的飞跃。以习近平同志为主要代表的中国共产党人，顺应时代发展，坚持"两个结合"，系统回答了新时代坚持和发展什么样的中国特色社会主义、怎样坚持和发展中国特色社会主义，建设什么样的社会主义现代化强国、怎样建设社会主义现代化强国，建设什么样的长期执政的马克思主义政党、怎样建设长期执政的马克思主义政党等重大时代课题，以全新的视野深化了对共产党执政规律、社会主义建设规律、人类社会发展规律的认识，创立了习近平新时代中国特色社会主义思想，实现了马克思主义中国化新的飞跃。马克思主义不是一成不变的教条，它是面向实践的、开放的理论体系。大的时代和具体实际都是不断变化的，因此，在变化发展中不断推动马克思主义基本原理同中国具体实际相结合，是马克思主义始终保持先进性的根本所在。

党的十八大以来，习近平总书记高度重视弘扬发展中华优秀传统文化，特别强调马克思主义基本原理同中华优秀传统文化相结合的重要性。"中华优秀传统文化是中华民族的精神命脉，是涵养社会主义核心价值观的重要源泉，也是我们在世界文化激荡中站稳脚跟的坚实根基。"① 推动中华优秀传统文化创造性转化、创新性发展，就是要推动中华优秀传统文化同社会主义社会相适应，展示中华民族的独特精神标识，更好构筑中国精神、中国价值、中国力量。当今中国正经历广泛而深刻的社会变革，也正进行着坚持和发展中国特色社会主义的伟大实践创新。实践创新必须建立在历史发展规律之上，必须行进在历史正确方向之上。习近平总书记在福建武夷山朱熹园考察时指出："我们走中国特色社会主义道路，一定要推进马克思主义中国化。如果没有中华五千年文明，哪里有什么中国特色？如果不是中国特色，哪有我们今天这么成功的中国特色社会主义道路？我们要特别重视挖掘中华五千年文明中的精华，把弘扬优秀传统文化同马克思主义立场观点方法结合起来，坚定不移走中国特色社会主义道路。"② 这段精辟论述把中国特色社会主义之"中国特色"的内涵和文化底蕴言简意赅地揭示出来了，可谓点睛之论。

实践在不断发展，理论创新没有止境。推进马克思主义中国化时代化是一个追求真理、揭示真理、笃行真理的过程。在以中国式现代化全面推进中华民族伟大复兴的新征程上，守正创新始终是我们党要遵循的行动逻辑。以守正创新的科学世界观和方法论推动中国式现代化，坚持马克思主义基本原理不动摇，坚持党的全面领

---

① 习近平：《在纪念胡耀邦同志诞辰 100 周年座谈会上的讲话》，人民出版社 2015 年版，第 25 页。

② 《习近平谈治国理政》第 4 卷，人民出版社 2022 年版，第 315 页。

导不动摇，坚持中国特色社会主义不动摇，是中国式现代化的本质要求的重要内容。同时，以"两个结合"破解中国式现代化建设中的新问题，在探索中国式现代化的实践中推动理论创新，以指导和推动全面建设社会主义现代化国家。

四　坚持问题导向，揭示了理论创新的基本路径

习近平总书记指出："问题是时代的声音，回答并指导解决问题是理论的根本任务。"① 坚持问题导向是马克思主义的理论品格和根本要求。马克思指出："问题就是时代的口号，是它表现自己精神状态的最实际的呼声。"② 马克思正是从资本主义经济危机、无产阶级受压迫的重大时代问题出发，才创造性地提出了劳动价值理论和剩余价值理论，揭示了资本主义发展规律，创立了科学社会主义理论。同样地，中国共产党的每次重大理论创新都是从重大时代问题出发的。纵观整个人类发展历史，一切发展进步包括科技创新无不是在解决时代问题中实现的。发现问题、研究问题、破解问题，始终是推动一个国家、一个民族乃至人类向前发展的重要动力。

---

① 习近平：《高举中国特色社会主义伟大旗帜 为全面建设社会主义现代化国家而团结奋斗——在中国共产党第二十次全国代表大会上的报告》，人民出版社 2022 年版，第 20 页。
② 《马克思恩格斯全集》第 40 卷，人民出版社 1982 年版，第 289—290 页。

　　坚持问题导向，首先要增强问题意识，把握事物的各种矛盾，特别是要抓住事物的主要矛盾和矛盾的主要方面。问题是事物矛盾的直接体现，坚持问题导向是对矛盾辩证法的运用和发展。马克思主义认为，矛盾是事物内部包含的既对立又统一的关系。矛盾具有普遍性，存在于一切事物中，并贯穿于一切事物发展过程的始终。矛盾具有客观性，为事物所固有，不以人的意志为转移。承认矛盾普遍性和客观性是一切科学认识的前提，人们认识事物就是认识事物的矛盾，科学的认识在于研究客观对象所固有的矛盾，观念和概念中的矛盾是对客观世界普遍存在着的矛盾的反映。回避矛盾，就谈不上有真正科学的认识。实践是马克思主义理论的基本品格，马克思主义理论不仅要深刻揭示事物发展的矛盾，深刻解释世界，更要在改变世界中展现出巨大的物质力量，从而被广大人民群众掌握。习近平总书记指出："我们中国共产党人干革命、搞建设、抓改革，从来都是为了解决中国的现实问题。"① 空谈误国，实干兴邦。如果我们的理论对正在发生深刻变化的、层出不穷的重大问题视而不见，对人民群众急愁难盼的问题无动于衷，那它就只是对风花雪月的吟唱，是苍白的、没有力量的。同时，事物的主要矛盾的主要方面决定事物的性质和状态，因此，抓住并着力解决事物的主要矛盾和矛盾的主要方面，能够把握事物的发展趋势，推动事物发展。

---

　　① 《习近平谈治国理政》第 1 卷，人民出版社 2018 年版，第 74 页。

中国特色社会主义进入新时代，中国所面临问题的复杂程度、解决问题的艰巨程度明显加大，对理论创新提出了全新要求。为此，要深入研究新时代中国特色社会主义的具体实际，研究世情、国情和党情的新变化。在世情方面，世界格局正处在加快演变的历史进程之中，产生了大量深刻复杂的现实问题，提出了大量亟待回答的理论课题，如一方面和平、发展、合作、共赢的历史潮流不可阻挡；另一方面恃强凌弱、巧取豪夺、零和博弈等霸权霸道霸凌行径危害深重，和平赤字、发展赤字、安全赤字、治理赤字加重等。在国情方面，经过改革开放几十年的发展，我国社会主义矛盾发生变化，中国特色社会主义的历史方位发生变化。中国特色社会主义取得巨大成就，同时也积累很多问题，如发展不平衡不充分问题仍然突出，高质量发展存在诸多卡点瓶颈，科技创新能力不强，金融、粮食、能源、产业链供应链安全仍面临威胁，意识形态领域仍面临不少挑战，就业、教育、医疗、托育、养老、住房等关系人民群众生活幸福的诸多方面仍面临不少难题等。在党情方面，一些党员干部缺乏担当精神，斗争本领不强，实干精神不足，形式主义、官僚主义现象仍较突出；铲除腐败滋生土壤任务依然艰巨。这些问题都需要我们进行深入研究，提出解决问题的思路和办法，从而推动理论创新。

坚持问题导向，其次要有担当精神和斗争精神。在全面建设社会主义现代化国家的新征程上，我们面对的问题只会越来越艰难、越来越复杂，我们不能绕着走，不能回避问题，否则党和国家的事业就会停滞不前，不进则退。因此，必须树立担当精神和斗争精神。习近平总书记指出："面对当前改革发展稳定遇到的新形势新情况新问题，全党同志要有所作为、有所进步，就要敢于较真碰硬、敢于直面困难，自觉把使命放在心上、把责任扛在肩上。"① 只有坚持问题导向，敢于直面问题，才能在发展中赢得主动。

坚持问题导向，最后要有创新精神。要敢于说前人没有说过的新话，敢于干前人没有干过的事情。要能创造性地发现问题，找到事物发展的症结所在。要善于在发现问题、研究问题中把握事物发展的规律，找到破解问题的办法。要在全党全社会营造鼓励创新、敢于创新的氛围，在创新路上，要建立容错纠错、宽容失败的机制。

五　坚持系统观念，创新了新时代科学　思想方法和工作方法

习近平总书记在党的二十大报告中指出："万事万物是相互联系、相互依存的。只有用普遍联系的、全面系统的、发展变化的观点观察事物，才能把握事物发展规律。"② 事物之间的联系既是普遍的，又是客观的。世界

① 习近平：《在纪念胡耀邦同志诞辰100周年座谈会上的讲话》，人民出版社2015年版，第11—12页。

② 习近平：《高举中国特色社会主义伟大旗帜 为全面建设社会主义现代化国家而团结奋斗——在中国共产党第二十次全国代表大会上的报告》，人民出版社2022年版，第20页。

上的每一个事物或现象都同其他事物或现象相互联系着。联系是事物本身所固有的、不以人的意识为转移的。坚持系统观念坚持和发展了唯物辩证法。

恩格斯说:"世界不是既成事物的集合体,而是过程的集合体。"① 事物之间的联系具有多样性。事物的普遍联系既有空间方面的,也有时间方面的;既有历史的,又有现实的。从单个事物到复杂系统,从非生命界到生命界,从整个地球到无限的宇宙,形成了一个层次无穷无尽、由中间环节相互连结交织而成的普遍联系网。事物之间的联系无不处于运动变化之中,多种联系在事物及其发展中的地位和作用彼此不同而具有不平衡性。因此,联系又分为直接的与间接的、内部的与外部的、内容的与形式的、因果的与非因果的、必然的与偶然的、可能的与现实的、本质的与非本质的等等。②

习近平总书记指出:"我们要善于通过历史看现实、透过现象看本质,把握好全局和局部、当前和长远、宏观和微观、主要矛盾和次要矛盾、特殊和一般的关系。"③中国是一个发展中大国,仍处于社会主义初级阶段,正在经历着广泛而深刻的社会变革,推进改革发展、调整

① 《马克思恩格斯文集》第 4 卷,人民出版社 2009 年版,第 298 页。

② 参见肖前、李秀林、汪永祥主编《辩证唯物主义原理》(修订本),人民出版社 1991 年版,第 170 页。

③ 习近平:《高举中国特色社会主义伟大旗帜 为全面建设社会主义现代化国家而团结奋斗——在中国共产党第二十次全国代表大会上的报告》,人民出版社 2022 年版,第 21 页。

利益关系往往牵一发而动全身。事物"巨系统"与"超大"问题群以及问题之间的关系相互交叉纵横。面对这样极其错综复杂的认识和实践对象，要防止思维的单一化、片面化、碎片化，以及没有历史联系感、没有预案的盲目乐观；防止胡子眉毛一把抓、不抓主要矛盾、不分轻重缓急、不注意相互衔接。

坚持系统观念不仅是事物是普遍联系、相互作用的整体这一基本观点的要求，更是由当今时代和实践发展的特点所决定的。党的十八大以来，面对世所罕见、史所罕见的风险挑战，以习近平同志为核心的党中央从系统观念出发处理各种复杂关系，推动新时代中国特色社会主义发展。例如，统筹推进"五位一体"总体布局，协调推进"四个全面"战略布局，加强前瞻性思考、全局性谋划、战略性布局、整体性推进。又如，在《关于〈中共中央关于制定国民经济和社会发展第十四个五年规划和二〇三五年远景目标的建议〉的说明》中，习近平总书记指出："'十四五'时期经济社会发展必须遵循坚持系统观念的原则。党的十八大以来，党中央坚持系统谋划、统筹推进党和国家各项事业，根据新的实践需要，形成一系列新布局和新方略，带领全党全国各族人民取得了历史性成就。在这个过程中，系统观念是具有基础性的思想和工作方法。"① 再如，关于坚持贯彻创新、协调、绿色、开放、共享的新发展理念，他强调："完整、

---

① 《十九大以来重要文献选编》中，中央文献出版社2021年版，第785页。

准确、全面贯彻新发展理念，必须坚持系统观念。"① "我们全面深化改革，不能东一榔头西一棒子，而是要突出改革的系统性、整体性、协同性。"② 此外，构建以国内大循环为主体、国内国际双循环相互促进的新发展格局；坚持高质量发展，推动新型工业化、信息化、城镇化、农业现代化目标发展，加快建设现代化经济体系，实现发展质量、结构、规模、速度、效益、安全相统一；统筹疫情防控和经济社会发展，统筹发展和安全等，都体现了系统观念的运用。

恩格斯指出："一个民族要想站在科学的最高峰，就一刻也不能没有理论思维。"③ 唯物辩证法为中国共产党提供了科学的思维方式和工作方法，在新时代伟大实践和伟大斗争中，习近平总书记创造性地运用唯物辩证法，号召领导干部要善于运用战略思维、历史思维、辩证思维、系统思维、创新思维、法治思维、底线思维能力，为前瞻性思考、全局性谋划、整体性推进党和国家各项事业提供了科学思想方法和工作方法。对这些思维方法的强调和运用是对唯物辩证法的坚持和创新。

---

① 习近平：《全党必须完整、准确、全面贯彻新发展理念》，载《求是》2022 年第 16 期。

② 《习近平关于协调推进"四个全面"战略布局论述摘编》，中央文献出版社 2015 年版，第 87 页。

③ 《马克思恩格斯选集》第 3 卷，人民出版社 2012 年版，第 875 页。

六　坚持胸怀天下，是马克思主义基本原理同中华优秀传统文化相结合的"世界观"

"中国共产党是为中国人民谋幸福、为中华民族谋复兴的党，也是为人类谋进步、为世界谋大同的党。我们要拓展世界眼光，深刻洞察人类发展进步潮流，积极回应各国人民普遍关切，为解决人类面临的共同问题作出贡献，以海纳百川的宽阔胸襟借鉴吸收人类一切优秀文明成果，推动建设更加美好的世界。"①习近平总书记的这一段重要论述体现了马克思主义基本原理同中华优秀传统文化相结合，阐释了如何看待世界及怎样推动世界发展的基本观点。

"胸怀天下"不仅是对世界的一种认识，也是对待世界的一种态度，体现了一种建设美好世界，为人类谋进步、为世界谋大同的情怀。马克思主义认为，世界是普遍联系的有机整体，任何国家和民族都不能孤立存在。近代以来，随着资本主义生产力的发展、社会分工的深化和交往的普遍发展，民族的片面性和局限性日益成为不可能，人类历史由此向世界历史转变。

20 世纪后半叶以来，随着科技的不断进步和生产力的极大发展，人类历史步入以全球化为标志的阶段，世界各国之间的经济、政治、文化、生态等交往和合作越

①　习近平：《高举中国特色社会主义伟大旗帜　为全面建设社会主义现代化国家而团结奋斗——在中国共产党第二十次全国代表大会上的报告》，人民出版社 2022 年版，第 21 页。

来越紧密。人类面临的全球气候变暖、恐怖主义、核威胁、重大传染疾病等问题，需要世界各国共同努力解决。虽然当前世界面临着"逆全球化"的挑战，但全球化是不可阻挡的历史潮流。面对世界变局，"胸怀天下"意味着中国关注世界各国人民普遍关切的问题，希望为推动人类进步作出更大贡献。

马克思认为，世界历史的发展趋势是走向扬弃资本主义的共产主义社会。资本主义开启的世界历史是低级的、不完善的，必将走向高级、完善，即"自由人的联合体"。这是因为世界历史一方面为世界化大生产创造条件，另一方面推动世界性无产阶级形成，即培养资本主义的掘墓人和共产主义的缔造者。马克思主义政党肩负着解放无产阶级和全人类的历史使命。

"胸怀天下"同时体现了"义利观""和合文化""协和万邦""天下大同""亲仁善邻"等中国传统文化观念，是中国人的天下情怀和整体思维的当代创新。习近平总书记指出："中华民族历来讲求'天下一家'，主张民胞物与、协和万邦、天下大同，憧憬'大道之行，天下为公'的美好世界。"[①]

"天下"一词，最早出现在先秦古籍中，如《周易·贲卦》曰："观乎人文，以化成天下。"《诗经·小雅·北山》云："普天之下，莫非王土；率土之滨，莫非王臣。"《孟子·梁惠王上》云："仁者无敌。"《孟子·尽

---

① 《十九大以来重要文献选编》上，中央文献出版社 2019 年版，第 109 页。

心下》载："不仁而得国者，有之矣；不仁而得天下，未之有也。"《荀子·正论》云："兴天下之同利，除天下之同害，而天下归之也。"有学者统计，仅在《史记》《汉书》《后汉书》中，"天下"一词就出现 3300 多次。从汉唐至明清，"天下"一词在各种典籍中也频繁出现。中国古代各家各派对于"天下"的说法，虽有小异，其大则同，彰显了古代中国人对世界秩序的一种基本观点和看法，可以说，天下观既是古人的一种地理观，也是一种政治观，还是一种文化观。中国古人认为，天下一统要统一于文明、文化和道德（圣）。历代士人往往"以天下为己任"，修身齐家治国平天下，这种天下情怀早已变成中国文化的基因，上下五千年始终传承。

文化意义上的"天下观"的核心理念包括天下为公、仁者爱人、协和万邦等。天下为公，就是要以公治世。《礼记·礼运》曰："大道之行也，天下为公，选贤与能，讲信修睦。故人不独亲其亲，不独子其子，使老有所终，壮有所用，幼有所长，矜寡孤独、废疾者皆有所养。男有分，女有归。货恶其弃于地也，不必藏于己；力恶其不出于身也，不必为己。是故谋闭而不兴，盗窃乱贼而不作，故外户而不闭。是谓大同。"仁者爱人，就是以仁处世，把人与人之间的同情心、同类意识、爱类观念等，视为"仁"的基石，一切以其为出发点，并推己及人、及国、及天下、及全人类，讲究宅心仁厚，与人为善。《论语·颜渊》载："樊迟问仁。子曰：'爱人'。"《孟子·梁惠王上》曰："老吾老，以及人之老；幼吾幼，以及人之幼天下可运于掌。"协和万邦，就是"四海之内皆兄

弟""和者也，天下之达道也"。国与国的相处，讲究
"讲信修睦""亲仁善邻"，追求天下大同、协和万邦的
世界秩序。

习近平总书记的胸怀天下观继承、弘扬了中华优秀
传统文化，站在人类历史发展进程的高度，立足于回答
"人类向何处去"的时代之问，深入思考"建设一个什么
样的世界、如何建设这个世界"等关乎人类前途命运的
重大课题，提出构建人类命运共同体的主张，阐释全人
类共同价值。全人类共同价值是对西方所谓"普世价值"
的超越。西方所谓"普世价值"的本质就是将西方资本
主义意识形态和制度模式化，并上升成向全世界输出西
方价值理念和发展模式的理论基础与道德依据，是将自
身的特殊价值普遍化。习近平总书记提出的全人类共同
价值，真正着眼于全人类的发展和命运，是符合人类社
会历史发展规律的共同价值。

构建人类命运共同体为推动新型国际关系的构建与
全球治理体系的变革贡献了中国智慧和中国方案。"人类
命运共同体"理念具有丰富的内涵：坚持共建共享，维
护世界普遍安全；坚持合作共赢，谋求世界共同繁荣；
坚持交流互鉴，主张开放包容；坚持绿色低碳，共同建
设一个清洁美丽的世界。"人类命运共同体"理念彰显了
世界是一个"你中有我、我中有你"、相互联系的整体的
世界观，是对相互敌对、"有你无我"的霸权思维的超
越。"人类命运共同体"理念还蕴含着一种生命共同体意
识。习近平总书记对构建人类命运共同体的时代背景、
重大意义、丰富内涵和实现途径等重大问题进行了深刻

阐述，创立了一种有别于西方霸权主义的新型的全球化观，为国际社会提供了共商共建共享的全球治理观。

总之，坚持胸怀天下既有深厚的思想支撑，又有具体的实现路径。它超越了"我"的"单边性"和"狭隘性"，将世界百年未有之大变局与中华民族伟大复兴相统一，将中国式现代化与人类文明新形态相统一，将为中国人民谋幸福与为世界人民谋福祉相统一，彰显了鲜明的时代特征和中国特色。中国共产党将带领中国人民以胸怀天下的世界观维护世界和平、促进共同发展，在坚定维护世界和平与发展中谋求自身发展，以自身发展更好维护世界和平与发展，同世界人民携手开创人类更加美好的未来。

结　语

恩格斯指出："马克思的整个世界观不是教义，而是方法。它提供的不是现成的教条，而是进一步研究的出发点和供这种研究使用的方法。"① 科学的理论首先体现为科学的世界观和方法论，体现为贯穿其中的立场、观点和方法。习近平总书记在参加党的二十大广西代表团讨论时指出："六个坚持""要在学习贯彻中认真领会，从而深入领会党的创新理论的道理学理哲理，做到知其言更知其义、知其然更知其所以然，切实把党的创新理

---

① 《马克思恩格斯选集》第 4 卷，人民出版社 2012 年版，第 664 页。

论贯彻落实到党和国家工作各方面全过程"。① 世界观和方法论是哲学的精髓。世界观表征的是认识的"宽度"和"高度"，以及对事物与世界的态度，方法论表征的是思想的现实性方式，也就是思想改造世界的方式方法。"六个坚持"及其内部各方面是相互联系、内在统一的有机整体，是世界观和方法论的统一，是我们在新时代新征程上的实践指南，是中华民族伟大复兴路上战胜一切风险挑战和困难的锐利思想武器。我们要深入学习、深刻领会、准确把握，将其充分运用于新时代中国特色社会主义伟大实践中，不断谱写马克思主义中国化时代化的新篇章。

（原载《哲学研究》2022 年第 11 期）

---

① 《习近平在参加党的二十大广西代表团讨论时强调 心往一处想劲往一处使推动中华民族伟大复兴号巨轮乘风破浪扬帆远航》，《人民日报》2022 年 10 月 18 日第 1 版。

附 录

高度的理论自觉：构建 21 世纪中国的马克思主义

——学习习近平总书记系列重要讲话精神
专家座谈会会议综述

在 2015 年 1 月 23 日中共中央政治局第二十次集体学习时，习近平总书记指出，"要根据时代变化和实践发展，不断深化认识，不断总结经验，不断实现理论创新和实践创新良性互动，在这种统一和互动中发展 21 世纪中国的马克思主义"。"发展 21 世纪中国的马克思主义"这一命题提出后引起学术界的关注和热议。

为深入学习贯彻习近平总书记系列重要讲话精神，推动 21 世纪中国的马克思主义的理论研究和成果出版，2015 年 5 月 11 日，中国社会科学出版社主办了"21 世纪中国的马克思主义——学习习近平总书记系列重要讲话精神专家座谈会"。来自中国社会科学院、北京大学、中国人民大学、中共中央党校等科研机构及高校的十多位不同学科的专家学者围绕这一问题进行了深入研讨。

一 "21 世纪中国的马克思主义"命题的提出具有十分重要的意义

　　与会专家认为，"发展 21 世纪中国的马克思主义"这一命题的提出，是时代发展的必然，标志着我们党在新的历史条件下坚持和发展马克思主义的高度政治自信和理论自觉，具有十分重要的意义。

　　中共中央党校副教育长兼哲学教研部主任韩庆祥教授认为，提出"发展 21 世纪中国的马克思主义"充分体现了党的新一代领导集体的政治自信，它表明 21 世纪的马克思主义在中国。它要求我们，必须在学术自觉的基础上对马克思主义作出科学的学理阐释，即对具有世界意义的中国道路作出一种理论范式上的诠释，掌握话语权，进而为人类社会的发展提供中国的智慧。中国社会科学出版社社长赵剑英认为，发展 21 世纪中国的马克思主义是我们党在全面建成小康社会、全面深化改革、全面依法治国、全面从严治党的战略布局中对发展马克思主义提出的新要求、新目标。"21 世纪中国的马克思主义"的提出标志中国特色社会主义理论进入新阶段。中国人民大学经济学院院长张宇认为，相对于党的十八大以来习近平总书记和新一届中央领导集体提出的新观点、新论断，21 世纪中国的马克思主义是最有高度、最全面、最深刻、最重要的一个概念，是理论落脚点，需要深入思考和研究。中国社会科学杂志社副总编辑孙麾指出，在这个反思的时代，我们应该有建构和发展 21 世纪中国的马克思主义的自觉意识，如果没有这种意识，我们在新一轮的世界思想竞争中有可能会落后。中国人民大学国际关系学院政治系教授杨光斌提出，只有发展 21 世纪中国的马克思主义，我们才能摆脱理论资源的贫困，不仅以充足、科学的理论资源解释和指导中国特色社会主义事业，而且能以其为理论武器分析人类所面临的世界性发展难题。

二　21 世纪中国的马克思主义是习近平总书记治国理政思想的理论形态

党的十八大以来，习近平总书记发表了一系列重要讲话，针对如何坚持和发展中国特色社会主义这一问题提出了一系列新思想、新观点、新论断、新要求，这些构成 21 世纪中国的马克思主义的理论内涵。

韩庆祥认为，21 世纪中国的马克思主义在今天的理论形态就是习近平总书记的治国理政思想。因此，"发展 21 世纪中国的马克思主义"，首先就是透彻地领会习近平的治国理政思想，客观分析这一思想的哲学基础、理论范式、时代背景、思想内涵、价值意义，等等。

赵剑英认为，"发展 21 世纪中国的马克思主义"就是要阐释清楚中国特色社会主义的历史必然性、理论创新性和制度有效性，以及对世界文明多样性的独特贡献。对于这些方面，习近平总书记系列重要讲话提出了许多新思想、新观点。我们要深入研究党的十八大以来全面深化改革战略、政治体制改革、经济体制改革、政党和人民群众的关系、文化与意识形态、中国道路的独特性和差异性等问题，从而通过对问题的破解丰富和发展马克思主义。

中国社会科学院马克思主义研究院金民卿研究员强调，习近平总书记系列重要讲话深刻回答了党和国家发展的重大理论和现实问题，形成了中国特色社会主义理论体系的最新成果，这是指导中华民族伟大复兴事业的最鲜活的马克思主义，是马克思主义中国化新的理论飞跃，丰富和发展了新时代的马克思主义。这都表明，21世纪中国的马克思主义正在形成。

三　构建21世纪中国的马克思主义的视野、基本路径和理论范式

"21世纪中国的马克思主义"这一命题具有鲜明的时空定位，一个是"21世纪"，另一个是"中国的"，这一时空定位成为与会学者讨论比较多的一个话题。

北京大学教授丰子义认为，在加强同西方理论对话的同时，要将中国问题的分析建立在中国自己理论的基础上，以形成中国特色、中国风格、中国气派的马克思主义理论。赵剑英指出，全球化和互联网技术的发展、国际金融危机引发的资本主义全面危机和资本主义的自我调整、中国经济发展从高增长进入新常态、党的建设遇到的新问题等成为发展21世纪中国的马克思主义的时代背景。孙麾提出，发展21世纪中国的马克思主义要审视反映时代实际呼声的创新性问题域。在这个基础上深

刻把握世界历史进程中的中国、深度参与全球化并确立主体地位的中国、传统文化现代转换中的中国，马克思主义的命运正在于中国特色社会主义的前进方向，在于解决时代难题中实现理论创新与实践创新的统一。中国社会科学院马克思主义研究院冯颜利研究员认为，要根据时代变化和实践要求，不断开拓 21 世纪中国马克思主义发展新境界、新内核，不断拓宽 21 世纪中国马克思主义宽广的全球视野，不断提升 21 世纪中国的马克思主义的国际话语权。中共中央党校李双套博士认为，应当从世界的视野和历史的视野，以及担当意识、问题意识和创新意识去理解 21 世纪中国的马克思主义。

21 世纪中国的马克思主义是中国特色社会主义发展的新阶段，要根据中国特色社会主义发展的内在发展逻辑去研究和阐释。丰子义认为，要在中国道路的探索中发展 21 世纪中国的马克思主义就要加强问题研究，激活马克思主义的思想资源进行理论创新；认真总结中国道路探索过程中的经验和教训，丰富和发展 21 世纪中国的马克思主义。金民卿提出，要根据中国特色社会主义发展的历史脉络定位 21 世纪中国的马克思主义，他将中国特色社会主义划分为探索阶段、开创阶段和发展阶段，21 世纪中国的马克思主义是中国特色社会主义的发展阶段的一种理论形态。中国社会科学院研究员罗文东认为，发展 21 世纪中国的马克思主义要从道路、理论和制度相一致的视角，探究中国特色社会主义的科学内涵；要从历史、现实和未来相结合的高度，把握中国特色社会主义的发展规律；要从个别、特殊和普遍相统一的层面，认识中国特色社会主义的重大意义。中国社会科学院马克思主义研究所辛向阳研究员认为，21 世纪中国的马克思主义要更多地从中国特色社会主义的形态自我完善和发展问题来思考，要注重研究新时代下新的思维方式、中国共产党和市场的关系及公平正义问题。

构建 21 世纪中国的马克思主义要寻求一种新的理论范式，学者们对此做了初步的探讨。

韩庆祥将阐释 21 世纪中国的马克思主义的理论范式概括为战略辩证法，在这一理论范式下回答当今历史发展的阶段性本质特征，习近平治国理政思想要回答的时代特征及其对中国特色社会主义发展的发展和贡献等问题。孙麾指出，发展 21 世纪中国的马克思主义，不能忽略在学术表达中的批判性反思方式。站在新的历史起点，我们需要考察改革开放以来中国马克思主义延续性的学术轨迹；反思中国马克思主义发展中所形成的积淀性的学术范式。北京大学哲学系党委书记仰海峰认为，发展 21 世纪中国的马克思主义，对于我们理论界来说最大的问题是怎么样把中国特色能够用理论的方式说清楚，要参照西方社会发展中的三个核心概念即资本、形而上学、民族国家来建构。

四 构建 21 世纪中国的马克思主义理论体系是一个历史过程

21 世纪中国改革和发展的实践正在不断深化，习近平总书记治国理政思想也正在不断地完善，"21 世纪中国的马克思主义"还处于正在形成的过程中，因此，对21世纪中国马克思主义的学理阐释不能急于求成。

中共中央党校教授辛鸣认为，建构21世纪中国的马克思主义不能搞"话语游戏"或"语言游戏"，更不能犯修正马克思主义的错误，更要避免理论的缺失。

发展21世纪中国的马克思主义是时代赋予中国共产党和中国马克思主义理论工作的使命，是以习近平同志为核心的党中央提出的政治命题，为马克思主义理论学科的发展提出了新的研究课题。可以相信，随着21世纪我国全面深化改革和中国特色社会主义实践新的发展，以及中国特色社会主义制度的完善，21世纪中国的马克思主义作为一种新的成熟的理论形态必将愈益完善。